国外毛泽东研究译丛

主编 石仲泉 萧延中

The Thought of Mao Tse-tung

毛泽东的思想 典藏本

[美] 斯图尔特·R·施拉姆 著

Stuart R. Schram

田松年 杨 德 等 译

中国人民大学出版社

·北京·

“国外毛泽东研究译丛”编委会

出版说明

毛泽东是举世公认的20世纪最为重要的革命家、政治家和思想家之一，也是一位颇富个性的诗人。鉴于他对现代中国之思想、制度和社会所产生的深远影响，也鉴于他对建构20世纪国际政治格局所产生的重要作用，数十年来，对毛泽东本人及其思想体系的研究已经成为一个具有长久意义的学术领域。毛泽东研究不仅是中国的，也是世界的。尽管国外的毛泽东研究在理论目标、分析方式、社会功能和学术立场等方面与国内存在差异，但在全球化之“现代性”和比较政治学的宏观视角上，其研究成果，应当被看作毛泽东研究整体的一个重要组成部分。

基于这样的一种视域和理解，在毛泽东诞辰120周年之际，我们在众多国外毛泽东研究的学术著作中，精选翻译了这套“国外毛泽东研究译丛”，首先旨在推进毛泽东及其思想研究的深入扩展，同时也期望为人们进一步审视和反思20世纪人类的“现代性”过程，提供一个侧面的资料支持。

“国外毛泽东研究译丛”是编委会与中国人民大学出版社精心合作的科研出版成果。华东师范大学中国当代史研究中心的诸位专家，为本译丛的持续和拓展做出了大量建设性的贡献。秉承学术研究的基础准则，我们注意精选那些经过时间检验，具有较强理论价值和持久影响，持论公允、论说严谨的研究著述。对于那些具有严肃治学精神和审慎论证的学术作品，即使与我们的学术观点不尽一致，也在选择范围之内。

“国外毛泽东研究译丛”的作者都是享誉世界的知名专家，他们慷慨允诺我们翻译其各具特色的学术名著，是促成此一国际学术交流盛事的基础要素。国内各位权威专家慨然允诺担任译丛的顾问，是对我们译介工作的肯定和支持。审读专家们对选题和译文所提出的多方面的修改意见，也是译丛能够顺利出版的重要条件。在此，我们向上述所有关心、支持译丛翻译出版的专家、学者和单位，一并表示敬意和谢意。

对书中出现的引文，编译者采取如下的文献处理原则：凡国内有对应的公开发表的毛泽东著作，均按中文版本原文进行核校；凡属毛泽东文稿，但未公开发表者，按相关文献进行核校，如凡引用日本学者竹内实主编《毛泽东集》和《毛泽东集补卷》者，按该书进行核校；凡属不能确定是否为毛泽东著作的引文，则尊重原作者的引文，未加处理，如凡引用《毛泽东思想万岁》和国外报刊报道的文献，一律按外文原文译出。

译介工作本是一件永远达不到尽善尽美境界的苦差，语际书写过程中的误读、遗漏和错置，以及特定条件的局限所带来的问题等都在所难免。我们恳切期望和真诚欢迎来自国内外专家学者以及广大读者的指教和批评。

编委会

2013 年 8 月

译者序

斯图尔特·R·施拉姆（Stuart R. Schram）是西方研究毛泽东生平与思想的重要代表人物之一，著名的毛泽东著作翻译家。他1924年出生于美国，1944年毕业于明尼苏达大学，1954年获哥伦比亚大学哲学博士学位，20世纪60年代在哈佛大学从事当代中国问题研究。1968—1972年任伦敦大学东方与非洲学院政治系教授，兼任该院现代中国研究所所长。1990年退休返回美国，应聘在哈佛大学费正清研究中心主持英文版《毛泽东集》的编纂工作。他的主要著作有《毛泽东的政治思想》（1963）、《毛泽东》（1966）、《未经修饰的毛泽东：谈话与书信集（1956—1971）》（1973）、《对毛泽东的初步重估》（1984）等。现由他主编的10卷本英文版毛泽东文集《通向权力之路》的第1～5卷已于1992年以后陆续出版，6、7两卷也将于近期付梓，最后3卷也已翻译完毕，等待出版。这是由施拉姆主持、许多西方学者精心编辑和翻译的学术杰作。2003年12月，美国哈佛大学召开了“毛泽东诞辰110周年暨表彰施拉姆教授在毛泽东研究中杰出贡献学术研讨会”，会议主题为“再认识毛泽东”，可见他在西方“中国问题”和毛泽东研究领域里的重要影响。

20世纪80年代末期，施拉姆的主要研究著述就陆续被译成中文，并与中国学者和研究机构有着密切的学术交往，他的名字也广为中国一般学者所熟知。但是，鲜为人知的是，施拉姆在从事毛泽东研究之前，曾经是一位核物理学家，参加过著名的“曼哈顿计划”的工作。同时，施拉姆精通多种外语，在法国政治和俄国政治等研究领域也有所建树。

这部《毛泽东的思想》是施拉姆迄今为止最后的一本学术专著，也是他本人认为自己最具代表性的成熟之作，1989 年由英国剑桥大学出版社出版。在这部著作中，施拉姆依据多年潜心研究的心得，汲取消化新的文献、史料和观念，并以中国改革开放的历史进程作为参照系，对毛泽东一生的思想历程进行了较为深入的考察。

一、关于“毛泽东的思想”的性质

首先需要说明的是，施拉姆的书名为“毛泽东的思想”（The Thought of Mao Tse-tung）而不是“毛泽东思想”（The Mao Tse-tung Thought）。这就表明他的研究是以毛泽东个人的思想发展为基础的，而与作为中国共产党集体智慧结晶的“毛泽东思想”在概念内涵上有所不同。同时，他也没有使用西方学者常使用的“毛主义”（Maoism）概念，这也暗示了施拉姆试图尽可能地淡化此项研究之意识形态色彩的学术倾向。

施拉姆认为，毛泽东对中国革命“最一般”、“最持久”的贡献是他的思想，他对中国革命最杰出的贡献是以他的名字命名的思想体系。同时，毛泽东的思想来源于历史，也决定着历史的进程，它是“中国的政治、社会和文化不断变动的一种反映”。现代中国历史离开毛泽东及其思想的作用是不可思议的。因而，在中国革命的具体语境中，“毛泽东的思想及其所产生的作用和影响，在贯彻执行的过程中是不断变化的”。“这一变化过程的各个阶段、每一个阶段中毛泽东的思想的实质以及这些思想的深远意义，它们对政治和社会变化与变革的作用”乃是应该着力研究的方向。而在思想史意义上，毛泽东对中国革命的诸多贡献之中，他致力于把马克思主义运用到落后的农业国家的社会和经济现实之中，运用到中国的历史遗产之中，具有首屈一指的意义。毛泽东毕生为之奋斗的理论目标就是坚持从中国的实际出发，总结实践经验，丰富和发展马克思主义。这既是毛泽东理论活动的基本轨迹，也是把握其思想的主要线索。随着革命实践和历史条件的变化，毛泽东的思想形成和实施过程分为各个不同阶段，就基本原则和整体而言，毛泽东的思想是连贯的，但其中也存在着断裂和矛盾。这种转折主要表现在“大跃进”和“文化大革命”中。从1957年下半年开始，片面夸大上层建筑反作用和主观能动性的倾向，片面夸大社会主义社会阶级矛盾和阶级斗争的倾向，开始在毛泽东的思想中逐渐发展起来，使他在探索中国建设社会主义的特殊道路的过程中出现了一系列重大失误。

施拉姆接着强调，虽然毛泽东晚年某种思想倾向的思想萌芽可以追溯到毛泽东延安时期的理论观念之中，但他并不赞同把“大跃进”特别是“文化大革命”说成毛泽东理论和实践活动的最高阶段或顶峰的观点。与此相反，他认为，导致这些失误的观点同毛泽东的一贯思想是矛盾的，正是由于毛泽东在许多方面否定了自己正确的东西才造成了这些失误。因此，尽管这些失误证明了毛泽东也有其历史局限性，但绝不意味着毛泽东的思想已经过时。施拉姆教授在结束语中特别指出，中国共产党十一届六中全会对毛泽东的重新评价，不是“非毛化”，而是“非神化”。邓小平关于中国社会主义现代化建设的许多观点虽然与毛泽东不尽相同，但有一点却丝毫未变：为中国实现现代化而向马克思主义学习，同时又努力保持中国的特色。在施拉姆看来，这正是毛泽东的思想之精髓所在。

二、关于“毛泽东的思想”的历史分期

在总体上，施拉姆以1949年为分界线，将毛泽东的思想划分为前后两大阶段，这与国内学术界及海外其他学者的一般划分基本相同，但当涉及更为具体的阶段性分期时，《毛泽东的思想》一书则显示出了自己的特色。施拉姆认为，总体而言，毛泽东的思想基本上每十年就会发生一次急剧的变化。以此为据，他把毛泽东的思想发展划分为六个时期。

1917—1927年：在这一阶段中，毛泽东经历了各种不同的“学

习”。这种“学习”直接规定了毛泽东早期的社会化过程。这一“过程”包括知识积累和社会参与两项主要内容。在这一阶段，毛泽东的思想发展是从自由主义、实用主义到列宁主义，并从城市中心论转向农村中心论。从这个角度看，毛泽东逐渐形成了属于自己的思想。施拉姆将这一时期概括为“性格形成时期”。

1927—1936年：以毛泽东在“八七”会议上提出“枪杆子里面出政权”为开端，表明毛泽东在中共党内的地位发生了巨大变化。从这时起直至遵义会议，他获得最高领导权，这是权力斗争的早期阶段。在这一阶段，农村包围城市的战略在理论和实践方面逐渐形成，“群众路线”的观点开始形成。施拉姆认为这是毛泽东“锻造武器的时期”。

1936—1947年：在这一阶段，毛泽东不仅写完了1949年以前的全部著作，而且随着《西行漫记》一书的出版一举登上了国际舞台。在这一阶段，毛泽东提出了“马克思主义中国化”的思想，并在1941—1942年的整风运动中积极推广他的这一思想。这样既促进了这一目标的实现，也提高了他自己在党内的地位。1943年3月，毛泽东成为中国共产党领导集团中的最高统帅。从1945年4月“七大”开始，他的思想成为全党的指南。因而，施拉姆认为这是毛泽东明确和实行“夺取政权的‘中国式道路’”的时期。

1947—1957年：1947—1949年毛泽东在指挥具有决定性的国内战争的同时，开始考虑夺取政权以后所面临的任务。起初，他强调必须参照列宁和苏联的模式，把城市和重工业的建设提到首位。与此同时，毛泽东还提出渐进和稳健的经济政策，尤其是在农村，他主张保留富农经济，1955年以后，他的政策突然变得激进。这是一个从“夺取政权的中国式道路”到“实现社会主义的中国式道路”的过渡时期。

1957—1966年：“反右”导致了毛泽东第一次非常激进的创造，即发动1958—1960年的“大跃进”，当“大跃进”的结果出现混乱时他隐退了。但他绝对反对抛弃空想的、平均主义的“大跃进”，这种情绪促使他在1962年中国共产党八届十中全会上提出了“千万不要忘记阶级斗争!”的口号，并准备对“走资派”进行反击。施拉姆称这是“不可思议的‘大跃进’时期”。

1966—1976年：毛泽东的思想的最后一个阶段，即“文化大革命”十年时期。毛泽东在这十年开始的时候，用激进的方式调动群众反对他在党内的对手，其次是所有他认为思想上倒退、行动上腐败的官僚主义阶层。在毛泽东最后的岁月里，中国所面临的困惑与受到的挫折与日俱增，因此毛泽东越来越渴望解决中国的问题。尽管这时他仍处于统帅地位，但他却已经没有力量做这件事了。

总之，在施拉姆的视野中，青年时代的毛泽东主要关心的是寻找解决中国问题的方法，并力图使别人相信他自己的分析是正确的；中年时期，他十分重视创立一种学说，这种学说对他的追随者将具有约束力；在晚年，他的学说在一定意义上成为教条。一直到毛泽东去世，他始终试图用过去的知识指导现实和将来。

施拉姆上述对毛泽东的思想发展阶段的划分，崭新、大胆和富于创造性。仔细体味，我们不难发现，他对每一时期毛泽东的思想的主要内容，都作了相应的概括、分析和规定，这在思想上是清晰的。同时，这种划分是作者多年来反复研究的成果，在许多重大问题上都事出有因，源于史实。例如，作者以1936年为历史断限，就具有中国近现代经济史的足够依据。再如，施拉姆没有把1949年中华人民共和国的建立作为划分思想发展的里程碑式的依据，似乎不近情理。但我们在自己的研究中确实发现，新中国成立后毛泽东就曾说过，1949年那样大的胜利，并没有使他高兴。他说，到了1955年，当他看到有那么多的农民参加了合作社，接着是私营工商业的改造，他开始高兴了。而且，这种从1947—1957年的划分方法，充分考虑了历史惯性的持续影响，因为从战争状态转为和平状态要有一个过程。相应的，理论内涵的变动也随历史环境的变化而变化，从一种模式转变到另一种模式。因而，施拉姆的这个划分是符合历史与逻辑相统一的原则的。

三、关于“毛泽东的思想”的研究方法

施拉姆的研究特色，不是从纯哲学和政治学理论的角度去透视和分析毛泽东的思想，换言之，他并未从概念、范畴和逻辑体系的角度研究思想，而是通过对各种历史要素的客观展现，着力分析人物、思潮和事件的过程、实质和作用以及它们之间的相互联系，从而使“思想”与“历史”达到某种统一。正如他在该书“导论”中所说：“思想来源于历史，思想也决定着历史的进程”，“思想观念是通过吸收各种来源而形成的，而且在系统化之后，就要为达到一定的目的而去加以应用”。这就是说，“历史”与“意志”的相互作用，决定着思想的发展。“思想”在历史条件的规定下形成，却又有目的地不断实现着，因而思想史就成了主客观诸多因素交互影响的有机产物。依据这一方法论原则，《毛泽东的思想》一书力图摆脱那种从某种类似“绝对精神”的思维框架出发，尔后再提出若干既不能证实，也不能证伪的“原理”等口号式的研究方法，尽量避免情绪化的推崇和抨击以及形式主义的空泛议论，而是将毛泽东的思想、观点和主张置于客观的历史场景之中，通过细腻的考证和描述，把握毛泽东的思想逻辑之主要内涵和不断转换，最后作出富有特色的独到判断。在这个意义上说，《毛泽东的思想》一书是一部更具有历史主义特色的思想史著作。

这样，施拉姆对毛泽东的思想的考察，其基本问题就比较接近全面。这表现在：其一，不把毛泽东的思想看成是单线过程。作者在把握和分析毛泽东的思想发展脉络时，力求把它视为一个由多种因素合力作用促成的趋向，从主观和客观、理论和实践、传统文化和外来理论、心理和性格等多个侧面进行分析。例如，作者对毛泽东在 1957 年下半年的思想转折的描述就是这种分析方法的尝试。其二，作者认为，毛泽东的思想本身是由多种对立因素构成的辩证统一体，因此，在叙述毛泽东的某个思想时，他尽力揭示出相互制约的各个侧面，这就在一定程度上避免了某些著作中常见的“攻其一

点，不及其余”的片面倾向，使其分析比较接近于毛泽东的思想原貌。

同时，施拉姆非常注意在当时的历史情境中对事件作具体分析。这也表现在两个方面。其一，毛泽东的理论观点具有很强的实践性，往往是针对革命和建设中的重大现实问题提出的，如果脱离具体的条件和背景作抽象的分析，就难免发生误解。施拉姆在本书中虽然没有以很多篇幅叙述这种条件和背景，但从他的论述可以看出，他是努力在具体的环境中理解毛泽东的观点的。其二，中国革命是个复杂曲折的过程，这就决定了毛泽东的思想发展不可能是个单向过程。即使在分析毛泽东出现重大失误时期的思想观点时，施拉姆也能比较注意不作简单化的结论，而是依据文献史料指出毛泽东的积极贡献以及为纠正自己的某些失误而作的努力。作为一位学者，施拉姆总是根据新掌握的资料和进一步的研究修正原来不准确的观点。例如，在《毛泽东》一书中，施拉姆教授曾认为毛泽东在大革命时期尚未形成无产阶级领导权的思想，有关文字是后来出版《毛泽东选集》时增补的。而在这本书中，他明确否定了把毛泽东视为“农民革命家”的观点，认为在理论和实践上都能证明，毛泽东坚定不移地信奉党是无产阶级先锋队的思想。又如，在《毛泽东》中施拉姆曾认为“文化大革命”是一场农民反对工人、农村反对城市的运动。随着历史进程的发展，人们对当年那场大动乱掌握了较多的材料，进行了深入的研究，在这本书中，施拉姆也放弃了这种不准确的看法。这类修正和补充还有多处。这都反映了施拉姆严谨的治学态度。

与其他西方学者一样，毛泽东的个人魅力和角色定位也是施拉姆所关注的一个方面。施拉姆概括说：“20 世纪的重要人物几乎没有谁像毛泽东那样在西方受到极不相同的各种评价：40 年代，包括克里姆林宫在内的许多方面，认为他是一位在马克思主义真实性上值得怀疑的、天才的游击战领袖。50 年代初，又认为他是一个服从莫斯科党国的中国领导人。其后，‘文化大革命’时期，在人们，特别是西方造反学生的心目中，他又变成了一位高瞻远瞩、富有灵性的圣人，认为他设计了一个比苏联更纯洁、更激进和更人道的新社会主义模式。在他生命的最后几年，又觉得他只不过是中国传统模型所铸造的一个政治'天子'。毛泽东是同时兼有多种角色于一身的复杂天才。"但施拉姆把研究视角定位在毛泽东具有超凡的政治魅力与组织向心力的关系上。施拉姆认为，之所以说毛泽东"一生是中国许多方面的代表"，是由于以下方面的原因：他出身农民，知道中国社会的重心在农村；从父亲身上，他了解到了社会贫富不均的现实；他出生在中国的中部，这些地方不同于沿海城市，但这些地方并不是同外国的影响和政治的骚动完全隔离，湖南是近代许多新思想的发源地。另外，"毛泽东不同于他同时代的许多青年人，他非常相信自己的领导能力"；"毛泽东极其坚定地认为自己是与中国及其命运紧密地联系在一起的，这样就产生了强烈而不妥协的民族主义，而且坚持要按照中国的环境和中国文化的需要去修正外来理论，包括马克思主义"。"总之，农民的价值观与知识分子的使命感、革命的理论和中国的传统，在毛泽东那里得到了和谐的统一和充分的体现。"正是由于这些因素，毛泽东在20世纪的中国历史中发挥了巨大的作用。

最近，施拉姆仍然认同这样一个结论，那就是：毛泽东虽然在掌权之后犯过严重错误，但他仍然不愧为一位伟大的革命领袖。在2003年哈佛会议回答关于为什么不能将毛泽东与斯大林等人相提并论时，八十高龄的施拉姆明确地回答说："从许多方面看，毛泽东的政治本能都是健全的。他力图为中国人民谋利益。只不过20世纪50年代以后，他在个人的情感方面，过于感情用事、固执任性和狂热，从而铸下大错。但尽管如此，他仍然是一个伟大的领袖，他总是想把最好的东西留给中国，我认为人们会因此而永远铭记他。"

四、有待进一步研究的问题

将本书与《毛泽东》比较，施拉姆对毛泽东及其思想的研究向前深化了一步。但是，还有许多问题有待进一步探讨。例如，施拉姆教授对马克思主义中国化的理解。他认为把马克思主义中国化是毛泽东的思想形成和发展的基本线索。应当指出，“马克思主义中国化”曾是中国共产党形成“毛泽东思想”的科学概念过程中提出的一种说法，尽管它不够准确，但其实质是说，毛泽东思想是马列主义普遍原理与中国革命具体实践相结合的产物。不能否认，施拉姆在借用这一说法时也吸收了类似的思想，但是，他在这一命题中所强调的因素却是民族主义和传统文化。于是，他所理解的“把马克思主义中国化”，主要就是把作为西方文化的马克思主义同中国的传统文化和民族主义要求相结合。当然，毛泽东一贯重视使马克思主义理论具有为中国人民喜闻乐见的民族形式的工作，并努力批判地继承传统文化中带有民主性的精华，但这毕竟不完全是毛泽东理论贡献的实质所在。在这个问题上的认识误差，使施拉姆把中国传统文化和马克思主义当成毛泽东的思想的两个基本构成要素，并把二者的相互关系及此消彼长的演变过程作为解释毛泽东晚年失误的重要依据，这当然难免得出失实的结论。他试图从道教“阴阳”辩证法中寻找毛泽东阶级斗争扩大化理论的思想根源，从强调国家教化职能的传统政治观念中引申出毛泽东晚年夸大上层建筑反作用和主观能动性的观点就说明了这一点。此外，本书对于中国革命和中国共产党若干史实的叙述和对毛泽东的思想的分析也有不符合实际情况的，其中无不夹杂着作者的某种倾向。

如前所述，《毛泽东的思想》一书史料扎实，但坦率地说，或许因为更加关注“本文的含义”，进而在“超越本文”进行意义分析时它就略显单薄。例如，施拉姆在把握1927—1937年的毛泽东的思想时，富有创见地提炼出“党”、“群众”、“军队”三项核心的思想要素。本来，这实际上体现出毛泽东政治思维结构的重要内容，无论其早年思想，还是其晚年思想，这些要素的本质始终未变，只是形式上发生了若干转换。如果研究者的思路再开阔一些，那么完全可能“超越本文”，从结构、功能的角度挖掘毛泽东思想的深层内涵。但纵观全书，我们感觉不到施拉姆有关这方面研究的明显意识，因而不能不为这潜在的思想火花未能继续闪亮而感到遗憾。

诸如此类的问题，我们相信读者会作出正确的分析和判断，在此不一一赘述。

《毛泽东的思想》原由中共中央文献研究室理论研究组组织翻译，1990年由中央文献出版社内部发行。十几位学者参加了这个版本的翻译工作，石仲泉和张宁负责全书的审定。决定将本书收入“国外毛泽东研究译丛”后，我们及时与施拉姆教授本人取得了联系，征求他的意见并希望他为新中文版撰写序言。施拉姆教授在病榻上通过秘书致函译丛主编，表示对新版《毛泽东的思想》即将公开出版表示赞许，希望对由于身体欠佳不能撰写序言给予理解。同时他指出，该版的英文书名“The thought of Mao Tse-tung”，应为“The Thought of Mao Tse-tung”。对施拉姆教授抱病支持我们的工作和他一丝不苟的治学精神，我们致以深深的谢意和敬意。新版《毛泽东的思想》，由中国人民大学国际关系学院的余梦晖补译了书后索引，并对注释做了统一的重新校译。

“国外毛泽东研究译丛”编委会

2004年10月于北京

目　录

序*

*本篇序及接下来的“导论”均写于1988年。——编者注

这本书由两部分组成，一部分是我为《剑桥中国史》第13卷撰写的论述1949年以前毛泽东的思想的一章；另一部分是我为即将出版的《剑桥中国史》第15卷撰写的论述从1949年到1976年的毛泽东的思想的一章。虽然我做了一些编辑方面的修改，但由于技术方面的限制，要随意更动原文、尤其是本书的第一篇，已经是不可能的了。其结果是，随之而来的对毛泽东的思想的说明，在很大程度上仍然只是对其观念的分析和评价。尽管一有可能我就尽力把这些观念同阐述它们的环境联系起来，但是，在原书的体系中以很大篇幅讨论其他各章已经论及的历史事实甚至是那些对毛泽东本人思想发展产生了决定性影响的事件，也是不合适的。

专为本书撰写的导论和结束语就是意在弥补这种种省略，并把毛泽东的思想及其发展置于一个更大的框架之中。导论首先讨论了毛泽东试图驾驭的20世纪中国革命变革过程的性质问题，以及使他得以扮演其角色的种种因素。然后，导论考察了毛泽东生活中的各个阶段之间的关系，其思想的各个转折点之间的关系。至于结束语，其目的不在总结毛泽东的思想中的主要原则，而是要对它在中国持续不衰的意义作出估价，并预测它今后在一个有些人声称正在发生“非毛化”过程的社会和制度中的位置。

我并不认为本书十全十美，要对毛泽东的思想发展作出确切的

说明，它还有缺陷。但是，它的基础是我过去四分之一世纪所做的研究工作。本书究竟是否把我所作的解释向前推进了一步，这要由别人来判定。无论如何，我多年从事毛泽东的思想研究这一事实意味着，我已经欠下了很多人情，在这里向帮助我的人们致以谢意，对我来说是一项非常愉快的使命。

viii 履行这一使命，最好从头说起。在这个领域中，我最早发表的一篇专题论文是翻译和分析毛泽东在 1917 年的文章《体育之研究》。这时，我受惠于埃丁纳·巴拉兹（Etienne Balazs）的鼓励和批评。在 20 世纪 60 年代初期，我承蒙特许参加他在巴黎举办的讲习班。此后，在洛克菲勒基金会的支持下，我在哈佛大学东亚研究中心度过了一年时光，它使我有机会萌生纵观毛泽东的思想的最初念头。

在从事这一工作的过程中，许多机构和个人向我提供了帮助，详细情况在《毛泽东的政治思想》一书的致谢辞中已有说明。这些人中有三位最为突出。当时的中心主任费正清（John Fairbank），以他独具特色的热诚与严谨并济的方式主持了研究活动。我与史华慈（Benjamin Schwartz）同窗一年的时间里，他对我的观点作出了公正的评价，并以非同寻常的方式向我提供了思想上的激励。胡佛研究所东亚资料馆馆长欧根·吴（Eugene Wu）给我以便利，使我初次接触到延安时期的材料，从而帮助我打开了依据毛泽东 1949 年以前的著述文稿研究其思想历程的大门。

1962 年夏，当我在胡佛图书馆阅读《解放日报》时，我还不能想象，尔后我竟能结识该报编辑部的主要成员于光远、李锐、廖盖隆和温济泽。这一事实是此后发生的世界政治变化及随之而来的思想变化的象征。到 1963 年，在资料方面和极有价值的观点交流方面，我就已经不仅得益于欧洲人和美国人，而且得益于日本学者和各个图书馆了。20 世纪 70 年代初，在毛泽东的思想研究方面，由于竹内实主持的十卷本《毛泽东集》的编辑工作，日本人的作用大大增加。无论如何，非常之多的材料在中国本土之外很难得到，如果不是这套既包含公开版本又收入内部版本的资料自 1978 年以来广泛出版，与今天的情况相比，我们关于毛泽东的思想的知识肯定会支离破碎得多。20世纪80年代初出版的东京版《毛泽东集》补卷由九卷文稿和一卷索引组成，它绝大部分来自中国印制的内部文集。

除了有机会查阅见诸文字的文献之外，我曾得到特许六次访问中国社会科学院，正如我已指出的那样，这使我获得了观察毛泽东的生平和思想的全新的视角。1980年6月至7月、1982年4月至5月、1982年9月、1984年3月至4月和1986年3月至4月的访问是由马列主义毛泽东思想研究所接待的；1987年12月至1988年1月的访问是由哲学研究所接待的。我曾与之讨论这类问题的中国学者和政界人士的名单太长，在这里难以一一列出。本书的注释中说明了他们对某些事实或解释所给予的指正。 ix

特别要表示谢意的是中国社会科学院马列所前任所长于光远（1982年5月离职），苏绍智（1982年5月至1987年），还有1982年5月以前担任副所长的冯兰瑞和廖盖隆；还有哲学所所长邢贲思。他们和他们的同事们花费许多宝贵的时间同我谈论与毛泽东的思想有关的问题，对我的解释（包括本书各个部分的草稿）作出评论，组织研讨会，安排会议，让我接触资料。在同龚育之和他所在的中央文献研究室的同事们的多次交谈中，我也得到很大教益。无须说明，这里提及的诸位都不对本书所表达的观点负任何责任，但是，如果没有这些交流，我的解释肯定相当肤浅。

我之所以能有这些机会，当然也要感谢曾资助我访华的机构：不列颠研究院及经济社会研究理事会推荐我参加与中国社会科学院的联合交流项目，并为我的旅行支付费用；还有中国社会科学院，在我访华期间，它提供了慷慨的款待和帮助。同样，美国人类基金会出资赞助我在1980年夏参加“北美研究中国革命问题代表团”，这是我与中国学者接触的第一次关键性的一步。为了从事本书的研究工作，我曾多次访问日本和美国的图书馆，我得到了东方和非洲研究所的财政资助。

在过去的十年间，同与中国接触一样有价值的是中国之外的同事和朋友们对我表现出来的善意，向我提供的教益，从他们那里，我得到源源不断的鼓励，并在查清资料来源方面得到他们的帮助。

关于资料，特别要感谢两个方面的帮助。一方面，竹内实、中村公义和其他合作编辑《毛泽东集》的日本学者向我提供了许多关
x 于 1949 年前后毛泽东的思想的重要文献汇编；另一方面，最近收集到许多册毛泽东著述内部版本的哈佛—燕京研究所允许我查阅其资料，并复印了一些关键性的文稿。我从这一来源获得的资料有毛泽东在 1957 年 2 月 27 日关于人民内部矛盾讲话的未经修改的原文记录稿，还有他在 1958 年 8 月北戴河会议上的讲话，它们在我对 1957 年至 1958 年间毛泽东的思想的解释中起着中心的作用（后面将会看到）。哈佛大学将以《毛主席的秘密讲话：从“百花运动”到“大跃进”》为题出版同一汇编的译本，并附有注释性的文章。本书付印时我尚未看到这一对“大跃进”期间毛泽东的思想的集体评价，但是我要再一次感谢欧根·吴，他为我提供了把这些重要材料收入我自己所作分析之中的机会。

我要感谢《剑桥中国史》的编辑们，构成我这本书骨干的绝大多数章节最初都是为《剑桥中国史》撰写的，其篇幅也并不小。《剑桥中国史》第 14 卷和第 15 卷的合编者罗德里克·麦克法考尔（Roderich MacFarquhar）对我关于 1949 年以后毛泽东的思想的讨论进行了极为认真的审读和批评，并对文稿的修改提出了很多富有教益的建议。在《剑桥中国史》第 13 卷出版前，总编费正清就我写的那一章作出了有 10 页纸的评论，诙谐、透彻而又公正，他对本书 1949 年以后部分的内容和形式也提供了实质性的帮助。

最后，我希望向组织和参加许多讨论我对各个时期、各个方面的毛泽东的思想的解释的研讨会和其他各种会议的人表示感谢，在这些场合，我的解释受到批评，这种批评总是很尖锐，但却有助于引起我进一步的思考。多年来，在欧洲（从伦敦、爱丁堡、阿伯里斯特威斯到巴黎、威尔士和那不勒斯），在亚洲（从德里、北京、长沙和湘潭到东京和京都），在北美的许多地方（从伯克利、斯坦福和圣迭戈到波士顿、纽约，从温哥华到墨西哥城），我曾多次获

得这种机会，这中间涉及的机构和个人数不胜数，难以一一列举。同我交谈时有些人可能会感到遗憾，我似乎没有从同他们的对话中学到本应学到的那么多东西。当然，这方面的过失全在于我，正如我要为所有的错误和缺欠负责一样。

导　论

1　　这是一本论述20世纪中国革命和毛泽东在这一革命中所起作用的书。毛泽东以各种形式施加他的影响，包括为决定事件进程而通过的决议，也包括形成以他本人为中心的神话，尤其是他晚年时的神话。但不管怎样，毛泽东对中国革命最普遍的，或许也是最持久的贡献就是毛泽东的思想。本书的目的是阐明毛泽东的思想的发展，并就此也对毛泽东以及他的时代的其他方面的问题加以说明。

“思想来源于历史，思想也决定着历史的进程。”这是我第一次试图对毛泽东的思想提出一个总的看法时在另一本书的开头写的话。[1]这种说法无疑是正确的，但对我们所论述的问题则过于简单扼要。有人认为（特别是像我在20年前详细论述的那样），思想观念是通过吸收各种来源而形成的，而且在系统化之后，就要为达到一定的目的而去加以应用。实际上，毛泽东的思想及其所起的作用在贯彻的过程中是不断变化的，虽然建立在毛泽东本人的个性和中国所处困境的基础之上的基本原理具有持续性。

这一过程的各个阶段，每一阶段中毛泽东思想的实质及其导致各种重大变化和变革的影响，从总体上形成了本书所要阐述的重点。这篇导言将对中国革命和毛泽东在这一革命中的作用作出一些初步的思考。

到现在为止，我使用了“革命”这一术语却没有说明我所谓“革命”的意思是什么。除非是以某种革命理论为基础，不然就不可能对它作出严密准确的定义，而我现在也无意在已经提出的那些理论或概念中再增加什么东西。就目前研究而论，为使之区别于其他形式的变革，我们约定，我所谓革命是指这样一种改造活动，它 2
影响深远，发展迅猛，且具有与过去一刀两断或曰连续性中断的特征。当然，这三种特征，其含义多少都有点不够确切。变化的范围和速度不仅仅是个程度问题，连续性和连续性中断之间的界限实际上是一种判断，它要说明，就我们所讨论的事物而言，现实中的哪些方面在决定其性质或质量方面起着决定性的作用。无论如何，综合以上三个标志，应能充分揭示出我们将要论述的现象。

我们能够谈论一场完整连贯的20世纪中国革命吗？从20世纪初，甚至从19世纪初开始，是否有一个连续不断的革命过程，在此过程中，每一阶段都是其前一阶段的合乎逻辑的必然延续？或者说，现实存在的是否只是一系列彼此分离的革命变革，并无必要用某种必然的因果链条把它们联系在一起？

探讨这些问题，不仅对于区分两个相继而来的革命阶段，而且对于区分各种不同范围或方面的革命，如政治革命、民族革命、文化革命、社会革命、经济革命、技术革命等，都是有帮助的。这六种类型的革命，毛泽东本人在过去的岁月里曾多次提到过。他像列宁那样，把政治看作“主线”，把夺取政权看作其他方面变革的关键。同时，他认为，如果要实现政治革命，就要把民族革命、文化革命和社会革命看作政治革命必不可少的补充。

第一次政治革命（在中国被认为是资产阶级性质的）在毛泽东还没有开始在中国历史上起作用之前就发生了。诚然，1911年的革命是一种散漫的、无结果的事件。它不像1949年的胜利，也与1927年蒋介石建立的国民政府不同，它不是由一种十分明确的政治力量来组织、支配和完成的。孙中山、黄兴以及他们领导的组织为推翻君主制度创造了条件，但孙中山、黄兴既没有组织1911年10月10日的起义，也没有成功地控制这一起义的结果。尽管如此，1911年革命断然扫荡了皇权思想，不仅为未来的政治变革，而且也为其他类型的革命创造了条件。

不管怎样，1911 年发生的革命，表现了统治方式的变化，清朝
3 的崩溃是 19 世纪初以来一直在进行着的历史变化过程的顶点，而不简单是鸦片战争以来西方势力冲击的结果。根本原因在很大程度上是国内的：18 世纪末 19 世纪初人口的急剧增长，其他各种经济和社会力量的出现，这些东西是旧制度所难以对付的。然而，外国势力支持清王朝之日，正是加速它的灭亡之时，它们的存在，也给革命的天平增添了新的因素。

从 1840 年起，民族主义运动在中国明显地增多。部分欧洲人、美国人和日本人对中国主权的渗透和侵犯，不久就达到这样的程度，即不但在农民中间引起了对外国人的畏惧和憎恨，而且几乎包括政界、知识界各种类型的上层人物在感情上都认为必须改变这种状况。19 世纪 50 年代，马克思和恩格斯曾把太平天国的起义看作是一场“可怕的革命”，看作是“维护中国民族主义的人民战争”(今天我们可称为“民族解放战争”)。[2] 无论如何，太平天国运动对于民族革命是一个推动，而且在这以后，中国民族解放运动采取了比太平天国或义和团更加进步的形式。

当然，这种民族主义情感对 1911 年政治革命的发生是起了作用的。即使不说对清王朝满族统治者的敌视，仅就其所作所为而论，这些统治者看来也是腐败无能至极，因此，从传统观点看，他们是有辱天命，尽失人心。而对亡国灭种前途所感受到的巨大痛苦，使越来越多的中国人由改良阵营转向了革命阵营。

这样一种对帝王思想的排斥构成了中国政治文化上的一次革命，并且也是 19 世纪中叶以来一直在进行着的文化变革的结果。西方思想的传入，开始是零散的，不久以后就成了汹涌大潮。在它们的影响下，中国自身的传统受到了猛烈的冲击，在思想领域出现了新的动向。这种新动向只能称之为革命，尽管它们发生在五四运动之前。可见民族革命和文化革命是互相促进的。

在武昌起义以后的政治革命中，毛泽东作为一个革命军的士兵起的作用微不足道。在五四时期日益高涨的文化革命高潮中，在更加有力、更有组织的民族主义运动中，从 1915 年“二十一条”的

签订到 1925 年的“五卅”运动再到 1926—1927 年的事变，毛泽东
虽然还不是主角，但却是个有影响的人物了。至于 20 世纪 20 年代
在农村以农民战争形式出现的社会革命，毛泽东虽不是发起者（那 4
荣誉属于彭湃），但却是最成功的代表者，他在农村根据地以游击
战的方式为革命开辟了道路。

这是否意味着毛泽东像许多学者几十年以来所认为的那样，是一位“农民革命家”？一些人持这种观点，其理由不过是毛泽东看到了农民身上固有的潜在革命性，认为革命必然在农村发生。另外一些人则走得更远，坚决认为毛泽东在 1927 年不仅仅是暂时放弃了城市，而是完全抛弃了工人阶级领导的概念，完全否认了城市知识分子杰出人物在革命中的作用，并且使自己成为实现农民所固有的空想抱负的圣徒。

毛泽东曾动员农民去进行革命，这是无可置疑的事实，但认为毛泽东是盲目地附和农民的理想而不是去领导他们，则显然是荒谬的。在理论和实践上都能证明，他坚定不移地信奉列宁主义关于党是先锋队的思想。还有一种观点也是站不住脚的。这种观点认为，1927 年以前由城市知识分子中的杰出人物占支配地位的中国革命，同后来毛泽东领导下的城市杰出人物并没有起很大作用的中国革命是完全对立的。但是，毛泽东对农民在中国社会中的中心地位的认识，以及他头脑中某些农民意识的影响，从 20 世纪 20 年代中期到 1976 年持续存在了半个多世纪之久，这些东西同他思想中明确的马克思主义的“正统”成分融为一体，确实构成了一个复杂的、各种成分彼此冲突的思想模式。

另一方面，毛泽东的革命观不仅重视那些受过教育并已成为党的组织者和理论家的个别人，而且也包括一般的知识分子在内，这一点也非同一般。“中国的革命运动，都是从觉悟了的学生青年智识青年们开始发起的”，这是毛泽东 1939 年在五四运动纪念大会的演讲中宣布的观点，这段话后来被删掉了。[3]他又说，五四运动固然是由知识分子发动的，但必须联合由工人、农民组成的“主力”，才能达到战胜帝国主义和封建主义的目的。这样明确说明革命的最

初动力来自青年学生和知识分子，从一个侧面反映出毛泽东本人对20世纪中国革命的看法。

显然，这种看法自五四运动以来是始终一贯的。毛泽东在1919年8月曾写道："天下者我们的天下。国家者我们的国家。社会者我们的社会。我们不说，谁说？我们不干，谁干？"[4]这一看法自五四时期以来一直没有改变。这里所包含的，不仅是要求由他这一代人来掌握中国命运的使命感，而且是一种确信无疑的观点，表达了毛泽东对革命过程中不同要素之间的关系的看法，这个意思在我们刚刚引述的1939年那一段话里表达得更加清楚。在若干年以后，于1959年至1960年间，毛泽东在其苏联《政治经济学（教科书）》读书笔记[5]中，把他的见解集中起来，明确而系统地提出了关于历史因果关系的理论：

> 整个革命的历史表明，新的生产力的高度发展对于改变落后生产关系不是必要条件。我们的革命是从马克思主义、列宁主义的宣传运动开始的，这有利于在社会上制造出新的舆论，由此去推动革命向前发展。只有在革命中推翻落后的上层建筑，才有可能摧毁旧的生产关系。旧的生产关系被摧毁后，新的生产关系才能建立起来，为新的生产力的发展扫清道路。……
>
> 在你制造出新的舆论和夺取政权之前，是不可能解决所有制问题，并大规模发展生产力的，这是一个普遍的规律。[6]*

*毛泽东在读苏联《政治经济学教科书》社会主义部分时有如下论述："一切革命的历史都证明，并不是先有充分发展的新生产力，然后才改造落后的生产关系，而是要首先造成舆论，进行革命，夺取政权，才有可能消灭旧的生产关系。消灭了旧的生产关系，确立了新的生产关系，这样就为新的生产力的发展开辟了道路。"见中华人民共和国国史学会编：《毛泽东读社会主义政治经济学批注和谈话》（清样本），170页。——编者注

这段话显然是表达了这样一种见解，即上层建筑的变化可能是由生产力的逐渐发展而引起的，但根本的变化只能出现在政治革命之后，政治革命本身通过舆论的动员作准备，并使之成为可能。这种见解与毛泽东一贯强调自觉能动性、主观力量和上层建筑的重要性是一致的。不管怎样，还应当指出，从这段话中概括出的要点既符合毛泽东本人的生活模式，也反映出更为广阔的中国历史和文化的背景。

由张之洞发起的工业化（毛泽东多次把这种工业化称为整个中国革命的出发点）[7]开始了一个变革的过程，毛泽东和其他人在五四运动期间成为这一过程的参加者，他们通过文化革命最终打开了政治革命的大门，然后再进行1949年以后的社会主义改造。毛泽东是这样看问题的，而且事情本身也是这样。但是在从这一经历中总结出具有普遍性的革命理论的时候，毛泽东也是凭着根深蒂固的中国人的习惯在办事。知识分子不但两千多年来在中国的政治制度中起着决定性的作用，而且在一个以书面文字的“传谕”方式进行统治的社会中，“制造舆论”也必然需要舞文弄墨的人参与，1919年的情况就是如此。毛泽东把这看作是当然的事情。在这方面，他是否意识到中国与那些不以成文传统为基础的其他文化之间的区别，现在还说不准。换句话说，与其说他是个农民革命家，不如说 6 他是个农民出身的参加革命的知识分子。因为，如果不是处在这样一个革命时代，他本来可能是作为一个知识分子去实践传统的治国之术的。

我在上面讲过，五四运动对1949年的胜利是有贡献的，这事实已广泛地为人们所接受。但是，这两件事相比何者更重要，是一个容易引起争论的问题。直到最近，中国官方人士的观点仍认为五四运动是近代史和现代史的分界线，这就含蓄地表明五四运动是比1949年的胜利还要重要的变革。20世纪80年代初，人们更偏重于这样一种观点，认为实际上现代史开始的标志应该是1949年夺取政权，因为它开辟了从资本主义到社会主义生产方式变革的道路。关于这个问题，在一篇权威性的论文中，李新透露说，在1956年，正规的说法是以1919年作为现代史的起点，而他当时就主张现代史的起点应是1949年。他以生产方式对马克思主义的历史分期是一个恰当的标准为理由，但是大多数人不同意这种观点。[8]看来采取得到毛泽东支持的大多数人的观点，把五四运动作为现代史的开端，是稳妥的。

李新承认1919年标志着资产阶级新民主主义革命阶段开始，毛泽东在1939年就是这样宣布的。但他特别强调指出，当时的政治制度并没有发生具体的变化，五四运动后还是军阀统治。[9]毛泽东当然知道社会主义改造和新的生产方式产生的重要性，但是同时，毛泽东又不加掩饰地认为五四运动这一他亲自参加过的运动是划时代的大事件。[10]

不论1919年与1949年相比其象征性的重要意义是什么，横亘于这两个时期之间的30年是中国共产党产生、发展和最终获得胜利的30年。事实表明，中国共产党强有力地推动社会革命和民族革命并获得胜利的原因在于他们满足了中国人民的需要，反映了中国国内和国际形势的必然趋势。客观存在的中国农业社会的贫富悬殊，古老的儒家道德规范的逐渐解体并为赤裸裸的剥削关系所代替，这些无论如何会使革命党人具有策略上胜过其对手的明显优势。

7 但是，不论客观条件多么有利，中国共产党在1949年取得胜利和利用其胜利的事实，并非仅仅是“中国革命”的一般现象。它们反映了夺取政权的斗争的特殊情况，也反映了某个人在相当程度上所起的作用。不管怎样，毛泽东在20世纪中国革命中打上了自己的烙印。他没能在哪方面把他的观点完全强加于人，在他去世以后，他的许多思想受到了批评或限制，有一些则被完全抛弃。但事实上，他的思想和他的领导能力的影响仍是如此深刻和广泛，以至于有充足的理由把中华人民共和国称为“毛泽东的中国”。在他去世以后，尽管他留下的印迹这里已经被人弄碎，或那里已经被人涂抹，但它们大体上仍然清晰可见。

毛泽东为什么能够在40年的大部分时间内，对中国局势的控制达到如此的程度？简单地说，我认为是因为在他的一生中，他是中国许多方面的代表，但在某些关键性的问题上却例外。他出身农民，因此知道（尽管他在学生时代曾忘记）中国社会的重心是在农村。在毛泽东的童年和少年时代，他的父亲由贫农转变为富农兼米商，这就使毛泽东从“大斗进小斗出”的现象中知道了农村社会存在的不平等。从地理上来看，他又是生长在中国中部地区。他不是沿海大城市的人，这些城市无论怎样重要，但都在一定程度上是与中国农村格格不入的。他也不是出身于偏僻的内地，这些地方与外国影响及政治动荡完全隔离。自从谭嗣同 1898 年在这里建立南学会以来，毛泽东的故乡湖南省，已经出现了新的思想和政治动向，而且也引起了反应。

然而，毛泽东这一代数百万中国青年同样出生在中国地理上和社会上的中心地带，什么是毛泽东不同于其他人的个人特点呢？十分突出的一点是他在一开始时就非常相信自己的领导能力。他不仅钦佩东西方一些强有力的统治者——从秦汉王朝的开国皇帝到彼得大帝和拿破仑，并在早年就坦率地确信自己的能力能够超过他们。如此强烈的自信本身虽不能保证一个人一定能担任重要的政治角 8
色，但是如果没有这种自信，要成为一位强有力的政治领导人是非常困难的。[11]

与此密切相关的另一点是毛泽东极其坚定地相信自己与中国及其命运紧密联系在一起。这不仅产生了强烈而不妥协的民族主义，而且必然会坚持按照中国环境和中国文化的需要去修改外来的理论，包括马克思主义。确实，毛泽东最著名的理论贡献中，有两项分别出自于《实践论》和《矛盾论》这两篇论文中，在它们发展成为马克思主义概念之前，其渊源可以一直追溯到非常古老的中国观念中去，它们是“实事求是”和古代的“阴阳”辩证法。

农民的价值观和知识分子的使命感，革命的理论和中国的传统，这些东西在毛泽东那里得到了和谐的统一和充分的体现，使他能够在 20 世纪的中国历史中发挥作用，这一点是毫无疑问的。多年来，在不同历史条件的影响下，其中包括他本人活动积累下来的影响，这些素质所表现出来的形式在不断变化和发展。毛泽东的生平和思想的各个时期，以及每一特定时期新思想产生的原因，在这本书的正文中将逐一阐述。这里只是适当地展望一下其思想的整体轮廓。

从内因来考虑问题，也就是从毛泽东的个性和动机这一角度出发来考虑问题，可以认为多年来他对自己思想的态度也发生了变化。在青年时代，毛泽东关心的主要是寻找解决中国问题的出路，并力图使别人相信他的分析是正确的。中年时期，在继续探求知识的同时，他十分注重创立一种学说，这种学说对他的追随者将是有约束力的。在晚年，随着这种趋向的进一步发展，他创立的学说变成了教条，甚至成了宗教仪式的化身。然而，在其革命的最后岁月里，他仍试图用过去的知识为未来指出一条道路。

对中国的知识分子和政治领导人来说，在解释毛泽东的思想时，要考虑到的首要因素自然是革命斗争的背景。与此同时，他们
9 也承认，由于现实多方面的差异，决定性的转折点也是不同的。例如，廖盖隆在1982年5月的一次谈话中建议，以整个中国革命的历史分期为背景，分别对毛泽东的思想和生平作不同的分期。[12]其他一些著者还提出，不仅对毛泽东的思想发展的分期不同于党史的分期，而且毛泽东的思想中的每个特定的组成部分，诸如建党学说之类，都应有其独立的分期框架，尽管同时要强调所有这些方面都是内在联系的。[13]

划分毛泽东生平和思想的阶段或时期，以及识别从一个阶段到另一个阶段的关键性的转折点，对于中国人来说，是一件棘手的、繁重的政治任务。对我们来说，则不是如此。它被证明是一种有益的分析方法。概括地说，毛泽东的思想的发展可分为六个阶段，每个阶段约十年时间：

1917—1927年　在这一阶段，毛泽东经历了多种不同的学习，包括在学校的最后几年和参加各种革命团体：从新民学会到工会、中国共产党和社会主义青年团。他的思想发展是从自由主义、实用主义到列宁主义，并从城市中心论转向农村中心论，这种思想于1925年至1927年他在农民协会工作期间达到了高潮。

1927—1936年　这一阶段以毛泽东在“八七”紧急会议上提出“枪杆子里面出政权”的著名论断为开端。其特征是毛泽东在中国共产党内地位的巨大变化。在江西苏维埃时期领导层的斗争中，他从一条支流发展成为一条路线（也可能是一个派别），接着是在1935年1月遵义会议以后，毛泽东进入了在党内获得至高无上的和无可争议的权力的早期阶段。但是在整个这一阶段中，军事斗争始

终是革命的中心任务。在这些年中，农村包围城市的战略在理论和实践两方面逐渐形成，尽管“持久战”的战略原则到1938年才明确提出。与此类似的是，同“群众路线”相一致的观点和方法在这个时期开始出现，尽管对这个概念的系统阐述还是在下一个十年。

1936—1947年 在这一阶段，毛泽东写完了1949年以前的全部重要理论著作。首先是1936年底写的《中国革命战争的战略问题》，接着是1937年写的《辩证法唯物论讲授提纲》。《实践论》和《矛盾论》是后来从提纲中节选出来的。随着埃德加·斯诺的《红星照耀中国》（《西行漫记》）一书的出版，他一举登上国际舞台。书中有1936年7月他对斯诺详细介绍的他的自传。毛泽东提出“马克思主义中国化”的思想，并在1942—1943年的整风运动中加以贯彻，这样既促进了这一目标的实现，也提高了他在党内的地位。1943年3月，他成为政治局和书记处的主席，也就正式地成为领导集团中地位最高的人。在1945年4月党的第七次代表大会上， 10
他的思想成为全党工作的指南。最后，在马歇尔等人的调解企图失败之后，毛泽东把他的注意力转向了彻底推进国内战争和土地改革的新高潮。到1947年底，战争和土改两件事都进行得很好，胜利在望。

1947—1957年 毛泽东在指挥国内战争取得最后胜利当中发挥了重要作用，同时，在1947年至1949年间，还开始考虑中国共产党取得政权以后所面临的任务。在开始时，他强调必须遵循列宁主义和苏联模式，把城市和重工业的作用提到首位。他还提倡渐进主义和稳健政策，尤其是在农村，在那里保存富农是为了促进农业生产的恢复。1955年，经济政策突然变得比较激进了，毛泽东在7月发出大力推进农业集体化的号召，但同时在1956年初又对知识分子提出一套安抚政策。他的《论十大关系》的报告（后来被他看作是第一次试图对不同于苏联的通向社会主义的道路所作的系统阐述，这个报告在1956年5月2日接见非党人士讲话时作了修订）特别讲了一段话，提倡“百花齐放，百家争鸣”。在1957年2月27日《关于正确处理人民内部矛盾的问题》讲话的原稿中，毛泽东谴责斯大林的“左”倾和动辄就杀掉与他意见不同的人的倾向，并且宣布阶级斗争在中国“基本上”结束。接着，在中华人民共和国的历史处于最著名、最引人注目和最具有决定性的转折点之一的时刻，这个相对多样化的阶段却为“左”倾主义的新高潮所取代。“左”倾主义既存在于毛泽东的思想中，也存在于当时的政治气氛中。

1957—1966 年　1957 年秋的“反右”运动导致了毛泽东第一次非常激进的创造，即发动 1958 年至 1960 年的“大跃进”。当这一试验的结果出现混乱并引起群众饥饿时，毛泽东引退到第二线，让刘少奇、周恩来、邓小平等人负责制定紧缩和调整的政策。但他对放弃空想的、平均主义幻想的“大跃进”变得越来越恼怒。这种情绪促使他在 1962 年秋党的八届十中全会上提出了“千万不要忘记阶级斗争!”的口号，从那时起他就准备反击在“无产阶级文化大革命”中被称为党内“走资派”的那些人。[14]

11 **1966—1976 年**　毛泽东的最后一个十年是以普遍的、猛烈的暴力行动对付他在党内的对手和所有那些他认为在思想上倒退、在行为上官僚化的人开始的。在 1966 年至 1968 年“文化大革命”的第一阶段，人们还表现出一定的希望和热情，至少在青年中是这样。然而不久，红卫兵运动就演变成一种无法控制的流血的派别斗争，毛泽东不得不派林彪和人民解放军去调停。在毛泽东活着的时候，暴力行为在一定程度上是受到控制的，但政治的和社会的秩序并没有真正得到恢复。在毛泽东最后的岁月里，困惑与挫折与日俱增，尽管这时他仍处在统帅地位，但是他越是渴望尽快解决中国的问题，却越来越没有成效。在他生命最后的时刻，他几乎不能思考，更谈不上说话，甚至像他在 1966 年所抱怨的那样，成了他自己的葬礼上或种种愿望之坟墓中的一个失去生命力的偶像。

对于以上提及的以种种事件和倾向为标志的六个阶段，人们可以作出怎样的概括呢？沿着下述的思路也许多少能得出一些答案：

性格形成时期　1982 年 4 月我在香港做的演讲中，把 1927 年以前这段时间称为“革命的学徒时期”，但在公开发表时，我把它改为“性格形成时期”。这一改动，是我受廖盖隆影响的结果。廖盖隆认为，不能把20世纪20年代中期的毛泽东当作一个单纯的学徒。[15]除了这一点非常正确之外，还有另外一点，也许正是不用“学徒时期”这个词的更有说服力的理由。不论毛泽东在这一时期从事的工作是多么不确定，但是这个词在某种意义上是指已具备相当具体明确的标准、条件和资格，要经师傅传授手艺或专业特长。实际上，在20世纪20年代没有“革命大师”可供毛泽东学习。从孙中山到李大钊、陈独秀，同毛泽东的年龄、经历相比，他们都是年长资深的革命领导人，但他们当中没有一个人真正知道怎样才能使革命在中国这样的国家取得成功。斯大林认为他知道，并在1925年前后就命令中国共产党按他的设想行事，但事实证明，他也不是一个可靠的革命导师。毛泽东在1917年至1927年间，从我上面提到的那些人那里学到了一些东西，但是在许多重要的方面，毛泽东是自学的。

锻造武器 在1927年，尽管毛泽东还没有受到充分的训练，完全掌握革命的真谛，不过从那以后他就完全投身到革命斗争之中去了，他要生存发展，就必须解决他所面临的问题。1927年至
1936年间，毛泽东、朱德、彭德怀等人创建了军队，制定了战略战 12
术，使中国共产党度过了在长征前和长征期间险些被消灭的那段时间，并在抗日战争造成的更为有利的环境中扩大了他们的影响。

确定和实行夺取政权的“中国式道路” 延安时期，毛泽东总结了前十年的教训，认为可以通过在农村的武装斗争，同时实行民族革命和社会革命，并且非常成功地贯彻了这些思想，到1947年，中国共产党已胜利在望了。

从“夺取政权的中国式道路”到“走向社会主义的中国式道路” 从1947年至1957年，毛泽东和他的同志们收拢起推翻国民党的胜利成果，把他们的注意力转向建设社会主义社会和社会主义经济的新任务。到1957年初，中国和外国的许多人都看出这项事业确实很有希望成功。

不可思议的“大跃进” 1958年，毛泽东动员群众向自然宣

战。"大跃进"时期，胜利与他失之交臂，于是，他在 20 世纪 60 年代初向党内那些对他的政策积极性不高的人宣战，并且参与揭露他们的活动。接着，到 60 年代中期，他向人性本身宣战。

十年"文化大革命"　在"斗私批修"的口号下，毛泽东试图铲除利己主义，他认为其根源不仅存在于以等级薪水制度为根据的不合理的报酬分配之中，而且存在于人的内心世界。他继续清除那些反对他的人，这个目标在相当程度上实现了，尽管不那么完满。就改变人性这个目标来说，根据毛泽东逝世后几年间发展的情况看来，在十年前许多人所相信的显著改变完全是一种错觉。

实际上，"文化大革命"这一场大变动，并没有像毛泽东所期望的那样，在中国人民中间引起一场根本性的变革。当然，这并不意味着毛泽东领导中国的 27 年在中国漫长的历史中只不过是个转瞬即逝的阶段。正相反，无论在 1949 年以前还是在 1949 年以后，毛泽东、毛泽东的思想及毛泽东所领导的革命实践的影响，直到今天仍然具有深远意义。在本书的"结束语"中，我将对此作出评价。

第一篇

1949 年以前毛泽东的思想

13 在中华人民共和国建立前已经出现的毛泽东的思想，既是他1949年以前革命经验的综合，又是他以后许多策略形成的基础。本书第一篇试图用文献证明并阐述在毛泽东积极的政治生涯的前30年间毛泽东的思想发展，并尽力使读者更好地了解夺取政权以后所发生的一切。在着重阐述毛泽东本人早年思想的最主要的内容的同时，还要专门探讨一些只有到20世纪五六十年代才能完全琢磨出其中含义的思想。

从1912年（当时毛泽东18岁半，在作为一个普通士兵参加辛亥革命半年后重新恢复学习生活）到1949年（这时他已成为统一的中国既有名义又有实权的领导者），这期间毛泽东的思想发展的来龙去脉，是不间断的、广泛的政治、社会和文化变革的一种反映。实际上，在毛泽东的前半生，他经历了中国历史上几个不同的时代，这样的经历形成了他对中国问题的看法和解决这些问题的主张，所以他的思想不但每隔十年会急剧变化，而且在许多情况下是逐年变化的。现在要努力使非常复杂的毛泽东的思想和活动更清晰而有系统地展现出来，就需采取按年月顺序和按专题的叙述方法。这里首先阐述从成年初期到1927年毛泽东政治观念的形成和发展。1927年，他开始在农村从事一种特殊形式的革命斗争。

第一章

从学生运动到农民运动（1917—1927）

按照年龄和经历，毛泽东是五四时代的人。从1915年《新青年》创刊以来，毛泽东就是一个热心的读者。在新思潮的影响下，他通过参加政治团体以及对政治的研究学到了本领，并且在紧接着发生的五四运动之后，开始了他实际的革命生涯。

尽管毛泽东有许多极其显著的个人特点，但在总体上，他仍具有五四时代青年的某些特征。其中最重要的一点，就是“转变的一代”。当然，所有时代的人都在变，因为世界在永恒变化着。但毛泽东一生和同时代人的差距，在中国历史的发展上，不仅要以不同阶段，而且要以不同时代来衡量。中国接受西方影响的过程开始于19世纪中叶，并持续到20世纪中叶以后，但五四时期是一个巨大的转折点，从此以后一切都发生了新的变化。总之，五四时代的人们意识到，那种长期存在的中国式的优越感曾使他们的前辈陶醉，但他们却再也不可能怀有同样的糊涂信念了。他们中的一些人包括毛泽东，很快就接受了西方的多种思想体系，并为实行这些思想付出了他们毕生的精力，但同时他们也最大限度地保留了对中国人民内在能力的信仰，也保留了他们曾经否定过的传统思维方式。这样，他们就注定要生活在政治、文化持久动荡的环境中。

毛泽东20世纪20年代初以前的政治观点，只能从当时文献的零碎片断和他自己及别人许多年以后的回忆中了解。*

我们首先看到的是毛泽东大约在23岁时写的一篇文章，发表

*关于毛泽东早年生活和思想的最详尽的描述，见李锐的《毛泽东同志的初期革命活动》一书，该书1957年第一次出版，已出版了译名相同的英译本。译者是安东尼·W·萨利蒂(Anthony W. Sariti)，编者是詹姆斯·C·江（James C. Hsiung），并附有施拉姆作的序。李锐最近出版了此书的修改增补本，书名为《毛泽东的早期革命活动》，其中收集了相当多的新材料，并增加了一章专门介绍毛泽东在五四前后的思想。这一章曾在《历史研究》1979年第1期上发表过。这本书被视为研究毛泽东早期思想的权威性著作，为了非中国读者的方便，我多处引用了该书的译文。

在 1917 年 4 月出版的《新青年》杂志上。他的这篇文章，虽然写在接受马克思主义影响之前，但却显露出许多个人的特征和思想的脉络，并在以后一直延续下来。整个文章中最关心的，也可以说是
15 无法摆脱的意念，是对中国人民要遭受“亡国”灾祸的担忧，“亡国”就是国土沦丧，成为亡国奴。这一主题，是那样广泛地流行于19 世纪末 20 世纪初的中国，它突出地表现在文章开头的几句话中：

> 国力苶弱，武风不振，民族之体质日趋轻细，此甚可忧之现象也。提倡之者不得其本，久而无效，长是不改，弱且加甚。……体不坚实，则见兵而畏之，何有于命中，何有于致远？*

毛泽东这里同时提出了他思想和行动的两个基本主题：一是民族主义或爱国主义，二是对尚武精神的赞美。这两点贯穿了他以后的一生。但如果他显然是全神贯注在笼统称之为民族主义的奋斗目标上，那么他的民族主义是保守的还是革命的呢？ 判断这一点的明确标准，在于他是否理解使国家“富强”（增加国家的财富和武装力量）这个目标不论在什么情况下都有赖于进行社会和文化革命，并把这种革命看作使国家强盛的必要先决条件。实际上，这篇文章只向我们表明了毛泽东对中国命运的关心，几乎没有谈到改良，更不用说革命。

这篇文章中共有 20 多处出自典籍的引文或注疏典籍的文字，其中 12 条是儒家的经典，一条是儒家中的“现实主义者”、法家先驱人物孙子的，两处是儒家学说的阐释者、宋朝理学家朱熹的，还有一处是朱熹的批评者、明末评论家颜渊的。还有三处提到毛泽东特别喜爱的道家名著——《庄子》。在这个时期，毛泽东的知识面显然是相当广泛的，因为他顺便提到了各个时期中许多并不很有名的作家的一些不引人注目的生平细节（更值得注意的是在 12 处涉及儒家经典的引文中竟有 11 条是《四书》的基本精髓）。

然而，尽管这篇文章没有明确提到社会变革，甚至也没有任何

* “二十八画生”（毛泽东），《体育之研究》，载《新青年》第 3 卷第 2 号（1917 年 4 月），1 页；translated in *PTMT*, p. 153。这本书收入的只是毛泽东文章的片断。在我的专论 *Mao Ze-dong. Une étude de l'éducation physique* 中发表了全译本。1975 年，M. Henri Day 在他的斯德哥尔摩学位论文“Máo zédong 1917—1927: documents” pp. 21—31 上把该文全部译成英文。这篇非常有价值的著作连同那些有争议的独出心裁的尽管有时缺乏说服力的评论，对于我们了解青年毛泽东及其思想很有帮助。这篇著作包含有东京中文版本第 1 卷（竹内实编的《毛泽东集》）中毛泽东所有著述的译文。

必要的暗示，但却包含着来自西方和中国的许多近代的、反传统的思想影响。首先是强调尚武精神的重要性，这不但表现在上面所引证的文章开头的话中，而且在叙述中作了“动以工国也”[1]的概括。为了证明这个观点，毛泽东列举了许多古代英雄的事例，并且摘引了颜渊谴责朱熹“重文轻武”因而造成一种和儒家学说相反的有害传统的一段话。[2]

这个时期毛泽东的思想的双重来源（既来源于中国古代，又来源于西方近代）这一特征，还清楚地表现在1916年写的一封信中，那时他大概正在为《新青年》写研究体育的文章，信中写道：

> 古称三达德、智、仁与勇并举，今之教育学者，以为可配德智体之三者，诚以德智所寄，不外于身，智仁体也，非勇无以为用。*

因此毛泽东不但在开始时强调身体（即物质基础）的至关重要，而且还赞扬了古代中国人勇敢（勇）的美德，毛泽东的这种思想倾向自然主要不是从书本中获得的。像20世纪初许多其他中国人那样，他的思想的发展是当时客观环境的反映，当时的客观环境和明朝末年相似，中国的统一和完整由于国家军事力量薄弱而受到威胁。

如果这种对军事问题的高度重视是毛泽东的思想的一贯特性，那么，1917年那篇文章的一个更为基本的主题，以及这一主题更清楚地揭示的近代思想影响，就是强调自我认识（自觉）和个人主动（自动）的重要意义。他在文章开头的一段中有说服力地指出了这一点：“身体坚实在于锻炼，锻炼在于自觉。……要使体育收到效果，非打动人们的主观思想，引起人们对体育的自觉不可。”[3]

实际行动的关键首先在于改变人的内心，这种思想当然部分来自儒家传统（如“重文轻武”）。但可以看出，在诸如此类的一些文字中渗透的主要灵感是折中主义的，而这时毛泽东是从阅读《新青年》和他的伦理学老师杨昌济（也是他未来的岳父）的授课中，获

*《给黎锦熙的信》，《毛泽东集》补卷，第1卷，17页。黎锦熙曾是长沙师范学校的教员，后到北京（李锐的《毛泽东的早期革命活动》一书第28页，有他一简短的个人简历）。正如史华慈曾指出的那样，毛泽东在谈到德、智特别是强健的体魄时所提到的现代“教育家们”是指斯宾塞（Herbert Spencer），他肯定是从严复译著中阅悉斯宾塞的。

得他那些基本上是西方的观念的。

杨昌济是朱熹的信徒，也信奉康德和斯宾诺莎的学说，他向学生讲授道德哲学，强调西方自强自立的自由主义，同时主张要兼有个人对社会的强烈责任感。[4] 为了这个目的，他从儒家的《论语》摘引出若干有意义的章句，并附上自己的解释，编集成《论语类钞》一书，以此来阐明他对“修身”的理解。这本书第一篇的题目是“立志”，其中有这样一句话：“有不可夺之志，则无不成矣。”[5]

像杨昌济那样，毛泽东特别强调“志”的作用。他在 1917 年的那篇文章中写道：“意志也者，固人生事业之先驱也。”[6] 这样相信意志和主观力量的重要作用是他思想的一个主要特色。1917 年 3 月毛泽东给来华参加黄兴葬礼的日本友人白浪滔天（即宫崎寅藏）写过一封信，目的是想请他到湖南第一师范学校作一个回忆黄兴的演讲，在信中毛泽东把自己说成是一个“颇立志气”的学生。[7]

但在同时，他根据地道的中国方式，认为除了通过认识或启蒙，真正的“志”是不可能确立的。他在 1917 年 8 月 23 日的一封信中写道：“真能欲立志，不能如是容易，必先研究哲学伦理学，从其所得真理，奉以为己身立动之准，立之为前途之鹄”。立志不仅仅是主观态度问题，行动和忠诚也同样需要：

> 再择其合于此鹄之事，尽力为之，以达到之方，始谓之有志也，如此之志，方为真志，而非盲从之志……只可谓之有求善之倾向，或求真求美之倾向，不过一种冲动耳，非真正之志
> 18 也……十年未得真理，即十年无志，终身未得，即终身无志，此又学之所以贵乎幼也。[8]

这个时期，毛泽东的整个政治见解中的某些思想是从事实出发的，他说在近代中国只有三个人具有治理天下的思想，他们是袁世凯、孙逸仙、康有为，这三个人中，只有康有为似略有“本源”，但也主要是华言炫听。毛泽东在信中写道，他唯一钦佩的人是近代的曾国藩。在《新青年》发表的那篇文章中，毛泽东按曾国藩死后

的谥号称他为曾文正。[9]

尽管这样，毛泽东1917年的思想方式绝不是完全因袭的。他渴望追求的目标自然是中国的强大和复兴。他在信中写道：天下是很大的，社会组织极其复杂，民智淤塞，开通为难，欲动天下者，当动天下之心，而动其心者，当是有大本大源。今天的改革，是从枝节入手的，诸如议会、宪法、总统、内阁、军事、实业、教育等等，这些都是枝节，枝节不可少，唯此等枝节，必有本源，本源未得，这些枝节都是赘疣。本源者：宇宙之真理，天下之生民，多为宇宙之一体。他接着写道："今若以大本大源为号召天下之心，其有不动者乎？ 天下之心皆动，天下之事，有不能为之者乎？ 天下之事可为，国容有不富强幸福者乎？"在毛泽东看来，应从哲学伦理学入手，从根本上改变全体国民的思想。毛泽东在信中指出，中国人的思想太旧，道德太坏，"夫思想主人之心，道德范人之行，二者不洁，遍地皆污"[10]，都必须改造。

尽管毛泽东看到中国古老的、不易改变的思想方式是中国进步的障碍，但他并不主张用"全盘西化"来作为一种补救方法。杨昌济曾说：日本某君以为东方思想，均不切于实际生活。在谈到这一见解时毛泽东认为："吾意即西方思想，亦未必尽是，几多部分，亦应与东方思想同时改造也。"[11]

但是，在讲了这番话后，毛泽东开始一反传统，为在思想和道德基础上使人心一致而论述与君子相对的小人的重要性。诚然，正是君子才具有高尚的智德，但是，只有在政治制度和各种经济活动是为百姓所设的基础上君子才能存在（小人累君子）。因此，君子不但必须对小人当存慈悲之心，而且必须教育并改造小人，以便共同实现"大同"目标。* 毛泽东这时已打算创办一所私立学校（私塾），"采古讲学与今学校二者之长"，为人们出国留学作准备。[12]

就实践这个主题来说，它在毛泽东后来的思想中占了相当大的比重。他在1917年的文章中谈到：至目前为止，关于体育的话已经讲得很多了，"盖此事不重言谈，重在实行"[13]。毛泽东强调理论与实践相结合，常常有人把这一思想追溯到王阳明那里，但这只是

* 毛泽东在1917年8月23日给黎锦熙的信中有如下论述："小人累君子，君子当存慈悲之心以救小人。政治、法律、宗教、礼仪制度，及多余之农、工、商业，终日经营忙碌，非为君子设也，为小人设也。君子已有高尚之智德，如世但有君子，则政治、法律、礼仪制度，及多余之农、工、商业，皆可废而不用。……若以慈悲为心，则此小人者，吾同胞也，吾宇宙之一体也。吾等独去，则彼将益即于沉沦，自宜为一援手，开其智而蓄其德，与之共跻于圣域。"见《毛泽东早期文稿》，88～89页，长沙，湖南出版社，1990。——编者注

一种推测。在毛泽东的任何一本已出版的著作中都从未提到过王阳明，也没有任何迹象表明他曾受到过王阳明的影响。总之，与五四时期毛泽东的思想发展关系最密切的是 1917 年至 1918 年间他所吸收的西方思想。

在长沙第一师范学校的最后两年中，毛泽东的思想发展是非常迅速的。这个时期，他的思想表现出的一个极为重要的特征，也许就是明显的、强烈的个人主义。例如，他在读德国人、新康德主义
20 者泡尔生著的《伦理学原理》一书时所作的批注中写道：

> 人类之目的在实现自我而已。实现自我者，即充分发达吾人身体及精神之能力至于最高之谓。……凡有压抑个人，违背个性者罪莫大矣。故吾国之三纲在所必去，而与教会、资本家、君主国四者，同为天下之恶魔也。[14]

像这个时期一些年龄较大、较著名的知识分子，如陈独秀、李大钊、胡适那样，毛泽东也利用个人主义这个确实有用的口号，作为冲破旧社会旧文化罗网的武器。但这并不意味着毛泽东完全没有觉察到社会组织对实现个人主义的必要性，他对个人组成团体、团体组成社会、社会组成国家作了描述。在个人和国家或国民之间复杂的相互关系中，毛泽东强调个人是主要的。他说，泡尔生所强调的正是相反，反映了“国家主义”在德国的影响。[15]

辩证地探讨对立面之间的关系，确实从这时起就成为毛泽东的思想的一个特点。他曾在某种意义上看作具有同一性的对子的是概念与实际、有限与无限、高与矮、阴与阳，还有两对，在数十年以后遭到苏联人的非难，即生与死、雄与雌。他把人看作物质和精神的统一体，把道德看作良心和欲望相互作用的结果（他所推崇的“主观道德律”曾被污蔑为“奴隶思想”）。此外，由于物质不灭，人类和社会也同样是不灭的，虽然通过改良和革命，它们自身在不断地变化和更新。正由于这个原因，毛泽东不再像以前那样总是为中国要被灭亡而担忧，而是认为，通过政治制度的改革和对人民性

格的改造，中国是能够从贫弱危亡中获得新生的。然而，这样的改革只有在知识的指导下才有可能，而知识只有先构成信念，再应用于实践才能有效。他写道："知也，信也，行也，为吾人精神活动之三步骤。"活动的工具也只能是"各种社会和政治组织"。[16]

于是，毛泽东 1917 年 4 月重视实践的文章再次强调上述观点，而且有了社会改革需要组织起来的新主张。这两方面也是毛泽东 1919 年 7 月和 8 月发表的《民众的大联合》这篇非常重要文章的中心思想。

毛泽东 1919 年文章[17]中最引人注目的一段是把马克思和克鲁 21
泡特金进行比较：

> 联合以后的行动，有一派很激烈的，就用"以其人之道，还治其人之身"的办法，同他们拼命的捣蛋。这一派的首领，是一个生在德国的，叫做马克思。一派是较为温和的，不想急于见效，先从平民的了解入手。人人要有互助的道德，和自愿工作。……这派人的意思，更广，更深远。他们要联合地球做一国，联合人类做一家……这派的首领，为一个生于俄国的，叫做克鲁泡特金。*

李锐对这段话作了评论。他认为，虽然这个时候毛泽东还分不清楚马克思主义与无政府主义的本质区别，但《民众的大联合》和发表在《湘江评论》上所有文章的主要倾向，已闪烁着阶级分析的光芒，也是后来构成毛泽东思想大厦的最初基石之一。[18] 1919 年夏天，毛泽东确实是在迅速地接受革命理论，进行革命实践，但要从这个时期他所写的文章中找到重要的马克思主义分析方法的成分却是很困难的。毛泽东没有提到阶级斗争、辩证法、历史唯物主义等概念，"阶级"这个有专门意义的词也只使用过一次，而且还是在非马克思主义的意义上使用的（即聪明的和愚蠢的、富裕的和贫穷的、强大的和软弱的"阶级"）。[18] 如果说这篇文章有一种看得见的哲学倾向，那它一定既不是马克思的也不是克鲁泡特金的，而是 19

* *China Quarterly*, 49. pp. 78—79。可以理解，李锐在 1957 年引用的这篇文章的摘录中不包括这段话，因为它很难证明李锐所提出的观点，即《民众的大联合》是毛泽东开始把马克思列宁主义观点同中国革命实践相结合的一部最重要的著作。下面将要指出，在 1980 年的修订版中，李锐的观点有了极大的变化。

世纪末20世纪初由某些中国学者介绍到中国并改变了其形式的西方自由主义者的思想。他们当中有严复、梁启超、湖南的革命思想家和烈士谭嗣同，还有毛泽东的老师杨昌济。他们想方设法提出这种见解，即社会成员的本能行为，在摆脱了封建等级制度的束缚之后，就会最大限度地发挥全社会的活力。

五四时期对毛泽东的思想有重大影响的还有胡适。值得一提的是，毛泽东1919年的文章发表以后，北京的杂志《每周评论》曾热情地为它的问世而欢呼，一个评论员在介绍《湘江评论》开头几期内容时说："《湘江评论》的长处是在议论的一方面。第二、三、四期的《民众的大联合》这篇大文章，眼光很远大，议论也很痛快，确是现今的重要文章。"[20]这些话的作者实际上不是别人，而是胡适自己。

我们指明这一点并不会使人感到特别意外，在为《湘江评论》第一期写的社论中，毛泽东在列举文艺复兴以来人类在各种不同领域所取得的进步（在文学方面，由贵族的、古典的、死形的文学，变为平民的、现代的、有生命的文学；在政治方面，由独裁政治变为代议政治）后接着说："见于思想方面，为实验主义。"*

我不是说仅凭这一点就能证明毛泽东是胡适或约翰·杜威的信徒。但不管怎样，在1919年毛泽东对实用主义是持赞成态度的，这种态度几乎一直保持到他生命结束，这就说明，一个人是不能脱离他的具体经历去创立理论的。

如果毛泽东在1919年的思想也和这个时期一些年纪较大、学问较多的人一样，是一种由多种影响组成的混合物，那么他的《民众的大联合》就有一个显著的特点，这就是试图在五四时期革命群众运动具体经验的基础上，提出一个改造社会的总纲。实际上，当时毛泽东对全社会不同阶层人的看法完全是非马克思主义的：他认为学生运动最重要，其次是农民，没有提到工人。他还特别关注妇女和学校教师的境遇。从总体上看，他的努力实现革命联合的见解和20世纪60年代美国等地"新左派"的看法是一致的。这篇文章的中心思想是中国的复兴将首先来自青年（主要是学生）对旧社会制度的反抗，社会变革的动力和手段在于从基层开始，自觉地建立

*《毛泽东集》，第1卷，54页，translated in Day，81（关于把"实用主义"译为"实验主义"的理由，see Day，83，n.2.）。关于这个时期胡适对毛泽东的影响（毛泽东本人在对斯诺讲述他个人经历时曾承认受过这种影响），直到最近以前，在中国当然不会提到。（一位西方学者就这一题目所作的简洁而有深度的考察，see Day，pp.47—48）1978年以来，中国知识界自由探讨的气氛浓厚起来。1980年发表了一篇文章，该文认为不仅应当重视胡适对毛泽东的赞赏和毛泽东把实用主义称为当时"主导思想"的说法，而且应明确指出，在1919年，他们二者之间尚未出现任何原则差别。参见汪澍白和张慎恒：《青年毛泽东世界观的转变》，载《历史研究》，1980(5)。

起各种民主团体。

按照毛泽东的观点（在这里，他显出自己是严复的真实信徒），23
整个社会变革过程的目的，不仅仅是使个人从旧社会的枷锁中获得解放，而且是通过这一事实，使整个中华民族复兴和强盛起来。在很有号召力的结束语中，他向同胞们讲了这样的话：

> 于今不同了，种种方面都要解放了，思想的解放，政治的解放，经济的解放，男女的解放，教育的解放，都要从九重冤狱，求见青天。我们中华民族原有伟大的能力！压迫愈深，反抗愈大，蓄之既久，其发必速，我敢说一句怪话，他日中华民族的改革，将较任何民族为彻底，中华民族的社会，将较任何民族为光明。中华民族的大联合，将较任何地域任何民族而先告成功。诸君！诸君！我们总要努力！我们总要拼命向前！我们黄金的世界，光明灿烂的世界，就在前面！[21]

这段话和毛泽东1917年文章中一再重复的内容相比，更加强调坚持不懈的努力和坚定不移的决心是使中国重新崛起的关键。在从学校毕业到跨入社会的这两年中，毛泽东从书本和实践中学到了许多关于开发和动员他所看到的潜伏在中国人民中间的巨大能力的方法。但在他着手制定一种在中国这样的国家进行革命的完整的、有效的战略方案之前，还有大量的东西需要去学习。

虽然这个时期毛泽东对马克思主义了解很少，但俄国十月革命的胜利激起了他的联想。他首先列举了“红旗军”遍及全球的伟大功绩中的第一件大事，即工农苏维埃政府的建立，接着谈到匈牙利革命，以及欧美各国的罢工浪潮。[22]毛泽东在《湘江评论》上发表的其他文章中的一些主要观点，后来成为他思想的精华。如政治家需要“将脑子洗洗”，和“平民一同进工厂做工，到乡下种田”；千百万美国人面对托拉斯的专制和不公正齐声呼喊“不许”，这样“人类真得解放的一日”就会到来。此外，毛泽东还对受协约国支配压迫的德国人表示了极大的同情和支持。*

* 关于到工厂去，见《炸弹暴举》（泽东），载《湘江评论》，第1号，1919-07-14，3页。关于齐声呼喊，见《不许实业专制》（泽东），载《湘江评论》，第1号，1919-07-14，3页。关于德国的压迫，见《畏德如虎的法兰》（泽东），载《湘江评论》，第3号，1919-07-28，2页。Giorgio Mantici把可以收集到的《湘江评论》都翻译成意大利文出版，书名为Pensieri del fiume Xiang。刚才提及的文章在该书第76～78页和第164～165页上。我要感谢Mantici先生向我提供了这些材料的中文复印件。现在，所有材料都在《毛泽东集》补卷第1卷中发表了。

在五四时期以后的几年中，李大钊、蔡和森等人都很快地提出了中国变为一个团结其他被压迫民族的无产阶级国家的设想。毛泽东在这方面和他们自然也是接近的。

毛泽东后来的革命学徒阶段，为他1919年对基层组织在社会变革中的作用的分析提供了很有启发性的补充，这就是1920年他参加的湖南自治运动。这个一直比较模糊的历史事件，直到最近一些重要历史资料的公开才得以弄明白。*

有关这一事件的历史资料不但有助于了解毛泽东的强烈的湖南人的爱国精神，而且也有助于了解他对一般政治运动的态度。毛泽东在1920年9月26日发表的一篇文章中写道："无论什么事，有一种'理论'，没有一种运动继起，这种理论的目的，是不能实现出来的。……我觉得实际的运动有两种：一种是入于其中而为具体建设的运动，一种是立于外而为促进的运动。"他进一步指出这两种类型的运动过去是而且还会是重要的和必需的。同时他特别强调一种有效的运动必须是由"民"发起的，"假如这一回湖南自治真个办成了，而成的原因不在于'民' 乃在于'民' 以外，我敢断言这种自治是不能长久的"[23]。

关于这些陈述的更广泛的背景，毛泽东和合作者在1920年10月7日[24]关于立宪会议的一个建议中阐述了他们关于省和国家在政治发展中的相互关系的见解：

> 我们觉得湖南现在所要的自治法，即与美之州宪法和德之邦宪法相当。中国现在四分五裂，不知何时才有全国的宪法出现。在事实上，恐怕要先有各省的分宪法，然后才有全国的总宪法，一如美德所走的那一条由分而合的成路。[25]

毛泽东1920年写的关于自治运动的文章，是当时形势的反映，并不符合他一贯（从1917年到生命结束）强调的观点，即民族团结和国家强盛的重要性。可是从另外一些方面看，上面几段引文所提出的一些思想完全是毛泽东典型的政治观点，并贯穿他以后的革

* Angus McDonald在撰写其博士论文 *The urban origins of rural revolution* (University of California, Berkeley, 1974)的过程中发现了这些材料——毛泽东的四篇论文及他与其他两个人一起起草的召开立宪会议的建议，这些材料已用同样的题目结集出版。McDonald在Hōgaku Kenkyū，46.2（1972）99～107页上发表了这些材料的中文版本，并附一篇日文评论，他还在Rōnin（Tokyo），14（December 1973），37～47页以及*CQ* 68（December 1976），751～577页上用英文撰写了讨论这些材料的文章。

命生涯。他一方面提倡“入于其中而为具体建设的运动”，很明显，他是指革命家或改革家应该使自己置身于社会实际中，但同时，他也看出需要建立一种立于外而为促进的组织。换句话说，政治活动家虽然应该反映人民的客观要求，不脱离群众，但为了动员组织群众，仍需要一种立于群众之外的组织。毛泽东 1921 年参加的列宁主义式的中国共产党，恰好是这样一种组织。这种组织不允许他自身与群众混淆不清，而是要与普通群众区别开来。毛泽东一生的政治生涯，一直是在毫不犹豫地、大胆地进行这方面的探索，并且承担具体的组织工作。

毛泽东在湖南自治运动期间的文章提出的另一个问题涉及“人民”这个概念，因为湖南自治运动是以人民的名义进行的，所以才具有号召力和推动力。但从引文的措辞可以看出，毛泽东自己并没有弄清楚“人民”这个概念的确切含义。例如 1919 年《民众的大联合》中的“民众”一词指的是什么？ 还有“中国人民”或“中华民族”是否与他文章的中心思想一直保持一致？ 把它们看作两个永恒地相互联系的实体，也许是毛泽东的思想的一个特征。在 1918 年或 1919 年以后的任何时候，毛泽东从来不是一个纯粹的、只关心中国的财富和主权的民族主义者，他也不是 M. N. 罗伊（Roy）那样的、完全不考虑民族特点的“无产阶级”革命家。

在 1920 年，毛泽东对学习西方、改造中国社会这个问题的态度发生了重大变化。这种变化表现在 1920 年 3 月 14 日给周世钊的信和 1920 年 11 月 25 日给向警予的信中，即认为去国外留学不那么迫切重要了。在第一封信中，他说虽然有好些人迷信出洋留学的 26
好处，但是中国到国外留学的几万乃至几十万人，真正学到东西的人实在很少。他写道，世界文明分东西两流，东方文明在世界文明中，要占半壁的地位。然东方文明可以说就是中国文明，应该先研究我国古今学说制度的大要，再到西洋留学才有可以比较的东西。不过他在原则上并不反对他们那些人都到国外去学习。[26]

半年以后，毛泽东又提出了相反的意见，他写信给在法国学习的向警予，向她诉说湖南省女子教育绝少进步（男子教育亦然），希望她能引大批女同志出外学习，“多引一人，即多救一人”[27]。

毛泽东对西方思想基本态度的改变，并不像上述不相同的两段话所说的那样明显。1920 年 3 月他在写给周世钊的信中，谈到他更愿意留在中国的理由之一是打算通过阅读译本来更快地吸收外国的知识。然而，他这时的思想方向仍然没有确定，如他自己所说：“老实说，现在我于种种主义，种种学说，都还没有得到一个比较明了的概念。”毛泽东的目的是要“将古今中外的学说刺取精华，使他们构成一个明了的概念”。他提出了一个设想，打算用三年（或更多一点）的时间在长沙创立一种新生活。在他的设想中，认为个人的准备工夫是首要的，应占大部分时间，团体的准备工夫则是第二位的。毛泽东给周世钊的信中还谈道，他曾就暂不打算出国这件事征求过胡适的意见，得到了胡适的赞成，甚至还提到他打算在长沙创办一所学校，学校的名字——“自修大学”是胡适提出来的。但与此同时，毛泽东又说：“我们在这个大学里实行共产的生活”，并且还称“俄国是世界第一个文明国”[28]。

1920 年 11 月底，在给向警予的信中，毛泽东仍然提倡“湖南自立为国”，与落后的北方各省分离，“直接与世界有觉悟的民族携
27 手”。但与此同时，由于湖南人（甚至包括教育界的上层人物）无理想、无远计，政治界腐败，社会改良失去希望，从而使毛泽东有了新的觉悟，感到必须“另辟道路”[29]。

对毛泽东探索这一新路有重大影响的是湖南的那群学生——“新民学会”当时在法留学的会员们，这些人中蔡和森对毛泽东的影响最大，他是毛泽东的最亲密的朋友（也是向警予的恋人）。顺便说一句，蔡、向二人的自由恋爱不仅仅反映了他们政治上的志同道合，而且也反映了他们对旧的传统观念和习惯势力的挑战和反抗，这种情况正是五四时期的重要特征和它的成果。1920 年 5 月蔡和森在给毛泽东的信中，谈到在法学习期间他和向警予“有一种恋爱上的结合”。毛泽东为他们的结合感到高兴，并谴责包办婚姻制度下的所有男女，只是一个“强奸团”，而且宣称他自己绝不成为他们中的一员。[30]

1919年，长沙发生了一起因包办婚姻新娘在花轿中自杀的事件。[31]在由此而引起的一场反对包办婚姻的大讨论中，毛泽东认为婚姻制度要改革，更确切地说就是用以恋爱为中心的婚姻去取代“资本主义”（即以金钱为中心）的婚姻。在1919年11月25日的文章中，毛泽东就已经谈到，人的欲望有多种，食欲、性欲、游戏欲、名荣欲、权势欲等等皆是。多种欲望当中以“食”、“性”二者为根本欲望。接着又谈到，由于老年人只注重吃饭，所以把他们的儿媳妇当作奴隶来剥削，而不像青年人那样，看重恋爱和性的欲望。所谓恋爱，所谓性的欲望，“不仅只有生理的肉欲满足，尚有精神的及社交的高尚欲望满足”[32]，这样，老年人自然是要和“资本主义”（金钱）结合在一起，来反对青年人欲望的实现。他认为现阶段的以金钱为基础的婚姻必须废除，因为这种婚姻压制了最合理的事——自由恋爱。[33]

正像有强烈爱国心的李大钊在1920年成为一个彻底的国际主义者，公开赞成“四海同胞主义”[34]那样，毛泽东不但接受了蔡和 28
森关于“俄式革命”的远见，而且同意蔡和森主张的“凡是社会主义，都是国际的，都是不应该带有爱国的色彩的”观点。毛泽东认为，虽然我们生在中国地方的人，为做事便利起见，又因为中国比较世界各地更为幼稚更腐败应先从此着手改造起见，当然应在中国这一块地方做事，但这并不意味着他们只爱中国而不爱别的地方。无论是在1920年12月1日给蔡和森的信中，还是在1921年1月1日至3日新民学会会员讨论会上，毛泽东都坚决主张新民学会的方针应确定为“改造中国与世界”。其他人认为，既然中国是世界的一部分，就没有必要把它和世界分开。对于毛泽东说，确立这一方针是很重要的。[35]

关于政治改革的目的和实行的方法，毛泽东在收到蔡和森、萧旭东（萧瑜）等人详述他们的见解、介绍部分新民学会会员在法国讨论这些问题的意见的信以后，于1920年12月给他们写了回信，阐述了他自己的观点。蔡和森、萧旭东、毛泽东三人在长沙师范学校读书时关系是很好的，形成了一个三人小组，被称为“三杰”，但随着他们对西方影响态度的暴露，他们中间出现了分歧。蔡和森趋向布尔什维主义，萧旭东主张无政府主义——蒲鲁东式的温和革命，毛泽东则明确赞成蔡的“中国行俄式革命”的观点。但毛泽东在驳斥萧旭东的主张和罗素言论（当时罗素正在长沙宣传非暴力革命，反对无产阶级专政）的同时，也显露出他对马克思主义关于社会集团的理解是含糊的，例如他把十五万万世界总人口划分开，说无产者占三分之二，约十万万，资本家占三分之一，约五万万。*

很显然，毛泽东这里使用的“无产者”一词，反映了他对“无产阶级”这个词的理解更接近于“没有财产的阶级”这种字面上的意思，而不是马克思主义的城市或城乡无产阶级的概念。在随后几年的过程中，他终于在理性认识上有了提高。出于本能的反应，中国人对无产阶级的表述是否对毛泽东不再意味着像“全世界的罪人”之类的概念，这是一个可以讨论的问题。

然而，尽管当时毛泽东对马克思主义的社会集团概念的理解还不十分准确，但从1920年年底到1921年年初这段时间内，毛泽东对政见的阐述确实更加与列宁一致。首先，他掌握了列宁主义的一个基本原则，即政权的绝对重要性。这一原则成为他思想的核心，并一直保持到生命结束。1921年1月21日毛泽东在给蔡和森的复信中，对蔡和森1920年9月16日来信中谈到的改造中国唯一的方法是“俄国现在实行的无产阶级专政”[36]的主张表示了自己的态度，信中写道：

> 唯物史观是吾党哲学的根据……我固无研究，但我现在不承认无政府的原理是可以证实的原理，有很强固的理由。一个工厂的政治组织（工厂生产分配管理等），与一个国家的政治组织，与世界的政治组织，只有大小不同，没有性质不同。工团主义以国家的政治组织与工厂的政治组织异性，谓为另一回事而举以属之另一种人，不是固为曲说以冀苟且偷安，就是愚陋不明事理之正。况乎尚有非得政权则不能发动革命不能保护革命不能完成革命在手段上又有十分必要的理由呢。你这一封

* 参见《新民学会资料》，144～152页；《毛泽东集》补卷，第1卷，289～296页。摘录部分的译文见PTMT, pp. 196—198（这里日期搞错了，据当时可得到的资料为1920年11月）。关于1920年8月蔡和萧的来信，见《新民学会资料》，128～143页。R. Scalapino “The evolution of a young revolutionary—Mao Zedong in 1919—1921”（*Journal of Asian Studies* 42.1, Nov. 1982）一文讨论了当时蔡和森对毛泽东的影响。

信见地极当，我没有一个字不赞成。*

1921年7月中国共产党第一次代表大会以后的六年里，毛泽东的经历大致可分为三个阶段。前两年他在湖南从事工人运动的组织工作，这一阶段可称作他的“工人”时期。此后的1923年和1924年，他作为中国共产党中央委员会委员和中国国民党上海执行部的一个成员，在广州和上海工作，这一阶段可称作他的“组织者”时期。最后，正如大家都知道的，他在1925—1927年主要从事农民运动，这一阶段可称作他的“农民”时期。

根据所有可能得到的原始资料和第二手资料，就可以看出毛泽东在从事工人运动的两年中，和它的前后阶段相比较，一个显著的特征是缺乏理论上的创造性。也就是说，这两年中毛泽东的文章不多，而且缺少热情和雄辩，而在其他阶段，他的这些方面是能够得到充分表现的。诚然，在前两年中，毛泽东和党的其他成员一样，完全被繁忙的组织工作所压倒。但在实际上，最根本的原因是由于毛泽东从来没有像他在农民、学生、城市知识分子中生活过那样，真正在工人中生活过。虽然他在长沙师范学校当学生时，曾为工人组织过一个夜校，并在许多场合和少数工人交过朋友，但是他并没有从根本上理解工人们的问题。这样，尽管毛泽东在努力使长沙各种行业的工人组织起来，开展罢工斗争，从长远看，这无疑影响了他理论和政治上的发展，但在这个时期，他的成果不多。

由此联想起直到最近才从中国以外弄到手的文章，这是1921年中至1923年中毛泽东所发表的唯一的一篇长文（由于一家发行量很大的杂志在1923年重印此文才有此偶然的机会弄到），该文实际上更应该归属于毛泽东在五四时期活动结束阶段的成果。文章的题目是《湖南自修大学创立宣言》，毛泽东是在1921年8月他最终建立起这一令人感兴趣的学校时写下的。[37]

像毛泽东1917年以来所做的那样，这篇宣言认为，在学习过程中应强调个人的积极性和自己研究，它还重复了毛泽东1920年写的文章中有关湖南人使命的内容。尽管毛泽东强烈地谴责“学术

* 《新民学会资料》，162～163页。这封信和以前的信，以及蔡5月28日和8月13日的信，还有毛泽东在1920年12月1日给蔡和萧的信，收入了《蔡和森文集》37～40、49～73页，北京，人民出版社，1980。此书公开出版，是较易得到的资料来源。在《毛泽东书信选集》（北京，人民出版社，1983）中毛泽东在1920年12月和1921年1月给蔡的信是最前面的两封。

为少数‘学阀’所垄断，与平民社会愈离愈远，酿成一种知识阶级役使平民教育的怪剧”，但也表现出他对“无产阶级”这个概念仍有一种不确切的理解，与他 1920 年 12 月给蔡和森信中的理解一样。

毛泽东在“工人”时期所写的文章，明确涉及工人运动的很少。李锐介绍毛泽东早期活动的书提供了重要的资料，书中有关工人运动的有价值的引证，只有一处。这是在 1922 年 12 月。当时毛泽东正在领导长沙印刷业工人的罢工，他写了文章驳斥长沙《大公报》编辑攻击工人卷入政治并参与他人的实验。毛泽东的几句话颇有特色，他写道：

> 我们工人所需要的是知识，这是很不错的。我们工人很愿意有知识的人们，能挺身而出，做我们的真实朋友！……切莫再站在旁观地位……我们只承认能牺牲自己的地位，忍饥吃
> 31 苦，而为我们大多数工人谋利益的人，是我们的好朋友！……先生能惠然肯来罢？请快快脱去长衣！[38]

在这里我们再次看到毛泽东以前经常提到的话题，即那些企图改造社会的人（《大公报》编辑自称他也要这样做）应该“深入到实际当中”，不要总是站在场外做一个旁观者，或者认为他们比普通人高明。但是，这篇文章没有谈到工人在革命中的作用，也没有提到工人阶级领导权问题。这篇文章没有提及的这些问题，也许在其他地方提到过，但却没有这方面的证明材料，李锐也没有谈到毛泽东在这个时期已有了这方面的认识。

分析一下这个时期中国共产党的路线政策，也许有助于我们理解毛泽东的思想发展。1922 年，共产国际驻华代表马林敦促他的中国同志转入一种特殊的组织形式，即中国共产党和中国国民党建立民主联合战线，中国共产党党员以个人的名义加入中国国民党，也就是众所周知的“党内合作”。马林是依据他在爪哇运动即泛回教联盟的经验（当时爪哇的左翼社会主义者曾以类似的方法与泛回教

联盟这个带有明显宗教色彩的民族主义组织合作），于1922年3月首次向中国共产党提出他的“党内合作”主张的。但他提出后，立即遭到陈独秀和中国共产党多数领导人的拒绝。随后，马林回到莫斯科，向共产国际执行委员会汇报情况，并从共产国际那里得到了一个赞同他主张的正式指示，带着这个指示，他在1922年8月返回中国，向中国同志反复灌输他的“党内合作”的主张。*

这种合作方式，从一开始提出就是一个有激烈争议的问题。迄今为止，就所知道的情况来看，无论是设计这种方式，或促使去采纳它，毛泽东都不是重要的角色。然而，毛泽东却是最早积极贯彻这一主张的人。1922年夏天，毛泽东在湖南从事社会主义青年团的组建工作，并以社会主义青年团长沙支部书记的名义给团中央写了一份工作报告。15个月以后，即1923年9月，毛泽东已在长沙进行建立和发展国民党组织的工作，并给国民党中央机关写了一封信，要求正式任命他为这项工作的筹备员，以便与各方面联系。[39]

从这时候起，毛泽东开始在“统一战线工作”中发挥重要作用。广泛地说，陈独秀和其他中国共产党人一旦接受“党内合作”的主张，就意味着他们这一方要接受资产阶级的民主主义者的领导，至少暂时必须这样做。陈独秀在1923年的立场是如此。至于毛泽东，在他的“组织者”时期，在接受民主主义者的领导方面则走得更远。

1923年4月，在非常重要的中国共产党第三次代表大会（这次大会正式接受“党内合作”的主张）召开前夕，毛泽东的《外力、军阀与革命》一文发表。这篇文章很清楚地表明了毛泽东的立场。文章指出当时的中国有三种势力（即三派）：革命的民主派，非革命的民主派，反动派。关于革命的民主派，文章写道：“革命的民主派主体当然是国民党，新兴的共产派是和国民党合作的。”

非革命的民主派一方面包括研究系和胡适、黄炎培等“新兴的知识阶级派”；另一方面是新兴的商人派。反动派自然是（直、奉、皖）三个主要的军阀集团。

把总的社会力量划分为三派，并一直沿用下来，是毛泽东处理

*因此，当马林告诉Harold Isaacs说，他只是靠他的个人权威说服了中国人接受这一建议，他手中没有莫斯科的文件撑腰时，他说了假话［*CQ* 45.(Jan.-March 1971)，p.106］，中国和苏联的学者都有这篇文章中概述的观点。See V.I.Glunin，“*The Comintern and the rise of the communist movement in China* (1920—1927)”，in R.A. Ulyanovsky, ed. *The Comintern and the East*, pp. 280—344. 又见晓声和江华宣：《第一次国共合作统一战线的形成》，载《历史研究》，1981(2)，51～68页。Tony Saich所编*The origins of the First United Front in China: the role of Sneevliet alias Maring*一书将提供新的重要文献，它收入了马林所有与中国有关的档案，还附有内容广泛的导言。

政治和革命问题的一种很独特的方法。毛泽东这篇文章的另一重要突出之处，显然是对混乱和压迫的辩证分析，这是他在 1919 年
33 《民众的大联合》的文章中强调过的问题。毛泽东认为，由于中国各种军阀势力，又由于民主派统一中国与帝国主义必然发生利益冲突，所以，在今后的八年或十年中，中国既不可能进入和平时期，也不可能实现统一。但是愈反动、愈混乱的政治局面，将愈能激起全国国民的革命观念，国民的组织能力也会一天进步于一天，中国政治的结局是民主派战胜军阀派。[40]

商人在民主力量取得胜利的斗争中有不容推卸的责任。对革命的和不革命的商人，毛泽东在 1923 年 7 月发表的《北京政变与商人》一文中作了较为突出的描述。这篇文章曾引起过激烈的争论。毛泽东在这篇文章中写道：

> 中国现在的政治问题，不是别的问题，是简单一个国民革命问题；用国民的力打倒军阀并打倒和军阀狼狈为奸的外国帝国主义，这是中国国民历史的使命。这个革命是国民全体的任务，全国国民中商人、工人、农人、学生、教职员，都同样应该挺身出来担负一部分革命的工作；但因历史的必然和目前事实的指示，商人在国民革命中应该担负的工作较之其他国民所应该担负的工作，尤为迫切而重要。……商人的团结越广，声势越壮，领袖全国国民的力量就越大，革命的成功也就越快！[41]

有人提出，毛泽东 1923 年 7 月的这篇文章，不是讲述商人在
34 整个中国革命中的作用，而是阐明在资产阶级民主革命阶段革命任务的性质。[42]这种观点不但没有明显的事实根据，而且完全没有注意到 1923 年至 1925 年、1926 年间毛泽东的思想上发生的从注重城市到注重农村的这一划时代的转变。在 1923 年 7 月的这篇文章的另一段中，毛泽东这样写道："我们知道半殖民地的中国政治，是军阀外力互相勾结钳制全国国民的二重压迫政治，全国国民在这种

二重压迫的政治下自然同受很深的痛苦，但是很敏锐很迫切地感觉这种痛苦的还要以商人为最。”

也就是说，毛泽东认为商人和绝大多数城市居民更直接地遭受帝国主义者的压迫，他们受压迫最重，所以最能够在民族革命中发挥领导作用。这种总体的社会学的分析，在三年以后毛泽东发现革命的潜在力量原本在农民之中，就完全改变了。在我们着重探讨这些思想变化发展之前，1923 年 7 月文章的另一个一贯的特点也应给予充分的注意。这篇文章的结束语写道：“大家要相信只有国民革命是挽救自己和国家唯一的道路，历史上许多的革命事业都可以做我们的参考或指导。……用革命的方法，开创一个新时代，创造一个新国家：这就是中华民族的历史使命，我们切不要忘记！”

在这里我们可以再次清楚地看到，在毛泽东的思想中，政治学意义上的人民（国民或平民）和生物学意义上的人民（民族）是相互联系的。

从 1923 年 7 月毛泽东在中国共产党刊物《向导周报》上发表《北京政变与商人》和另外两篇短文，到 1925 年 12 月主编国民党刊物《政治周报》的两年半时间内，与毛泽东有关的几份可靠的原文在国外是可以得到的。毛泽东在 1924 年 1 月国民党召开的第一次全国代表大会上作了简短的发言，并于 1924 年 2 月向国民党中央执行委员会（毛泽东是委员之一）提交了几份由他起草的提案。即使在这样一些正式场合，毛泽东的一些意见仍保持其工作作风和政治策略的一贯特点。例如，在国民党第一次全国代表大会上，他反对建立“调查部”的提议，因为这个提议执行的后果会使“调查和实际应用脱离，作为一个革命党，我们不能这样做”[43]。

毛泽东作为国民党上海执行部委员在上海工作一段时间后，于 1925 年年初回湖南养病休息，在这期间他开始进行把农民组织发动起来的实际训练。1925 年秋，毛泽东回到广州，在国民党宣传部 35
工作，主编《政治周报》，并开始在农民运动讲习所讲课（他担任农讲所所长是在 1926 年 6 月至 10 月），还参加了国民党第二次全国代表大会。到这时为止，毛泽东已形成了这样一种观点，即中国革命的重心应转移到农村去。此观点形成后就没再动摇过。

1926年6月，毛泽东向国民党第二次全国代表大会汇报工作，在列举国民党宣传工作缺点时，特别提到很注重城市，但忽略了农村。[44]在某种程度上，毛泽东思想上的这种转变只不过是当时革命本身的格局发生变化的反映：当时农民的斗争热情在不断增长，彭湃和其他许多人，包括毛泽东，都在积极把农民组织发动起来。在这样的形势下，毛泽东断言：只有把农民的这种潜力发挥出来，革命党才能获得战胜帝国主义所必需的力量。毛泽东在1925年至1927年间所写的文章中曾反复强调说明这一点。尽管中国共产党或党内有一部分重要成员在20世纪20年代中期就把他们的注意力转向了农民，但毛泽东的情况是独一无二的。他的独特之处不但是指他后来成为农村包围城市的革命的领导，而且是指在1926年年初他就系统地阐明了中国革命的理论主张，预示了中国革命发展的未来道路。

毛泽东何时产生以农民为基础的革命的思想？ 这和其他任何问题相比，也许是中国共产主义运动史上争论较多的一个问题。许多历史和理论上的问题，必须通过学术性的讨论才能弄清楚。但有些问题至今仍很模糊，这是因为缺少足够的文献资料。1936年，毛泽东在和埃德加·斯诺的交谈中说过，他开始认识到必须到农村中寻找革命的潜力，是在1925年“五卅”事件之后，以及在继之而起的城市和农村的爱国情绪高涨的时期。已有的这些有价值的记载有助于证实毛泽东的说法，并且确实说明了毛泽东真正把他的注意力转移到农村革命问题是将近到1925年年底。尽管毛泽东的活动中心有所改变，但为了显示毛泽东中心思想的一贯性，有必要在分析他1926年至1927年的思想之前，适当地介绍一下中国共产党筹建时期毛泽东对农村的态度。

36 1919年的下半年，毛泽东曾为在长沙建立一个“新村”（当时许多国家都在开展“新村”运动，但最早起源于日本）制定了一个庞大的计划，计划中的一章于1919年12月在长沙发表。这个计划除了对“新村”本身作出说明外，还号召中国青年以俄国青年为榜样，到农村去传播社会主义。[45]毛泽东所提倡的这种思想，是受李大钊影响的一种反映。[46]但是至于其他内容，美国学者在讨论《学生之工作》的思想来源时，就有人认为毛泽东讲到的“美国‘工读主义’之流行，吾国留学生效之”这几句话，更好像是来自杜威和胡适。

然而，比这种知识分子的影响更重要的是毛泽东本身的农民生活经历。正是这一点，决定了他 20 世纪 20 年代初思想的形成发展。1922 年 9 月，毛泽东在湖南自修大学讲课时，阐述了他对中国农村阶级结构的观点，这个观点最初出现在 1920 年 12 月党的刊物上发表的一篇文章中。尽管毛泽东很有可能没写这篇文章，但如果把它作为毛泽东的文章来看待，他是完全有可能作出这样的分析的。为了驳斥某些认为中国农民的生活并不很痛苦，土地的分配并非很不合理的观点，毛泽东把农民本身划分为四个阶层：

> 一、占有多数田地，自己不耕种或雇人耕种，或租给人耕种，自己坐着收租。这一种人本算不得纯粹的农民，我乡下叫做“土财主”。
>
> 二、自己所有的土地，自己耕种，而以这个土地底出产，可以养活全家。他们也有于自己底土地之外，租人家底土地耕种的。这一种人就是中等农民。
>
> 三、自己也有一点土地，然而只靠自己土地底出产，决不能养活全家的。所以不得不靠着耕人家底田，分得一点以自赡，这一种人已可谓下级农民了。
>
> 四、这乃是“穷光蛋”，自己连插针的地方都没有；专靠耕人家底田谋生活的。这一种人就是最穷的农民了。[47]

毛泽东认为，第三种和第四种农民占农民的大多数，尤其是第三种农民常常被债务逼得出卖土地和借贷，或是下降为最穷的第四种农民。

虽然这些分析是很粗略的，但有一点可以看出，就是这篇文章 37

和写于1926年1月、2月的两篇文章相比有一定的相似之处，都是从总体出发，分析中国社会和中国农村的不同阶级及其相互关系。[48]毛泽东的这篇文章在分析农村阶级状况后，还谈到了佃户受过重的租金剥削和土地日益集中的趋势，描述了这些情况和趋势发展所带来的政治上的必然结果。对这些问题的解决，毛泽东持一种绝对平等的态度。他说："我们人类从娘肚子里一生出来，都是平等的。从娘肚子里一生出来，各人都一样地应该穿衣吃饭，各人都一样应该做工。"从前，"大家耕种的土地是公有的，后来少数游手好闲、吃肉穿绸的人抢去了本应属于农民的土地，现在农民们应该起来抢回他们被抢的东西，农民们一旦起来，自然有共产主义来帮你们的忙"[49]。这样的言词无疑是为了启发农民的觉悟，但也反映了这样一种事实，即在1922年，不论是毛泽东还是中国共产党，都还没有为农村革命制定出一个完整的、清晰的、切合实际的战略方针来。四年以后，毛泽东对这种战略方针的详细阐述已达到了一定的水平。

1925年至1926年间，毛泽东的马克思主义理论水平并不很高。他在1926年2月所写那篇文章的开头部分写道："无论哪一个国内，天造地设，都有三等人，上等、中等、下等。"[50]在这种总的阶级结构中，他把大地主划归为大资产阶级，把小地主划归为中产阶级，并根据财产的多少或生活的贫困程度，对城市和农村中较低层次的各个群体作了阶级划分。由于强调的是农户是否能"收支相抵"，而不是采用正统马克思主义的标准，以土地所有权或雇佣劳动作为划分中国农村社会阶级的标准，毛泽东所使用的理论框架与陈独秀在1923年使用的完全不同。[51]

38 所以，认为毛泽东和陈独秀在中国农村阶级划分问题上看法基本一致的观点是完全错误的。[52]当然，他们两人之间的主要差别以及毛泽东的最重要的独创性还表现在其他方面，也就是说，既表现为毛泽东决心以自己的实际经验为基础去发动农村革命，也表现在他爱好阐明中国农村问题，或按照策略上的需要去作各种分析。

毛泽东关于中国各种社会力量及他们对革命态度的分析，实际上在 1925 年年底已经形成。他在《政治周报》开头五期上以“子任”的笔名发表的五篇文章中的一篇，即《国民党右派分离的原因及其对于革命前途的影响》，就已勾画出 1926 年年初那篇文章的基本轮廓，但没有说明自耕农及其他小资产阶级成分哪些是有余钱剩米的，哪些是恰足自给的，以及哪些是不够维持生活的。*

1926 年 1 月发表的文章同 1925 年 10 月他在国民党广东省第一次代表大会上的讲话宗旨是一致的。毛泽东在这篇文章中，采用了他在 1926 年 3 月发表的著名的《中国社会各阶级的分析》一文中相同的用语，对不同社会阶级的政治态度作了分析，尤其对国民党内部的派别活动作了更为深刻的揭露。在这里，把社会上的人分成上、中、下三等这种明显非正统的划分方法，由于把上等人（大资产阶级和大地主）归入顽固的反革命阵营，把下等人（小资产阶级、半无产阶级、无产阶级）划入革命阵营而自成系统。毛泽东开始考虑，“资产阶级”（民族资产阶级和小地主）在随“西山会议派”出现而展开的两极分化过程中，将如何发生分化，并被迫作出其选择。毛泽东在 1926 年年初的几篇文章以及此后一贯的说法都认为：中国的绝大多数人（四万万中的三万万九千五百万）是拥护革命的，反动分子只有一百万，相当于上流阶层，还有四百万可敌可友的人在中间摇摆。[53]

关于无产阶级领导权问题。毛泽东在 1926 年年初强调占人口绝大多数的农民的重要性和农村的普遍贫困（农民因此同情革命），同时也叙述了城市无产阶级是革命“主力”的特性。[54]尽管“无产阶级领导权”这个概念是在 1951 年补进那篇文章中去的，但是在 1926 年年初毛泽东已清楚地认识到无产阶级将在革命中担任领导这个马克思主义基本原理了。到了 1926 年 9 月间，毛泽东被农村中爆发出的巨大革命热情和革命力量所左右，以至于很轻易地明确地改变了对无产阶级领导权原理的认识。[55]

毛泽东这时发表的《国民革命与农民运动》一文，开头就写道：“农民问题乃国民革命的中心问题。”这一声明本身毫无异乎寻常之处，因为自 1925 年下半年以来，甚至于完全是城市出生的人

* John Fitzgerald 在其“Mao in mufti: newly identified works by Mao Zedong”一文中首次提出这几篇文章的作者是毛泽东［*The Australian Journal of Chinese Affairs*, 9 (Jan. 1983) pp. 1—16.］。Fitzgerald 的论证就很有说服力，1982 年 9 月 10 日，中国人民大学党史系主任胡华在与我的谈话中又证实了毛泽东是这些文章的作者。毛泽东的《国民党右派分离的原因及其对于革命前途的影响》一文，载《政治周报》第 4 期（1926 年 1 月 10 日），10～12 页，全译文 see Fitzgerald, pp. 9—15。事实上，毛泽东早在 1910 年就用“子任”这个名字作为一个可选择的笔名，那时他是东山高小的学生。之所以如此，是出于对梁启超的尊敬，关于梁启超对毛泽东的影响我们已说过。对梁启超的尊称是梁任公，“子任”的意思是“任公的儿子”。见李锐：《学生时代的毛泽东》，176 页。

也注意到农村革命活动高涨的形势，以至于共产党以及（或者）国民党的发言人几乎在每一次谈话中都不自觉地把屈从于农民运动的言论变成了一腔陈词滥调。另一方面，毛泽东是从分析农民在中国社会结构中的地位来说明农民革命的重要性的，这是他的最大特点。毛泽东在文章中写道，在“经济落后的半殖民地革命最大的对象是乡村宗法封建阶级（地主阶级）”，外来的帝国主义对农民的剥削全靠封建地主阶级给他们以最大的帮助，军阀只是这些乡村封建阶级的首领。因此，就像海丰县的例子所证明的那样，只有通过动员农民起来破坏帝国主义和军阀统治的基础，才能彻底推翻他们的反动统治。他还写道：“中国的革命，只有这一种形式，没有第二种形式。”[56]

40 毛泽东不但指出不可轻视旧社会农村的反动力量，指出在推翻反动势力统治过程中农民革命力量的极端重要性，而且接着驳斥了强调城市革命也同等重要的观点。他说：

> 有人以为买办阶级之猖獗于都市，完全相同于地主阶级之猖獗于乡村，二者应相提而并论。这话说猖獗对，说完全相同不对。买办阶级集中的区域，全国不过香港、广州、上海、汉口、天津、大连等沿海沿江数处，不若地主阶级之领域在整个的中国各省各县各乡。政治上全国大小军阀都是地主阶级（破产的小地主不在内）挑选出来的首领，这班封建地主首领即封建军阀利用城市买办阶级以拉拢帝国主义，名义上和实际上都是以军阀做主体，而买办阶级为其从属。财政上军阀政府每年几万万元的消耗，百分之九十都是直接、间接从地主阶级驯制下之农民身上刮得来……故我总觉得都市的工人学生中小商人应该起来猛击买办阶级，并直接对付帝国主义，进步的工人阶级尤其是一切革命阶级的领导，然若无农民从乡村中奋起打倒宗法封建的地主阶级之特权，则军阀与帝国主义势力总不会根本倒塌。[57]

这里尽管在字面上提到了工人阶级的“领导作用”，但整个这段话的意思是很清楚的，就是说明旧社会反动政权的真正核心是以乡村为基础的，推翻反动政权的力量也是在农村。对于这一点毫不掩饰的说明，是在这篇文章的结束部分，其中写道：

> 中国的农民运动乃政治争斗经济争斗这两者汇合在一起的一种阶级争斗的运动。内中表现得最特别的尤在政治争斗这一点，这一点与都市工人运动的性质颇有点不同。都市工人阶级目前所争政治上只是求得集会结社之完全自由，尚不欲即时破坏资产阶级之政治地位；乡村的农民，则一起来便碰着那土豪劣绅大地主几千年来持以压榨农民的政权（这个地主政权即军阀政权的真正基础），非推翻这个压榨的政权，便不能有农民的地位，这是现时中国农民运动的一个最大的特色。[58]

换句话说，工人阶级在目前（这个“目前”要持续多久？）只 *41*
不过是改良主义者，他们在为自己的有限的利益而斗争。可以说，他们是受“工会意识”激励的。相比之下，农民由于在社会中的决定性地位，所以他们不摧毁整个旧社会的大厦，就不能得到彻底解放。他们现在意识到了自己的地位，并在自觉地开展广泛的政治、经济斗争。

这以后，毛泽东再没有像这样非常明确地把农民看作是有觉悟的革命先锋，并用他们来取代工人阶级。他在 1927 年 3 月的《湖南农民运动考察报告》中，肯定贫农在乡村革命斗争中具有领导作用，但没有贬低城市和城市平民阶层的重要性，以同样生动的言词给予肯定，尽管这个报告的某些话会使人联想到他并没有放弃 1926 年 9 月的观点。至今农民在乡村革命的功绩要占七分[59]，这句著名的话可以解释为同农民的力量有关，而不是说领导权，也可以解释为不过是描述一种暂时的状况。报告的另一段以简略的形式所作的分析总结，可以说是 1926 年 9 月那篇文章的某些观点的发展，其大意是：“宗法封建性的土豪劣绅，不法地主阶级，是几千年专制政治的基础，帝国主义、军阀、贪官污吏的墙脚。打翻这种封建势力，乃是国民革命的真正目标。”[60]

尽管农民是一种重要的革命力量，但必须由无产阶级或资产阶级来领导，他们本身不能单独发挥政治作用，这是马克思主义最基本的政治原则之一，可以追溯到马克思本人那里。在这以后的半个世纪中，毛泽东的理论贡献不在于用与它相对立的东西来取代这个基本原则，而在于把无产阶级领导的原则和他所坚持的中国革命的胜利最终要依靠乡村的坚定信念有机地结合起来。

1926 年 9 月毛泽东曾说，如果整个中国社会没有获得解放，那么农民本身也就不可能得到解放。在毛泽东看来，中国农民所要承担的使命，和马克思认为的应由西方资本主义社会的城市无产阶级来承担的使命没有什么不同。但在这同时，像我们所看到的那样，毛泽东仍承认无产阶级是“一切革命阶级的领导”。如果我们把毛泽东的前一种观点看作不久将来的革命斗争方式的说明，把后一种
42 观点看作长远的革命斗争方式的表述，那么这两种观点是可以一致起来的，尽管这种综合的解释归根结底是由于农民的积极性，而这种积极性是与马克思主义的正统观念完全不一致的。总之，如果这是毛泽东对这件事的理解，那么他处理农民问题的另一种方法只有在夺取政权以后，在确定社会革命转变形式的过程中才能开始发挥作用。在这个阶段到来之前，毛泽东和中国共产主义运动还要走一段很长的路程。

第二章

党、军队和群众（1927—1937）

正如上一部分所述，毛泽东尽管在设计建立统一的组织以实现“党内合作”方面未起什么作用，但从1923年开始，他却全力以赴地贯彻执行这一决策。显而易见，他之所以能够有效地开展工作，是因为他把民族的统一和中国为摆脱帝国主义统治而进行的斗争放在了第一位。他认为，在那个时期，国民党及其军队是完成这一伟业的最好的工具。

所以，毛泽东尽其最大的努力工作，特别是在1925年10月到1926年5月这八个月的时间内。这一时期，他有效地主持了国民党中央执行委员会宣传部的工作，坚定了绝大多数国民党人及其支持者的激进的、但绝非共产主义或马克思主义的立场。的确，他在为国民党的喉舌《政治周报》所写的发刊词中，用了大部分的篇幅来驳斥那些关于国民党正在“共产化”的指责。他写道，革命的真正目标是：“为了使中华民族得到解放，为了实现人民的统治，为了使人民得到经济的幸福。”[1]换句话说，革命的目标就是实现三民主义。

在1926年1月的文章《国民党右派分离的原因及其对于革命前途的影响》中，毛泽东认为，新右派的出现并非由于国民党左派的阴谋，而是革命的发展与国民党的阶级属性之间互相作用的必然结果。他写道，“革命的真正动力”是小资产阶级、半无产阶级和无产阶级的联合战线。曾经支持过1911年反清革命的地主和大资

产阶级分子不能接受“民权”和“民生”的要求，“因此，老右派
43 新右派依着革命的发展和国民党的进步，如笋脱壳，纷纷分裂”[2]。

正如我在前面讨论毛泽东对农民革命的探讨时所指出的，1926年年初这个时候，他仍然相信四万万中国人民中的三万万九千五百万是站在革命一边的。因此，他能够接受斯大林的观点，认为国民党是唯一的发动广大民众特别是乡村民众的工具。

1927年年初，随着对湖南农民运动的考察，毛泽东在这个问题及其他问题上的观点发生了根本的变化。1927年2月16日，他在单独给中国共产党中央委员会的报告里，比起当时公开发表的著名文献更直截了当地表达了他的新看法。他把农民运动的进程划分为三个时期，即组织农民协会的时期，农民革命的时期，建立联合战线的时期。他特别强调在第一和第三个时期之间，必须有一个真正革命的荡涤时期。如果没有一个“猛烈打倒封建地主威风”的时期作先导，那么联合战线将不会产生预期的结果。他说，诚然，农村中出现的冲突应当尽可能地通过国民党机构而不是由共产党直接打出自己的旗帜进行处理，但毛泽东清楚地看到这只是一个暂时的策略。他说，群众正在日趋向左，并渴望进到另一个革命，共产党在循此方向领导他们的过程中绝不能退缩。[3]不管怎样，到1927年下半年，由于丢掉了对蒋介石以及所谓“左派国民党”的所有幻想——即以为他们会支持农民坚决反对他们本阶级利益的行动——因而，毛泽东是最早起来号召同以前的同盟者实行彻底决裂，并在农村举起红旗的人之一。

从秋收起义到中华人民共和国成立的22年间，毛泽东几乎是全部在农村环境中度过的。他亲眼目睹了“农村包围城市”这一策略的制定和成功。从这个意义上说，这些年标志着毛泽东关于农民革命作用的早期思想的继续和付诸实现。然而，这些年又是持续不
44 断的军事斗争的年代，并且以此构成了同过去的根本决裂。当然，毛泽东通晓那断断续续贯穿了他大半生的战争。他18岁的时候就曾经当过兵。在1925年至1927年间，他再次显露了对于由国民党和北洋军阀之间的国内战争所提供的政治良机的敏锐洞察力。然

而，建立自己独立的军事力量，并把它们作为革命斗争中的主要依靠工具，这对于共产党人来说完全是另一回事。

自 1927 年开始，毛泽东在这方面的经历给其理论贡献打上了多方面的烙印。首先，他逐步地发展了游击战争中有关战略与策略的更为复杂的概念，这些必须被看作其整个思想的一个组成部分。但是，在井冈山、江西、延安时期塑造了中国共产主义运动的游击战争这一铸型，并未仅仅促使毛泽东去写军事问题的著作；它也深深地影响着他关于应当怎样组织革命的领导力量的思想，影响着渗透在其世界观中的灵魂。最后一点，虽然非常重要，但不应当被夸大。毛泽东强调军队在中国革命中的作用，但这并没有使他像威特福格尔及其他人所论证的那样变成一个喜欢单纯为军事而军事的人。不管怎样，这的确促使他更加强调勇气、决心和尚武精神。这在他第一篇公开发表的文章中就可以清楚地看出来，直到他生命结束，这种东西也从未离开过他。

具有更深远意义的是中国共产党在那个时期所采取的组织和政治工作方式。在某种程度上它们后来仍被保留着，甚至在环境已经发生了变化之后还是如此。简言之，发动农民群众的一支游击军队和发动城市工人的共产党是相当不同的两个概念。与此相应，革命精英和其支持者之间的关系，以及规定整个事业的性质并论证其正义性的理论，也不可能是完全相同的。

中国革命同它的俄国和欧洲的先驱者之间的比较，当然不会像前面那一句概括性的话所指出的那样简单。除开井冈山不讲，甚至在江西，就有一些小型工业，因而也就有一部分工人，在 1927 年至 1949 年的整个时期，中国共产党都始终存在着，而红军从理论上讲必须服从它的领导。因此，问题不是军队领导着农民，而是党和军队领导着乡村与城市“群众”。事实上，在 22 年的大部分时间 45
内，党在很大程度上是军队的灵魂，即使说中国共产党自身具有作为一个角色出现在舞台上的充分权利，其生存也完全是靠红军的庇护，而不是靠它有牢固的工人阶级基础。尽管无论是党还是军队，没有占人口大多数的群众的支持都不能长期存在下去，但是，这种共产主义运动与人民的关系仍然是前所未见的。

正像毛泽东自己后来所指出的那样，中国革命模式与苏联革命模式的区别，不仅在于中国共产党人一直从事武装斗争，而且是乡村的武装斗争。此外，毛泽东和他的同志们都是从最终夺取政权之前很长一段时期内对虽然变化不定但却是相当可观的地区和人口实施的有效政治控制的实践中涌现出来的。因此，中国共产主义运动同民众有着三重关系：革命军队与民众的关系，力求从民众的“海洋”里获取军队作战所必需的支持；“先锋队”与民众的关系，目的在于领导无产阶级完成其历史使命；政府或者国中之国与民众的关系，在这一政府权力所及的范围内，它与其控制下的人口在各个层次上形成了复杂的相互作用网络。

毛泽东是那些最能够密切联系中国革命具体实际的人物之一，他的思想中充分阐释了领导者和群众之间诸如此类的各种关系。总的来说，“群众路线”是贯穿此类关系始终的核心概念。

群众路线的领导方法是中国共产党的政治与思想传统中一个非常重要的方面，它把中国的共产主义同苏联区分开来。尽管毛泽东在理论上对此加以充分阐述是在20世纪40年代初期，但是，其关键性的概念与方法在此之前的15年内已经逐步形成。那时，生存的需要迫使中国共产主义者必须和他们在其中活动的民众建立最密切的关系。

然而，对毛泽东来说，在群众中开展工作并不意味着混同于群众，听任群众极强烈的自发性随意滋长蔓延。不能为了把毛泽东说成是相信使人联想到无政府主义的“大民主”的人，就对延安传统作出浪漫或感伤的解释。毛泽东在1943年6月1日的经典性指示中，第一次系统地阐述了其群众路线的思想，这个指示的确表明他
46 非常注重使决策者听取下面的意见，吸取基层群众的经验。他的“领导核心同广大群众密切地结合起来”和“总结群众斗争的经验”的指示具有重要的意义。但归根到底，目的是把“群众分散的无系统的意见”化为“集中的系统的意见”，然后“到群众中去作宣传解释，化为群众的意见”。[4]

换句话说，就是要使人民群众深信那些他们自己不可能系统阐发的思想。这与列宁的阶级意识只能从外面灌输给无产阶级的观点是极为相似的。但是，毛泽东的领导方式与列宁的领导方式，以及他们所领导的革命之间仍存在着极大的不同。现在让我们看看自1927年开始毛泽东在这些方面思想的发展。首先考察他关于军队的作用的思想。

1927年8月，中央委员会批评了他的秋收起义计划，指责他过分看重军事力量，缺乏对民众力量的信心，把起义行动变成了单纯的“军事冒险”。这时，他直率地答复道，中央委员会正在执行一项矛盾的政策，它一方面不重视军事，但同时又希望举行群众性的武装起义。[5]事实上，毛泽东在8月7日紧急会议上的发言已经回答了这种批评。他说：

> 从前我们骂中山专做军事运动，我们则恰恰相反，不做军事运动专做民众运动。……现在虽已注意，但仍无坚决的概念。比如秋收暴动非军事不可，此次会议应重视此问题。……须知政权是由枪杆子中取得的。[6]

这是毛泽东第一次使用这个著名的警句。十天之后，他在湖南省委的一次会议上重申了这一名言，并补充说，在现时的环境中，党应该把60%的精力放在军事活动上。[7]毛泽东确信，只有军队，或者是任何形式组织起来的有纪律的游击部队，才能同军队作战；群众不可能赤手空拳地与白军战斗。

1927年秋的一个时期内，不间断革命的“千年至福”观念（the chiliastic vision）* 支配着瞿秋白的领导，在这种情况下，中央委员会似乎认为他们可以赤手空拳地战胜敌人，但这些希望和幻想迅速地破灭了。至于毛泽东，在秋收起义之后，他就从未动摇过这样的信念，即革命要继续下去，红军是必不可少的。

直到1930年夏李立三路线垮台前，毛泽东倾向于认为，军队的中心作用只是暂时的现象。此后，他才进一步看到，农村包围城

* 所谓“千年至福”（chiliasm）又可称为“千禧年主义”（Millenarianism），在中文其他翻译作品中，也有音译为“齐里亚主义”的，是基督教神学教义“末世观”的思想因素之一。其基本意思是：在世界进入最后末世的前夕，基督将在他认为适当的时候，以有形的方式重新降临在世俗的世界上，在全地建立起一个纯粹、洁净和明亮的“城”——神国，其持续时间约1 000年。这一教义的根据来自《圣经·启示录》第20章。“千年至福”最早的经文为希腊语 χιλια，翻译为拉丁文为 mille annis。由 χιλια 演化为 chilia 和 chiliasm；由 mille annis 演化为 millennium。所以，英语 chiliasm 和 millenarianism 由于词源不同而呈现两种形式，但指涉的是同一个意思。相应地，信徒必须忍受来自世俗世界的各种逼迫和排斥，以不懈的努力与虔诚迎接“千年至福”的最终到来。《牛津英语辞典》对该词的解释是：“施隆幸福，恩泽充溢的统

市是中国革命的长期形式（我随后还要讲到毛泽东的战略思想）。尽管在其思想中革命所需要的时间发生了变化，但是，只要斗争的主要形式是军事，那么他关于军队与民众的关系的观点就会继续存在下去。20 世纪 30 年代，他进一步把这种关系精辟地概括和比喻为鱼水关系。很清楚，这个解释并未低估群众的重要性，因为没有群众这个“水”的同情和支持，革命军队这条“鱼”便会毫无希望地死去。所以，共产主义者必须认真地发掘群众支持的源泉，以便使他们在其中活动的海洋不致枯涸。但是，同时，毛泽东的比喻也十分清楚地表明，军事斗争将由代表群众利益的红军进行，而不是由群众自身承担起来。

详细地分析 20 世纪 20 年代至 40 年代毛泽东的思想，必须对这一时期不断变化的客观环境作全面的考察。下面，我们就对相当长的一个时期内毛泽东关于革命目标和策略的思想的主要特征作一扼要的概括。

48 早在 1928 年，毛泽东在井冈山上就不仅看到了（像已经提到的那样）正规的组织起来的游击队的重要性，而且看到了根据地的重要性，在这里红军可以得到休整和恢复，可以发展同群众的关系。没有根据地红军的战争将变成单纯的军事冒险。但是，在此阶段，毛泽东对于他在偏僻山区所开展的活动同全国性的“革命高潮”之间的关系尚无清楚的认识。当时，深信这种高潮将会来临的，不仅是李立三，毛泽东本人也这样看。在 1928 年 11 月 25 日关于井冈山斗争的报告中，毛泽东宣称，他的军队的活动还不是暴动，而只是“打江山”，只要没有全国性的革命高潮，情况仍将如此。但是，红军根据地的迅猛扩张能够极大地促进革命高潮到来的思想，开始在毛泽东的心目中迅速萌发。这样，1929 年 4 月 5 日，在答复中央委员会建议他和朱德适当减少旨在发动群众的小规模游击活动的信时，毛泽东说，依据对形势的判断所提出的这个建议是十分悲观的。利用蒋介石和桂系之间的冲突，在一年内占领整个江西及闽西和浙西，是完全可行的。同时，他为农村斗争的正统性进行辩护，宣称它是在工人领导下发生的，还指出，无产阶级斗争的

（接上页）治期”或“基督统治的千年”。研究者一般认为，《圣经·启示录》的这些思想，是基督教“神正论”的精髓之所在，是以神学的形式所表达的一种正义观。“千年至福”观念还经常在引申的意义上被使用，其意思是对于必将到来的理想社会持有虔诚信仰；在政治或道德上，则表现为通过革命的反抗行动，创造一个美好的太平盛世，实现人类永久正义与和平的伟大期望。施拉姆此处使用该词，是指瞿秋白的不断革命路线的背后，存在着一个支持其政治行为的价值理念。在本书的其他地方，chiliasm 也往往是在这种引申意义上被使用的。——编者注

根据地同样可以在上海及其他城市建立起来。[8]

至于共产国际，虽然不能经常性地提出意见，来规定革命高潮到来的速度，并以此告知中国共产党人应当推进还是巩固他们的阵地，但是，在这些问题上，它有着十分明确和一贯的观点。莫斯科的观点实质上是，红军的活动和农村根据地的创建固然重要，但是，只有这些活动和有效的城市工作一齐展开，把城市无产阶级作为一支力量考虑在内，才能导致革命的胜利。因而，1928 年 2 月，共产国际执行委员会在一个决议中说：

> 党在领导个别省份自发的农民游击队行动时，应当看到，只有这些行动同各无产阶级中心的革命新高潮结合起来，才能成为全民起义的胜利起点。在这方面还应当看到，党的主要任务是在乡村和城市、在一系列相邻的省份组织统一步调的行动，而且是有组织的大规模行动。[9]

1929 年 12 月[10]的共产国际来信给李立三的直接的革命行动计划以决定性的推动。来信告诉中国共产党，新的高潮即将来临，因此，必须采取有关步骤，在高潮上升到足够的程度时立即建立工农专政。共产国际进一步解释说：“农民战争是中国民族危机和革命高涨的另一个特点。”尽管农村的运动（在此，共产国际把毛泽东 49
领导下的苏维埃和诸如“红枪会”等传统组织形式混为一谈）是革命潮流中的一个支流，全国革命运动的高涨将顺着这个支流而更加增长起来。然而，“革命运动的高潮日益发展的最可靠、最主要的征候，乃是工人运动的复兴。工人运动自 1927 年遭到沉重失败后，现已摆脱了抑郁不振的状态”[11]。

换句话说，在中国的情况下，农村的游击战争是革命事业中正当的和有价值的一部分。但是，更富传统特点而较少外来色彩的城市工人的行动，则不仅是更主要的，而且在最后的关头将起更为决定性的作用。至于李立三，最初对发生在乡村的一切有什么意义比共产国际更持怀疑态度。不管怎样，1930 年年初，当他开始部署夏天大规模的进攻计划之时，他发现红军是分散国民党对工人运动的注意力的一支极为有用的辅助力量，城市与乡村的两面进攻可以使胜利具有更大的把握。

在中国革命中城市与乡村哪一个更重要，毛泽东与李立三在这个问题上处于对立的两极，莫斯科则站在中间的立场上。在革命的时间性和中国在世界革命中的中心作用这两个问题上，毛泽东与李立三在许多方面是相互接近的，与莫斯科则是对立的。

李立三和共产国际在中国革命高潮的内在性问题上的分歧，在某种程度上被中国与苏联之间联系困难、来往信件经常花费几个月的时间才能到达目的地这一事实所冲淡。结果，双方领导人经常是对早已被对方放弃了的立场作出反应。仅举一例来说，1930 年 6 月的共产国际来信（中国资料中所记的日期都是 7 月 23 日，因为是这一天在上海收到了来信）是 5 月间在莫斯科起草的，而它是对早为人知的中国共产党 2 月份所作的决定的反应。*

即使一系列的论证和反驳被如此地冲淡了，但不管怎样，这并不妨碍我们把握斯大林与李立三之间众多的不同观点。尽管由于这种原因，历史学家的任务，即分辨谁应该对 1930 年上半年作出的具体决议特别是铸成大错的决议负责的问题复杂化了。

这样，1930 年 6 月，共产国际在指出由于“工人运动和农民运动还未汇成一股巨流”，所以还不存在全国性的客观革命形势的同时，又预言最近将来的革命形势“即使不能席卷全中国，无论如何也会波及到许多关键性的省份”[12]。尽管共产国际依然希望中国的决战在不久的将来发生，但是他们不同意李立三关于进攻的时期已经到来的观点。因而，莫斯科明确地拒绝批准李立三命令进攻武汉、长沙等地并在这些城市中发动相应的起义的决定，同时指出，红军和工人运动首先应当进一步加强。[13]

至于毛泽东，从一开始他就不愿意其军队悉数出动去进攻这些国民党的强固据点，因为这样会给革命前途和他自身权力的基础带来危险。正是从这一点出发，他同意莫斯科的立场。但到 1930 年年初，事实上他对迅速胜利的前景已经变得极为乐观。在 1930 年 1

* 最近，苏联的出版物已经澄清了这些问题。尽管在其解释中存有强烈的偏见，然而它们大概是有关这类事实真实细节最准确的说明了。因为它们的依据是共产国际档案。这些出版物中利用起来最方便的大概是 A. M. Grigoriev, “The Comintern and the revolutionary movement in China under the slogan of the Soviets (1927—1931)” in Ulyanovsky, ed., pp. 345—388。20 世纪 30 年代的苏联出版物中已经披露了 1930 年 6 月指示的正确日期，而现在继续把它作为“7 月 23 日指示”是没有理由的。

月给林彪的信中，他批评林彪对革命高潮的到来过于悲观，并且声言，尽管他自己在 1929 年 4 月确定的一年时间内占领整个江西的计划是“机械的”，然而这样的胜利已经不远了。[14]

1930 年毛泽东对于李立三路线的态度，目前一直是那些能够接触有关资料的中国学者们广泛争论的问题。尽管这些学者中的一部分人仍然忠实于 1945 年作出的关于党的历史决议中的观点，根据这种观点，毛泽东从未同意过李立三攻打那些城市的计划，仅仅是出于必须服从命令的纪律约束才执行了这一计划。但是，其他的学者则争辩道，到 1930 年春，毛泽东已经被说服并同意这个战略。一些人则走得更远，认为从 1930 年年初毛泽东就出自内心地、热情地贯彻了这一战略。无论如何，迟至 1930 年 10 月毛泽东仍继续赞同一种激进的路线，是有清楚的证据的。10 月 7 日，当毛泽东的部队占领吉安的时候，在这个城镇作出了一项决定。决定中提到存在着“全世界、全国、各省的革命形势”，并得出结论：“在革命‘高潮’的进程中……苏维埃政权一定会突起于全国和全世界。”10 月 19 日毛泽东写的信，依据存在着革命“高潮”的观点，号召抵制悲观主义，马上进攻南昌和九江，消灭敌人。*

由于上面的一些陈述可以被解释为毛泽东是向中央委员会报告那些他认为它愿意听到的东西，所以，仍然有余地不同意这样的观点，即认为 1930 年秋毛泽东曾盲目期待过很快就要到来的、全面的革命高潮。但即使如此，毛泽东确信中国革命是世界革命的中心和决定力量这一点也还是无可争议的。在这方面，他完全和李立三一致，并联合起来反对莫斯科。[15]

特别是在下述问题上，毛泽东与李立三的观点完全相同，即他们都认为外国人不懂得，也不可能懂得中国革命。1930 年至 1931 年间的冬季，李立三被莫斯科召去“受讯”期间，一个共产国际的调查人员引用李立三的话说：“中国革命具有如此之多的独特性，以至于共产国际很难理解它，甚至很不理解它，因而事实上不能领导中国共产党。”结果，李立三被曼努意斯基（Manuisky）谴责为“极端的地方主义者”。至于毛泽东，他在 30 年后宣称：

*阐述这个问题的一系列观点见权威性的党内刊物《党史研究》中的下列文章：林蕴晖的《略论毛泽东同志对立三路线的认识和抵制》，载《党史研究》，1980（4），51～59 页；田厚的《再论毛泽东同志对立三路线的认识和抵制》，载《党史研究》，1981（1），65～71 页；凌宇的《毛泽东同志和立三路线的关系讨论综述》，载《党史研究》，1982（3），78～80 页。瞿秋白在一篇文章中引用了 1930 年 10 月 7 日的决定，这篇文章登在《实话》（上海）第 2 期（1930 年 12 月 9 日），3～4 页。毛泽东 10 月 19 日的信即《给湘东特委的信》，见《毛泽东集》补卷，第 3 卷，157～158 页。

> 中国这个客观世界，整个地说来，是由中国人认识的，不是在共产国际管中国问题的同志们认识的。共产国际的这些同志就不了解或者说不很了解中国社会，中国民族，中国革命。对于中国这个客观世界，我们自己在很长时间内都认识不清楚，何况外国同志呢！[16]

52 但在另一个关键性的问题上，毛泽东没有和李立三采取同样的路线。李立三相当明显的企图是通过挑起日本和其他帝国主义者在中国东北的冲突，来引发一场“世界革命战争”。不管苏联愿意与否，它必将卷入其中。[17]毛泽东不可能同意这样一种战略观点，因为它意味着中国革命的命运将极大地取决于中国以外的因素，而不是取决于中国人自己。他当然敏锐地意识到了帝国主义存在于中国的事实的严重性和中国革命过程中国际因素的重要性。不管怎样，在1923年到1926年间，作为其社会学观点转变的必然结果，他认为，由于旧的反动秩序的主要基础是地主在农村的统治，而不是帝国主义及其城市盟友的势力，所以，只有发动全国各地的工人、农民及其他被剥削阶级去消灭地主及其政治代理人的“封建势力”，中国革命才能取得胜利。

不论1930年夏天毛泽东的观点如何，1930年9月从长沙撤兵则是其思想向着农村包围城市的长期革命战略转变的标志。在这一背景中，自他1927年登上井冈山并于1928年同朱德会师以来一直得到发展的军事战术，已成为其政治思想中当然的、不可或缺的一部分。

根据毛泽东自己的叙述，正是到1931年，击败蒋介石发动的第三次“围剿”之后，“全部红军作战的原则就形成了”[18]。1934年，一本名为《游击战》的小册子阐述了这些原则，它是人们所知道的最早的有关游击战争原则的书。事实上，它不是毛泽东写的，而是朱德、彭德怀和其他人写的，尽管书上有毛泽东的名字和画像。[19]这大概是第一次对毛泽东即将在遵义会议的争论中提出的游击战这一战略思想的系统阐述。遵义会议对于新的军事路线的提出和打开八年后毛泽东逐步掌握党内最高权力的大门都是决定性的一步。[20]1936 年 12 月，毛泽东作了题为《中国革命战争的战略问题》的系列讲演，详细地总结了五次反“围剿”战役的经验教训，回顾了他反对他的批评者的情形。最后，在 1938 年，他写了两本关于抗日战争的特殊环境下的游击战略的著作：《抗日游击战争中的战略问题》和《论持久战》。第三本书是《基础战术》，有些版本署的是他的名字。*

*此书有些版本的扉页上有毛泽东的名字，其他版本则没有，因而，毛泽东为原作者是值得怀疑的。尽管由中国人民解放军政治学院训练部图书资料馆编撰的《毛泽东著作、言论、文献目录》一书（1961 年 2 月 28 日，北京版）把它列入其中，但是，大量的证据表明，把它归为毛泽东所著是不妥的。在该书英文版（Basic Tactics）的前言中，我已经对毛泽东的军事战略战术思想的不同阶段作出了概略的说明。

军事战略是一个特殊的领域，我难胜此任。这里从战争与政治相互渗透的角度进行考察。毛泽东自己曾经全面地总结了这一问题。他写道：“我们的战略是‘以一当十’，我们的战术是‘以十当一’，这是我们制胜敌人的根本法则之一。”[21]

当然，这一名言的意义，正如毛泽东在上段话之后的部分里所详细解释的那样，当时红军在数量上和装备上，甚至在各个战区，都大大劣于国民党及其他白军，只有在战场上占有压倒优势的时候方可战斗。只有集中自己较大部分的主力进攻孤立的白军，才能取得这种战术上的优势，并“一个一个地歼灭敌人”。这一点虽然部分地取决于用兵技巧，但主要是依靠准确及时的情报。由于红军和群众有着密切的联系，所以能够得到这样的情报。

共产党人发动农民的方法，不仅使她得到了有关敌人行动的情报，而且还取得了其他有利条件，诸如群众自愿作为后勤或辅助队伍等等。这虽然是中国古代军事战略家孙子闻所未闻的，但就毛泽东的战术原则而论，却与孙子惊人地相似。孙子写道：

> 故形人而我无形，则我专而敌分。我专为一，敌分为十，是以十攻其一也，则我众敌寡。能以众击寡者，则吾之所与战者约矣。（《孙子兵法·虚实》）

毛泽东晚年曾经自问从中国古典著作中学到了什么。其中最为 54
常见的陈述之一，是他在 1968 年所说的一段话。他说，在 1927 年开始战斗之前，他已经读了《三国演义》，在 1936 年到 1938 年间撰写关于军事战略的著作之前，他看了《孙子》。[22]不管怎样，在这些著作中，他经常引用《孙子》和历史典籍以及诸如《三国演义》、《水浒》这类小说中的话，这是毫无疑问的。

在一个社会关系极为模糊的环境中，主要借助于军队而活动的、组织成分不断变化的共产党，依然能够成为无产阶级的先锋队，毛泽东是怎样从理论上设法论证这一观点的正确性的呢？ 在此，问题的关键是主观因素决定人的阶级本性的作用，以及靠改造人的思想来改变人的客观本质的可能性。我们知道，毛泽东强调主观立场的重要性可以一直回溯到 1917 年。这个时期，他对此最引人注目的一个阐述见于 1928 年 11 月 28 日[23]关于井冈山的斗争的报告。由于力量尚小的红军大部分不是由工人，甚至不是由严格意义上的农民所组成，而是由乡村的流浪汉或者游民分子所组成，因此产生了这里要讨论的问题。毛泽东说：

> 此游民部分，亟须换以工农分子，只是没有法子找得。一面天天在战争中，游民分子战斗力却特别好，同时伤亡数目又大，所以不但少不了现有的游民部分，即另找游民来补充亦即怕找不到。在此种情形下，只有加强政治训练，以改变其质量之一法。[24]

1930 年 1 月在给林彪的信中，毛泽东批评林彪“把主观力量看得小一些，把客观力量看得大一些，这亦是一种不切当的估量，又必然要产生另一方面的坏结果”[25]。

“客观力量”，毛泽东是特指白军，它是共产党人不能直接控制的力量。而“主观力量”是指红军，它是共产党人自己的力量，其行动和战略为共产党人所熟知。但毛泽东显然也在客观的历史环境这个更广泛的意义上谈论客观因素，在人类通过“自觉的能动行为”来影响客观环境的能力的意义上谈论主观因素。

55 正如我在前面所指出的，从 1927 年以来，毛泽东是在军事斗争的环境中形成他的思想并从事革命工作的，这种环境强化了他思想中的这种因素。毛泽东视战争为“自觉的能动行为”的最高表现形式和对人类精神的最高检验。他在一段文字中阐述了这一观点。对于这一观点，他非常欣赏，以至于在1936年和1938年几乎以完全相同的语言重复它：

> 自觉的能动性是人类的特点。人类在战争中强烈地表现出这样的特点。战争的胜负，固然决定于双方军事、政治、经济、地理、战争性质、国际援助诸条件，然而不仅仅决定于这些，仅有这些，还只是有了胜负的可能性，它本身没有分胜负。要分胜负，还须加上主观的努力，这就是指导战争和实行战争，这就是战争中的自觉的能动性。
>
> 指导战争的人们不能超越客观条件许可的限度期求战争的胜利，然而可以而且必须在客观条件的限度之内，能动地争取战争的胜利。战争指挥员活动的舞台，必须建筑在客观条件的许可之上，然而他们凭借这个舞台，却可以导演出很多有声有色、威武雄壮的戏剧来。[26]

这段话深刻地表达了我所谈到过的毛泽东的“军事浪漫主义”思想，反映了一个历经多年残酷战争的幸存者的经验。可是，只根据毛泽东的浪漫性格或者战斗生涯来解释毛泽东确信人类特别是中国人民具有无限能力的思想就会过于简单化。正如我已经指出的，他强调主观力量也是在一个由许多根本对立的势力构成的、不断变化着的社会中进行革命的需要。

正是中国的现实，把毛泽东的军事和政治领域内的思想与经历联系起来。正像毛泽东在上段引文中所说的那样，战斗的结局很少能预先确定，但它部分地要依靠主观力量，如战士的勇气和指挥员的战术运用等等。同样，政治斗争的条件在中国也是如此，远不像西欧甚至前俄罗斯帝国那样确定。尽管中国共产党和国民党可以被大致地看作工人和资本家的相应代表，但前者更侧重维护农民的社

会经济利益，而后者则维护地主的社会经济利益，这是个更重要的事实。另外，由于存在着外国势力的影响，因而这一画面又被极大
56 地改变了。马克思和恩格斯在谈到波兰问题时，列宁在论及 20 世纪殖民地问题时，已经创立了这样的命题，即在特定的社会里，阶级的行为可能会因团结一致反对外国的压迫而被修正。至于毛泽东，他对此不仅仅是作为理论上的可能性加以接受，而且从 20 世纪 30 年代初开始，他就确信一个适于完成民族目标的联盟可以成为现实；这一联盟的建立在很大程度上取决于共产党人是否能有效地改变除工人及其亲密盟友农民外的中国社会其他阶层的主观态度。

尽管非常重视作为民族救亡条件的民族团结，在不同程度上自始至终是毛泽东的思想与政策的特征，但这绝不意味着他已经变成了一个纯粹的民族主义者。即使在 20 世纪 30 年代后期他决定执行与蒋介石结成新联盟政策的时候，毛泽东也明确表示中国共产党无意放弃自己的最高纲领。在 20 世纪 20 年代末和 30 年代初，社会革命是毛泽东的思想与行为的主要焦点，但它并非仅仅是从道德价值和心理改造的角度来探讨这一问题的。尽管他相信客观的社会现实会因为主观意识的变化而受到改造，但他仍然把参加革命活动作为改变人的思想的最有效的方式。敏锐地意识到主观与客观之间的相互作用并熟练地运用这一辩证法，的确是毛泽东的思想特征之一，也是其政治成功的秘诀之一。

早在 1927 年，毛泽东在关于湖南农民运动的报告中就阐述了以革命斗争促进文化革命的思想。他写道："家族主义、迷信观念与片面的贞操观念之破坏，乃是政治斗争经济斗争胜利后自然而然的结果。……菩萨……农民会用他自己的双手去丢……"[27]

在此后的整整 20 年间，农村一直是毛泽东进行社会与文化革命试验的主要舞台。在农村社会变革这幕戏剧中，其关键性的行为当然是土地改革。对于各个社会集团特别是富农的不断变化的路线的细节，于此不再叙述。[28]

毛泽东相信通过革命斗争转变人的思想的方法，1933 年至

1934 年的“查田运动”特别清楚地反映了他的这种观点。这一运动也许不是毛泽东发动的，但在 1933 年，他确实给这一运动留下了 57 他本人的印迹。这场运动表面上的经济目标在于确定土地改革是否得到了正确的执行，但事实上却只是为追求基本的政治目标提供了一个框架。毛泽东深信，由于地主和富农有着传统的声望，具备识字善言的有利条件，所以，无论财产结构在形式上作出怎样的变动，那些以前享有特权的分子都将在不同程度上成功地窃取到农民协会的权力。防止这类暗中复辟旧秩序的事情发生的唯一办法，是不断地发动农民群众，鼓励贫苦农民开展反对他们以前的剥削者的斗争，以便增强他们的自信心，使他们坚信，从今以后他们就是社会的主人了。

“查田运动”与 1946 年至 1948 年和 1950 年以后的土地改革有许多类似的方面。例如，召开群众大会来鼓励农民“诉苦”，揭露地主以前的压迫行径，在某些场合，还要接着对最坏的地主处以死刑。这样做的目的，不仅仅是要打倒土豪劣绅的威风，而且最重要的是要使农民自己消除他们的自卑心理，至少要像人一样站立起来。这样，毛泽东便在改变人们对于权威的态度的意义上着手实行了文化革命，并且运用革命斗争作为实现这一目标的武器。在毛泽东的路线中，对这种做法的重视是贯彻始终的，但是，他运用这些方法的政治背景却随年代不同而不断变化。

在江西苏维埃共和国时期，策略上最难以处理的问题是军事原则与政治原则之间的矛盾。为了获得群众最大限度的支持，毛泽东和朱德便在最初的年代里实行了“诱敌深入”至根据地腹地的原则，因为在这些地区土地改革已经进行了，群众热烈拥护红军。但是，这样的策略意味着共产党军队的坚定支持者们经常面临战争的危险与失败。而这逐渐破坏了中华苏维埃共和国要建立一个名副其实的国中之国的信誉，因为它不能保护它的公民。从某种意义上说，“积极的进攻战略”是对这一困境作出的反应，这个反应要求把保卫苏维埃共和国的威严和领土完整的政治原则置于现实地估价军事可能性之上。这个战略导致了灾难，但它并不意味着毛泽东早

期的策略在 1934 年就能奏效。但是，日本人迅速进军中国，对中
58 国作为一个独立国家的生存构成了威胁，这使共产党人能够冲破所处的窘境。另外，只有 1935 年至 1937 年所形成的新局面，才使毛泽东又一次以自信的口吻讲话，而在过去的几年里他几乎没有任何理论兴趣可言。1933 年至 1934 年间，他曾经一度降为傀儡似的人物。而现在他在党内再次处于强有力的地位，这一事实使他得以施展其新的雄辩术。但是，这种情况无疑产生于下述事实，即对于民族解放战争，毛泽东有许多东西可谈。早在 20 世纪 30 年代初期，毛泽东在阐述革命的国内外敌人之间的关系时，便暗示了即将到来的事情。

使共产主义者和国民党，使以往的敌人——毛泽东与蒋介石——再次结成联盟，这一变化是同两党意愿格格不入的。对于第二次统一战线，毛泽东提出了什么样的理论论证呢？

1931 年 9 月，当日本在满洲的行动第一次把抗击外国侵略的问题提到日程上来的时候，关于联合资产阶级的问题，中国共产党的立场同共产国际基本上是一致的，它可以被概括为“阶级对立”的口号。尽管这被理解为原则上意味着无产阶级与资产阶级之间争夺统治权的斗争，但是，毛泽东有关具体斗争的社会学观点则仍为他在 1926 年所持的立场。1931 年 9 月 25 日，由毛泽东和其他人共同签名的《告白军士兵兄弟书》，在号召他们杀掉其反动的最高指挥官并同工人、农民和劳苦群众联合起来推翻“国民党的鸟政府”之后，继续说道：

> 把地主阶级的土地没收过来，分配给贫苦的农民，把有钱人的粮食、住房拿来充公，分配给穷人住、穷人吃；使工人只作八小时的劳动；并且你们大家组织起来自己管理自己的事，这样，你们就创造出了工农兵的政府，即苏维埃政府。[29]

很清楚，对毛泽东说来，中国革命主要是在农村进行的。在这封信中，“国民党军官”被看作“帝国主义的走狗”和“地主阶级

的奴才”，这同毛泽东在 20 世纪 20 年代著作中所说的一样。但国 59
民党在国内“剥削和压榨群众”的反动作用仍是信中最突出的内容。在某种程度上，毛泽东的攻击集中于抗击日本侵略的问题上，他的立场恰好与蒋介石“攘外必先安内”的立场相对应。既然“只有红军”才能“推翻帝国主义并真正地保护人民”，因此，必须首先解决国内的敌人，以便开展有效的抗击外国侵略者的斗争。

1932 年 1 月日本人进犯上海，同年 4 月，中华苏维埃政府对日宣战，这样一来就使对外问题日趋成为政治战略的中心问题。1933 年 1 月 17 日的声明是毛泽东关于联合其他政治力量的观点发生变化的标志。这个声明提出，在一定的条件下（停止进攻苏区，保证民主权利，武装群众抗日），决定与“任何武装力量”，即任何持不同政见的准备和共产党人妥协的将领达成协议。[30]尽管这一立场仍然停留在共产国际制定的“下层统一战线”的范围内，也就是说要和其他政治运动的支持者而不是领导者联合，但是，愿意与国民党高级将领（虽然不是和蒋介石）妥协，毕竟标志着向 1937 年被建立起来的“上层统一战线”迈出了重要的一步。

1934 年 7 月 15 日，在毛泽东与朱德共同签署的红军北上抗日宣言中，他再次呼吁“民族革命战争”，呼吁同愿意进行这样一场战争的力量联合起来，同时努力打击“国民党卖国贼”。[31]然而，在毛泽东把民族主义作为一种思想和政治力量置于很高的地位上的同时，对于彻底地开展第二次统一战线工作，他比苏联领导人明显的有更多的保留。1935 年 8 月 1 日呼吁建立这样一个统一战线的宣言，实际上是由中国共产党的代表王明根据共产国际第七次代表大会的精神，从莫斯科发出的。

对于再次与蒋介石拥抱，毛泽东及其战友们与斯大林不同，他们感到更令人作呕。他们把蒋介石视为屠杀其战友的刽子手和革命的叛徒。到 1935 年年底，当毛泽东的军队于 12 月重新集结在瓦窑
堡时，毛泽东不仅准备和“民族资产阶级”合作，而且还要和资产 60
阶级中与欧美帝国主义有联系的因而倾向于“反对日本帝国主义及其走狗”的那部分人合作。但蒋介石，作为“卖国贼营垒”的“总头

子”和豪绅、军阀、买办阶级的代表，是特别被排除在拟议中的统一战线之外的。[32]

事实上，同这个“叛徒”的间接联系早在1935年就建立起来了。1936年4月，张学良同周恩来会谈，敦促共产党人停止反对蒋介石的战争，集中力量抗日，并答应利用他对蒋的影响说服蒋接受这样的停战。1936年5月5日，一封直接致南京国民政府军事委员会的电报发出了。后来，毛泽东称它是“放弃‘反蒋’口号”的标志。[33]在这以后，毛泽东经常与张学良、杨虎城及其他政治和军事领导人联系，探讨合作抗日的可能性。[34]特别是在1936年10月5日写给张学良的信中，毛泽东表达了他对达成“国共两党抗日救国协定”的愿望。1936年12月1日，毛泽东与其他18位共产党的高级政治、军事领导人共同签名的写给蒋介石本人的信表示，希望蒋介石改弦更张，以便后代想起他时不会当作亡国的罪人，而是当作“救国救民之豪杰”。[35]

所有这些建立在政治现实主义基础之上的姿态，并不意味着共产党人对蒋介石的感情已经彻底改变了。12月12日，当蒋介石在西安成为张学良和杨虎城的阶下囚时，共产党的高级与一般领导人所作出的本能反应是，相当一致地要审判蒋介石的反革命罪行。但是，没有确凿的证据表明毛泽东及其他最高领导人曾严肃地考虑过这样的对策。相反，1936年12月22日，毛泽东给阎锡山写信，向他保证“丝毫不求报复南京”。[36]据说，毛泽东收到了莫斯科发来的命令他不要杀蒋介石的专横的电报时大为光火，其原因并非因斯大
61 林要夺走他到手的俘虏而使他感到沮丧，而是由于斯大林怀疑他的忠诚，怀疑他所具有的常识。[37]

不管怎样，一旦着手执行同国民党合作的政策，中国共产党人，特别是毛泽东，便显示出他们几乎是一心投入到这项工作中来。原因很明显，对于他们来说，拯救中华民族并不像列宁认为的那样仅仅是策略手段的基础，它就是价值本身。

在没有根据当时中国革命所达到的阶段以及这个阶段相应要完成的任务来论证上述政策的正确性之前，毛泽东当然不能要求他自

己和他的战友们作出那么重要的转变。正是在上面提到的1935年12月27日的讲话中，毛泽东开始概略地叙述他在这个问题上的思想。直到1939—1940年间，它们才得到了充分的发挥，有了确切的系统阐释。毛泽东的政治思想，就其成熟性和复杂性而言，在延安时期明显地达到了较高的程度。在继续讨论他的这一思想之前，有必要对其1937年萌发的哲学思想作出叙述，这种哲学思想在毛泽东整个思想中逐渐占据了中心地位。

第三章

民族矛盾与社会矛盾（1937—1940）

在20世纪20年代和30年代，毛泽东在他的著作里只是偶尔提到哲学问题。他第一次对马克思主义哲学进行认真的研究是在1936年到1937年的冬天。埃德加·斯诺记述说，在为写毛泽东的传记而向他搜集材料时，毛泽东经常因要潜心研究一大摞刚刚送到的苏联哲学著作的中译本而中断他们之间的谈话。读过这些著作之后，毛泽东几乎是立即就开始作了关于辩证唯物主义的一系列讲演，现已成为名著的《实践论》和《矛盾论》就是当初这些讲演稿的最后部分。*

当然，在1949年以后，只有《实践论》和《矛盾论》分别于1950年和1952年在中国正式出版过。不过，毛泽东在1937年实际上作过关于辩证唯物主义的一系列讲演这一事实，是确定无疑、无可辩驳的。**

值得注意的是，当斯诺在1965年问及此事时，毛泽东否认他

* 《辩证法唯物论（讲授提纲）》载于《抗战大学》第六一八期（1938年4—6月）。原文的这一部分包括第一章和第二章的前六节。这篇著作的其他部分是否也连载于《抗战大学》则不得而知。第二章的第七节到第十节收入了“文化大革命”期间流传的一本书中（《毛主席文选》，北京1969年版）。除了第二章的第十一节外（相当于《实践论》），前两章的全文收入《毛泽东集》，第6卷，265～305页。随后，出现了包括《实践论》原文在内的这部著作的两个版本，其中一个也包括第三章（相当于《矛盾论》）。完整的原文发表于《毛泽东集》补卷，第6卷，187～280页。至于选译的段落和对于《矛盾论》原始版本的形式和内容的详细分析，see Nick Knight, “*Mao Zedong's On contradiction and On practice: preliberation texts*”, *CQ* 84 (December 1980), pp. 641—668. Mr. Knight也已出版了完整的译本：*Mao Zedong's “On contradiction”, An annotated tran slation of the preliberation text*。

** 只要指出三点就够了，其中的任何一点都足以说明问题。第一，正如已经指出的那样，原文相当大的部分当时已发表在《抗战大学》上。第二，张如心在发表于1942年2月18日和19日《解放日报》上的文章里提到了这一著作。该文认为它是毛泽东辩证法和方法论最主要的来源。当时，张如心（与陈伯达一道）最为积极地参与了将毛泽东塑造为理论家的活动。第三，在一份关于毛泽东哲学思想的权威性资料汇编［北京大学哲学系的《毛泽东哲学思想（摘录）》，北京1960年版］中，这一著作几乎被全文收入，并按主题进行了分类。见该书11～14、19～21、49～51、53～55、64～69、97～99页及其他各处。

是《辩证法唯物论（讲授提纲）》这部著作的作者。* 事实上，毛泽东一般来说更愿意人们只读他经过修改并经他本人认可的著作，但却不必特意公开否认他认为不再适宜的那些文章。

不难发现毛泽东在此事上如此敏感的原因。自列宁的时代以来，具备马克思主义理论家和哲学家的声望，已被认为是共产主义运动领袖人物必不可少的条件之一。毛泽东当初作这一系列讲演，无疑是以确立他在这方面的地位为目标的，在他之前，斯大林也力求具有这种资格。毛泽东在党内的对手都在莫斯科受过训练，在其后的五六年间，他就要同他们展开实力较量。因此，他感到自己容易受到攻击之处是人们可能说他不过是个农民游击战争的领导者，没有掌握马克思主义理论，没有能力分析抽象的范畴。然而事实不久就表明，毛泽东关于辩证唯物主义的讲演并未真正达到预期目标。这些讲演有相当大的部分，尤其是开始讲的那几章，几乎是不加掩饰地照搬苏联的材料，而毛泽东用自己的语言表达的地方，结果常常不甚理想。**

* 正如最初载于《新共和》杂志上的文章所说，这种否认是很坚决的。毛泽东小心谨慎地避免直接否认他作过讲座之事。当斯诺的访问记作为 *The long revolution* 的附录再版之时，为明确否认毛泽东系该文作者而作出了“修订”。斯诺的详述（see *The long revolution*, pp. 194—195）暗示，他是按中国当局或者说是按毛泽东自己的要求而作此修订的。

** See the note in S. Schram, “Mao Tse-tung and the theory of the permanent revolution, 1958—1969”, *CQ* 46 (April-June 1971), pp. 223—224; also K. A. Wittfogel, “Some remarks on Mao’s handling of concepts and problems of dialectics”, Studies in Soviet thought, 3. 4 (Dec. 1963), pp. 251—277. 毛泽东也是个会犯错误的凡人，在 1978 年或 1979 年以来，这种观点就隐隐约约地出现了，它在 1981 年得到了明确阐述。在这种思想背景下，毛泽东在 1937 年的确作过关于辩证唯物主义的讲演的事实，以及他得益于其他作者特别是艾思奇的事实，在中国都已正式记载在案。

见于《中国哲学》（第 1 卷，1～44 页）上的资料，包括毛泽东对艾思奇《哲学与生活》（上海读书生活出版社 1937 年版）一书广泛的阅读笔记，注明日期为 1937 年 9 月；1938 年年初毛泽东就这一著作致艾思奇的一封信；以及讨论《实践论》、《矛盾论》原初版本与《毛泽东选集》版本之间种种变动的一篇文章（郭化若：《毛主席抗战初期光辉的哲学活动》，《中国哲学》，第 1 辑）。毛泽东肯定读过的艾思奇的其他著述，包括艾思奇从《苏联大百科全书》中选译的 Mitin 的一篇文章《新哲学大纲》（读书生活出版社，1936），毛泽东从该文中摘录了不少段落；还包括《大众哲学》，《抗战大学》（第 8 期，187 页）的一位读者把它混同于毛泽东的讲演，这是一种令人窘迫的倾向。中国最近出版了一本 550 页的书（《毛泽东哲学批注集》，北京，中央文献研究室，1988），书中收入了毛泽东读过的中国和苏联的著述，还附有毛泽东的批注，它提供了毛泽东在延安时期研究哲学的比较充分的情况。对于这些内容的概述，见石仲泉的评述文章，载《哲学研究》，1987 (10)，3～9、40 页。

这里，我不想分析毛泽东的整个讲演材料，而是以后来确实构成了“毛泽东思想”内在组成部分的两篇论文为重点。在1936年至1937年间，毛泽东所接触到的苏联著作译本和其他著述中通常都以较大篇幅讨论认识论，并把这种内容放在阐述马克思主义哲学的一卷本著作的最后部分（如《实践论》），像毛泽东那样把矛盾问题置于突出地位的著述，在他接触到的各种材料中极为少见。这类材料中的绝大部分都有一节论述对立面的统一和斗争及有关问题，但一般说来篇幅都比较短，且没有任何一部著作像毛泽东的讲演那样把这部分内容放在最后，从而使之成为整个课程的顶点和综合。

毛泽东为何把矛盾问题置于突出位置，对此无疑可以列出许多理由。本书对其思想作出的概要解释包含了其中两个理由。一方面，他对辩证法的理解带有道教和其他中国传统思潮的浓厚色彩；另一方面，正如我自始至终强调指出的那样，他敏锐地意识到中国社会模糊不清而又复杂的特征（换言之，就是国内矛盾的含混性和复杂性），并力图把这种洞见在其革命策略中具体化。第一个特点在某种程度上可视为他对辩证法的理解中的瑕疵；第二个特点则是优点。

在他的授课笔记中，涉及矛盾问题的部分差不多占了全部讲稿的一半，大约有2.5万字，与之相比，收入《毛泽东选集》版本的只有2.2万字左右，从这一事实可以看出毛泽东对矛盾问题的重视。虽然这两个版本之间有显著的差别，但二者的一致之处却足以一劳永逸地否定阿瑟·柯亨（Arthur Cohen）和其他人提出的观点，即毛泽东在1937年不可能写出这样一部著作。但是，毛泽东在20世纪50年代初毕竟发现，要使这篇论文具有令人满意的形态绝非轻而易举之事。1951年3月8日，他写信给陈伯达和田家英指示说，他对《矛盾论》作了一次修改，但是最后一部分还需要进一步缩改，故此篇拟不收入即将出版的其选集中文版第一卷里。*

讲演稿的这一部分为什么大大超过了前几节呢？ 我想，答案实际上在于如下事实：毛泽东正在研讨的不仅是使他感兴趣的概念，而且是这些概念在中国革命环境中的应用。另一方面，《辩证

* 在中国以外所能见到该著作的最早版本确实是在20世纪七八十年代后才出版的，但另一方面，在1946—1947年看到的毛泽东著作的种种版本并未显示出大量修改的迹象。此外，这一著作曾在苏联学者中广为流传，他们肯定不愿意因为毛泽东在延安时期理论上的成熟而提高其声誉。换言之，假如真像阿瑟·柯亨所主张的那样，该文曾参照斯大林20世纪30年代后期的著作作了全面修订，苏联专家们肯定会指出来的。关于阿瑟·柯亨的论证（现在已站不住脚了），See A. Cohen, *The communism of Mao Tse-tung*, pp. 14—18。在1988年1月4日的一次谈话中，中共中央文献研究室副主任龚育之给我读了1951年3月8日毛泽东写的那封信。龚教授还在文章中证实了毛泽东是《辩证法唯物论（讲授提纲）》的作者，证实了1946年大连版本不过是延安1937年油印本的翻版，未经编者的删改。见龚育之《〈实践论〉三题》，载于《论毛泽东哲学思想》，北京，人民出版社，1983，66～86页，特别是66～72页。

法唯物论（讲授提纲）》的第一章在很大程度上只是苏联作者所理解的希腊和西方哲学史的概述。在这里，毛泽东只能复述他的资料来源，无法加入任何他自己的东西。*

人们普遍认为，苏联记者在两年后对《矛盾论》无动于衷（他们在 1950 年对《实践论》大加赞赏），是因为他们抵制这种对斯大林理论权威的含蓄挑战。毫无疑问，在某种程度上这的确是一个因素，但同样可能的是，苏联人也发现毛泽东对辩证法的理解是奇特的，带有异端色彩。在 20 世纪 50 年代，毛泽东多次抱怨《简明哲学辞典》专门与他的矛盾观点作对，有一次他指出，他正在讲的此书第四版（1953 年在莫斯科出版）反映了斯大林的观点。苏联人的不满是，生与死的转化是“形而上学的”，战争与和平的转化是错误的。[1]

毛泽东晚年辩证法的反传统特征有例可查。比如，他在 1964 年抛弃了马克思主义和黑格尔辩证法三个基本规律中的两个，其中包括否定之否定。[2]虽然，他在 1937 年的观点主要是从马克思主义派生出来的，因而在整体上是符合马克思主义正统的，但仍然可以指出，此时他已有了四分之一世纪后他将具有的倾向性。在“对立统一的法则”是“思维的根本法则”[3]这种陈述中，或许就能找到最明确的暗示，这里似乎已把这一法则视为比毛泽东随后就否认了的两条原则（质量互变、否定之否定）更高的范畴。**

毛泽东的讲演笔记的原稿提到了列宁认为对立统一是“辩证法的核心”这一事实。[4]1957 年，毛泽东明确地引用了与此有关的一段话：“可以把辩证法简要地确定为关于对立统一的学说。这样就会抓住辩证法的核心，可是这需要解释和发展。”[5]但是，列宁的评论是在读黑格尔《逻辑学》的简略笔记和一段概括黑格尔提及否定之否定及质量互变观点的话中出现的。[6]

进一步探讨这个问题会使我们远离本书所主要关心的政治问题，变成对严格的哲学问题的思考。毛泽东对中国社会的分析及由此引申出的理论考虑是我们所关心的中心问题，它可以使人自然而然地从哲学过渡到毛泽东的思想的其他方面。人们过去常常指出，

*下面的事实使这一点更加突出：在《矛盾论》原文中，毛泽东仿效这些来源，收入了整整一节批评形式逻辑与辩证法不相容的文字。(See Knight trans.，pp. 15—17.）据龚育之说，毛泽东在 1951 年删去了这一节，因为在读过斯大林的《马克思主义和语言学问题》并注意到苏联哲学界随之展开的讨论之后，他改变了观点。

**1982 年 5 月 7 日在北京的一次谈话中，王若水指出了这一点，虽然王先生不同意说毛泽东强调对立面的统一和斗争反映了传统的影响。Steve Chin 曾解释说，毛泽东强调对立统一是超越马克思和恩格斯的新的理论发展（Steve S. K. Chin, *The thought of Mao Tse-tung*，pp. 60—64)。这些文章的一个 1946 年版本的序言指出，论及其他两条规律的章节“遗失了”。《毛泽东集》补卷，第 5 卷，279 页。也可参见毛泽东不同意艾思奇关于仅仅是差异（如笔、墨水和桌子之间）并不必然构成矛盾的观点的情况，文载《中国哲学》第 1 期，29 页。

毛泽东对辩证法科学最显著的贡献在于他详尽地阐发了“主要矛盾”及“主要矛盾中主要的矛盾方面”这两个概念，甚至连柯亨都
66 接受了这种说法。我首先要指出，毛泽东使用这些范畴与他对中国现实的透彻理解直接有关。马克思本人所看到的社会，被认为是日益两极化的社会，整个社会划分为无产阶级和资本家两大集团，对于在这种类型的社会里发生的马克思主义革命来说，阶级之间的基本矛盾或生产力与生产关系之间的基本矛盾是清清楚楚的。一般说来，在革命解决这种冲突之前，人们可以指望基本矛盾不会发生很大的变化。而在中国，由于国内形势和与列强的关系都是不稳定的，不可预测的，因此，在一个既定时期内，要确定哪种因素或矛盾是占主导地位的，至关重要的，就不仅仅是个复杂的理论问题，而且是迫在眉睫的策略需要。

1933 年出版了一本苏联著作的中译本，这是最早的中译本之一，其中有一节谈到了矛盾的主导方面，但该书的观点是，一般说来主导方面总是同一个方面。例如，在经济基础和上层建筑这对矛盾中，经济基础总是占主导地位。[7] 柯亨发现，在毛泽东的论文中，这正是最有意义的观点之一；他把注意力转向如下一段文字：

> 有人觉得……在生产力和生产关系的矛盾中，生产力是主导方面；在理论与实践的矛盾中，实践是主导方面；在经济基础和上层建筑的矛盾中，经济基础是主导方面，并且它们相互的地位是不变的。……诚然，生产力、实践、经济基础一般地表现为主导的决定性因素……然而有时，生产关系、理论和上层建筑这些方面，又反过来表现为主导的或决定性的因素，这也是必须承认的。当着不变更生产关系，生产力就不能发展的时候，生产关系的变更就起了主导的决定的作用……当着政治、文化等等上层建筑阻碍着经济基础的发展的时候，对于政治和文化上的革新就成为主导的和决定的东西了。*

柯亨在论证毛泽东在 1937 年不曾写作《矛盾论》时多次利用

* 《辩证法唯物论》，93 页；《毛泽东集》补卷，第 5 卷，264 页。这一段中有某些变动，但除了用“主要”来取代“主导”外，毛泽东在 1952 年没有作根本性改动的那些部分，我这里实际上已经引出了。(The translation is from PTMT 199; see also Nick Knight, trans., p. 28 and notes.)《毛泽东哲学批注集》中的资料表明，在 1936 年 11 月至 1937 年 4 月之间，毛泽东曾读过《辩证法唯物论教程》，并就有助于矛盾主要方面观点形成的段落作了 1 200 字的评述。毛泽东尽管批评西洛可夫的书，但还是推荐它作为干部研究之用（参见《毛泽东书信选集》，189 页）。

了这段话。他说，在斯大林向毛泽东展示这样一条道路之前，毛泽东不可能以这种方式与马克思主义的“决定论”背道而驰。事实并非如此。毛泽东的“唯意志论”似乎是直接出自他对列宁（“唯意志论”这个术语最初毕竟是用于列宁的）的研究，另外也出自他本人的个性和中国革命的经验。《矛盾论》的最初版本确实也相当强调主观因素。

这里，最重要的变动是以“在一定的条件下”取代了“有时”这种表述。写入《毛泽东选集》的这种阐述的含义似乎是，这类条件或必要前提的总和，只在有限的时期即革命或危急时刻，才会出现。从另一方面看，不那么严格的“有时”可能被认为是说，经济基础和上层建筑作用的倒转可能会持续相当长的时期。紧接着上述引文之后的一句话（原版本和修订版中都有）进一步论证了这一结论：“当着如同列宁所说‘没有革命的理论，就不会有革命的运动’的时候，革命理论的创立和倡导就起了主要的决定的作用。”[8]既然列宁认为这一原理适用于筹划、组织和实施无产阶级革命的整个历史时期，那么，就完全可以把毛泽东在此处运用这一原理的含义作如下解释：虽然一般地讲上层建筑在历史变革中不起主要的决定的作用，但实际上，在20世纪大部分时间内，中国确实出现了所谓的“有时”。

关于作为哲学家的毛泽东，我们所说的最后一点涉及他受益于斯大林的情况。《矛盾论》的现行版本中有一段很长而且过于恭维的话，认为斯大林对俄国革命特殊性的分析，“给我们提供了认识矛盾的特殊性和普遍性及其互相联结的模范”[9]。而在原版本中则根本没有这段话，在那里，毛泽东是以注释苏东坡的方式阐述其观点的，据说苏东坡对普遍性与相对性的关系有透彻的理解。[10]

《辩证法唯物论（讲授提纲）》第二章有这样一段论述：因为“辩证唯物主义思潮在中国今天的发展，不是接受和改良我们固有的哲学遗产的结果，而是研究马克思列宁主义的结果”，所以我们必须清理反映着“中国社会发展落后状态”的“中国古代的哲学遗产”。[11]显然，这一论述是毛泽东初次接触马克思主义辩证法受到震 68

慑时的一时感受。1938 年 10 月，他号召实现“马克思主义的中国化”，这一口号把他的上述感受冲得烟消云散，甚至早在 1937 年，这种论述就已经不是他始终坚持的观点了。

如果我们现在具体考察一下毛泽东在 20 世纪 30 年代末对战略和策略问题的分析，那么，一个根本性的问题就是中国共产党与莫斯科“世界无产阶级的总参谋部”的关系问题。毛泽东在这个问题上的观点是绝对明确的。1936 年，斯诺向他提问说，在共产主义革命胜利时，苏维埃俄国和苏维埃中国之间是否会形成“政府某种实际上合并的”，他在回答斯诺的提问时对上述问题作出了总结。他宣布：“我们为解放中国而战斗的目的，绝不是为了将国家交给莫斯科!”接着，他进一步阐述了这一答复的根据：

> 中国共产党只是中国的一个政党，在它胜利时，它必须是全民族的代言人。它不能代表俄国人民讲话，也不能替第三国际来统治，只能维护中国大众的利益。只有在中国大众的利益和俄国大众的利益相一致时，才能说“服从”莫斯科的“意志”。当然，只有在中国大众像他们的俄国兄弟一样处于民主政权之下，并在经济上和政治上获得解放之时，这种共同利益的基础才能大大加强。[12]

这段话表明，毛泽东在 1936 年意识到了把全世界所有共产党团结在一起的牢固纽带。但同样明显的是，对他来说，这种团结并不意味着服从。在其他方面也是平等的。“解放了的中国”，即共产党统治的中国，将与苏联建立比其他国家更为密切的联系，但是，如果处事不公，即如果莫斯科不尊重中国的利益，而在毛泽东看来
69 这种利益是正当而又合理的，那么，在他指导下制定的中国政策就将采取不同的方向。

在 20 世纪 30 年代，中国共产党内有那么一批人，他们并不采取同样的独立态度；在以后的年代里，中国共产党内同样有一批这样的人，在与莫斯科的关系问题上，他们准备持比毛泽东更灵活的

立场。从 1935 年到 1945 年之间，毛泽东同中国共产党内所谓“国际派”（即亲苏派）的斗争史，是一个漫长而复杂的过程，我在其他地方叙述了这一故事（《剑桥中国史》，第 13 卷，第 12 章）。我们这里所关心的不是中国共产党与莫斯科之间的权力关系或其各种派系纠纷，而是毛泽东在苏联人的监护下维护其独立性的理论所具有的性质和意义。毛泽东在 20 世纪 30 年代末提出的种种概念中，最直率、最大胆地体现了他关于中国革命的独特性以及中国人需要以他们自己的方式解决他们自己问题的信念的，莫过于“马克思主义的中国化”了。

实际上，中国共产党人只在一段相对而言并不很长的时期内使用了这一口号。这一时期始于 1938 年，那时，毛泽东第一次使它成为自己的口号；这一时期在 1945 年达到顶点，这时，在中国共产党第七届全国代表大会上，刘少奇为毛泽东在创立既是彻底马克思主义、同时又是真正中国式的理论方面所取得的巨大成就而欢呼。但是，如果说这一术语本身寿命并不很长，而且它所表达的内容在 1938 年之前就已出现了的话，那么，自中华人民共和国成立以来，它就不仅仅是存在下来了，实际上，它的重要性大大增加了。

毛泽东提出这一观念的理由是不难理解的。“中国化”的概念是一种象征，面对共产国际那种盛气凌人的态度，它伸张了中国的民族尊严；因此，它的价值不仅在于是党内斗争的一种武器，而且可以作为一种口号，在民族危急关头用来迎合非马克思主义的观点。但是就毛泽东而言，它还反映出一种发自内心的信念，即归根到底，一种源于西方的意识形态，如果不能适应中国人民的思想和精神状态而作出改变，就不可能在中国的环境中发挥作用。

精确地说出“中国化”在 1938 年对毛泽东意味着什么，是个相当复杂的问题。不仅是在中国，而且是在其他非欧洲国家中，马克思主义“民族化”的号召（如刘少奇在 1945 年提出的）[13]，都意味着在许多不同层次上适应本民族现实改变马克思主义理论；这些不同层次包括各个方面，从语言和文化直到庞大的前资本主义农业

70 社会的经济和社会结构。此外，这还涉及哪些马克思主义理论或马克思主义中的什么因素应当被“中国化”的问题。

关于“中国化”问题，毛泽东在1938年10月作出了经典性的论述，把这一问题的各个不同方面融会贯通起来。他讲了这样一段话：

> 今天的中国是历史的中国的一个发展；我们是马克思主义的历史主义者，我们不应当割断历史。从孔夫子到孙中山，我们应当给以总结，承继这一份珍贵的遗产。这对于指导当前的伟大的运动，是有重要的帮助的。共产党员是国际主义的马克思主义者，但是马克思主义必须和我国的具体特点相结合并通过一定的民族形式才能实现。马克思列宁主义的伟大力量，就在于它是和各个国家具体的革命实践相联系的。对于中国共产党说来，就是要学会把马克思列宁主义的理论应用于中国的具体的环境。成为伟大中华民族的一部分而和这个民族血肉相连的共产党员，离开中国特点来谈马克思主义，只是抽象的空洞的马克思主义。因此，使马克思主义在中国具体化……按照中国的特点去应用它，成为全党亟待了解并亟须解决的问题。洋八股必须废止，空洞抽象的调头必须少唱，教条主义必须休息，而代之以新鲜活泼的、为中国老百姓所喜闻乐见的中国作风和中国气派。[14]

这段引文的最后一句话讨论了毛泽东的中国化概念的最浅显且争议最少的一个方面。显而易见，马克思主义如果要在非欧洲国家产生任何影响的话，它所采用的语言就不仅要能为那个国家的人民所理解，而且必须是新鲜活泼的，对他们的思想和传统有一定意义，而不能是从另一种文化和另一种语言生吞活剥翻译过来的一堆莫名其妙的行话。但是，这种马克思主义的形式的中国化，虽然在毛泽东看来是必不可少的，却只是一项更为重要的事业的外在表现，这种事业的目标是改变马克思主义的实质，以便使之适合中国的环境。

在阐明这里所涉及的种种问题之前，我们先来看看毛泽东下述命题的含义：没有抽象的马克思主义，只有具体的马克思主义。参照他在延安时期的其他著述，或许能对潜存于他这一论断之中的观念作出说明。科学社会主义理论首先是由马克思阐发的。马克思著作的某些内容，如他对资本主义的分析，对资本主义向社会主义转变的分析，阶级斗争具有重要作用的观点，以及辩证法的基本原理，都具有普遍有效性。但是，这个理论作为整体，既反映了它起源于 19 世纪的情况，也反映了马克思本人特有的欧洲人的经验和精神状态。因此，当我们（像斯大林和列宁以后的任何其他人一样）谈论把放之四海而皆准的马克思主义原理应用于中国实际时，我们应当力求掌握并使之适应我们的需要的，正是这些理论中不带有时间性的核心内容。 71

但不带有时间性的核心内容究竟是什么？ 毛泽东本人在我们已引用过的 1938 年 10 月的报告中宣称："不应当只是学习马克思列宁主义的词句……而且应当学习他们观察问题和解决问题的立场和方法。"[15] 1942 年 2 月，他号召中国共产党内的同志们"依据马克思列宁主义的立场、观点和方法，正确地解释历史中和革命中所发生的实际问题……给予理论的说明"[16]。

这些论述提出来两个问题。毛泽东的"立场"、"观点"、"方法"是什么意思？ 从马克思主义中得到的态度或原则与毛泽东说可以从吸取中国历史宝贵遗产中形成的"方法"之间是什么关系？

关于第一个问题，中国通行的解释是，毛泽东所讲的是采取无产阶级的立场，历史唯物主义的观点，辩证法的方法。但是，毛泽东如果确实是在讲马克思主义中如此宽泛界说的这些方面，那么，下面的问题就会随之而来：在他看来，马克思本人的理论实际上只是"德国的马克思主义"，正像 20 世纪初批评列宁的人把列宁的思想说成是"俄国的马克思主义"一样。换言之，毛泽东所谓"抽象的马克思主义"意思是讲"绝对的马克思主义"，或在一切国家一切时间内无条件有效的马克思主义理论。当他说这种马克思主义

“不存在”时，他的意思是说，马克思本人的著作只是他所揭示的立场、观点、方法的具体体现，未必比斯大林或毛泽东本人对同样一些原则的应用更高明。无论如何，理论只有在其具体表现形式中才有其现实意义，才会真正存在。

然而对毛泽东来说，还不仅仅是在中国应用马克思主义的问题，我们已经看到，他还提出要用中国的经验丰富马克思主义。而毛泽东打算要注入他的马克思主义中的“中国特征”，不仅仅是中
72 国和其他亚洲国家所共有的经济上的特征。如毛泽东在 1938 年所提出的那样，这些特征还包括由中华民族的天才和历史经验所形成的，在“我们伟大的民族的几千年历史”中表现出来的那些“可贵的品质”。

今日之中国带有其历史印迹的观点并不耸人听闻。马克思主义者，至少是那些具有列宁主义信念的马克思主义者始终认为，政治组织形式和社会习俗虽然是随着社会经济结构的变动并作为这种变动导致的阶级斗争的结果而变化的，在历史过程中，它们本身也是可变的。但是，在毛泽东看来，文化的现实究竟是不是基本上被各个层次上的“生产方式”和技术所决定呢？ 或者说，他所强调的“民族特征”对他而言是不是独立或部分独立地可变的呢？ 依我之见，毫无疑问，对毛泽东来说，文化，包括广义和狭义两种，都是人类经验中带有部分自主性的方面。

前面引用过的毛泽东在 1938 年 10 月的报告中的一段非同寻常的论述，即汲取中国的遗产“本身就成了对于指导当前的伟大的运动是有重要的帮助的一种方法”，表明了这一主题在毛泽东关于中国革命的整体设想中具有何种重要的位置。前面关于“批判地总结”历史经验的指示并不具有同样的含义，因为根据这种精神，积极的指导作用显然要取决于马克思和列宁的“观点和方法”，用这些观点和方法在中国的历史记载中整理出精华和糟粕。而提出比较深刻的历史知识不仅可以扩大革命者对自己社会的认识，而且实际上将为指导革命提供一种手段，则是另一回事，在直至 1938 年止的马克思主义发展史中，它开拓了一种史无前例的思路。但对于

"这种遗产……本身就成了……一种方法"这种阐述的整体含义，毛泽东本人显然也是半信半疑，该文在收入《毛泽东选集》时，毛泽东亲手删去了有关词句。*

毛泽东所说的可以从"历史的中国"的经验中提取的这种方法究竟是什么性质？在形成这种方法时应从历史中汲取什么东西？对此，他没有作出明确的阐述，但他在延安时期的著述还是有所暗示，他所考虑的领域可以被大致上确定为治国术。[17]因此，在首次提出"中国化"思想的1938年10月报告的另一节中，毛泽东讨论了要善于使用干部的问题。他说，这在过去的说法就是"用人行政"。在下面一段话里，他接着讨论了过去与现在的连续性：

> 在这个使用干部的问题上，我们民族历史中从来就有两个对立的路线：一个是"任人唯贤"的路线，一个是"任人唯亲"的路线。前者是明君贤臣用人的方针，后者是昏君奸臣用人的方针。我们今天来说使用干部问题，是站在革命立场上的，根本与古代有区别，但也离不开"任人唯贤"这个标准。以喜怒为爱憎，阿谀逢迎者奖，骨鲠正直者罚，在古时要不得，在我们也要不得。[18]

毛泽东在这里明确指出，在他看来，存在着一些政治行为标准，它们在当前对共产主义革命者依然有效，即使它们原来是在一个前资本主义的官僚社会中形成的。

相当令人吃惊的是，毛泽东还在孔子哲学中发现了积极因素。1939年，在评论陈伯达就这一题目所写的一篇文章时，毛泽东指出，他基本上同意陈伯达的观点，但陈伯达在把孔子的正名学说当作"理想主义"批判时没能说明，从认识论的角度看，这一学说包含了重要的真理成分，因为它强调了理论和实践的联系。毛泽东还认为，朱熹对孔子中庸学说的阐发同共产主义者在反"左"和反右两条战线上斗争的原则是一致的。他说，"过"的即是"左"的东西，"不及"的即是右的东西。[19]

*1988年1月从中共中央文献研究室逄先知处得到的信息。Ray Wylie从一种平行但却有点差别的角度讨论"马克思主义中国化"及其意义的问题，他更加侧重普遍与特殊之间关系这个哲学问题以及它对"毛泽东思想"的独创性的含义。See Ray Wylie, *The Emergence of Maoism: Mao Tse-tung, Ch'en po-ta and the Search for Chinese Theory, 1935—1945*, pp. 55—58, 88—95 and passim.

当然，诉诸这类民族传统是特别顺应时势的。当时，毛泽东的当务之急是使自己的言论适合于尽可能广泛的各种意见，以便促成新统一战线的建立。然而，毛泽东也是以严肃的态度对待这些东西的，它们表达了他的思想的实质。在开始分析毛泽东关于同资产阶级民族主义者建立反抗日本侵略的统一战线的思想之前，我们还要进一步探讨他对中国历史所作的解释，尤其是他对19世纪至20世纪中国史的解释，因为正如他所看到的那样，正是这一历史背景规定了现阶段中国革命的基本特征，也相应地决定了在这样的历史阶段应采取的正确策略。

74 自延安时期至今，毛泽东关于中国通史的观点得到最为系统的论述可以在《中国革命和中国共产党》第一章中找到（严格说来，这篇文章并非毛泽东本人起草，他只写了第二章，但毛泽东决定把全文收入其选集，因此也就要为其内容负责）。对这篇文章一系列细节问题的讨论超出了本书的范围，这里要指出的只是某些观点。

一上来，毛泽东就谈到了在周朝初年或大致上在公元前11世纪中国从奴隶制社会向封建制社会的转变。有关的言论引证如下：

> ［中国的］这个封建制度，自周秦以来一直延续了三千年左右。
>
> 保护这种封建剥削制度的权力机关，是地主阶级的封建国家。如果说，秦以前的一个时代是诸侯割据称雄的封建国家，那么，自秦始皇统一中国以后，就建立了专制主义的中央集权的封建国家；同时，在某种程度上仍旧保留着封建割据的状态。[20]

这样一来，秦朝被视为只是国家形式变化的标志，而不是从一种生产关系向另一种生产关系的转变。[21]

在西方读者看来，“专制主义的中央集权的封建国家”这一概念在术语上似乎可能是矛盾的，但它却是毛泽东及其同志们在经过20世纪20年代和30年代的争论后所达到的认识，这些争论是围绕传统社会的性质问题展开的，目的是同时确定中国社会的“封建”（因而也是大一统）的特征及其独特性。与此同时，在该文1939年的原版本中依然保留着中国是“亚细亚”社会的看法的痕迹，这种看法原则上已被否定了。毛泽东断言，鸦片战争前的中国社会在许多世纪中是完全停滞的，只是由于西方的冲击才推动它发生了变化。[22]

在毛泽东对中国历史的考察中，还有其他两点需要强调指出。 75
我们已经看到，在1919年，毛泽东就曾大胆地作出了他称之为“怪话”的预言：“他日中华民族的改革，将较任何民族为彻底，中华民族的社会，将较任何民族为光明。”20年以后，他在下面这段话中再次表达了他对其同胞具有非凡能力的信念：

> 在中华民族的几千年的历史中，产生了很多的民族英雄和革命领袖。所以，中华民族又是一个有光荣的革命传统和优秀的历史遗产的民族。[23]

第二，从1926年以来，毛泽东始终如一地特别重视农民的作用。中国历史中“几百次农民起义”不仅被说成是每一次改朝换代的决定性原因，而且据说这些“世界历史上所仅见的”大规模的“农民起义和农民战争”还构成了“中国历史发展的真正动力”。但是，与此同时，毛泽东也着重指出了在封建社会里这种由农民单独采取的行动所具有的局限性，这种局限性主要表现在农民推动生产力发展或生产关系变革的能力上。关于这一点，他写道：

> 每一次较大的农民起义和农民战争的结果，都打击了当时的封建统治，因而也就多少推动了社会生产力的发展。只是由于当时还没有新的生产力和新的生产关系，没有新的阶级力量，没有先进的政党，因而这种农民起义和农民战争得不到如同现在所有的无产阶级和共产党的正确领导，这样，就使当时的农民革命总是陷于失败，总是在革命中和革命后被地主和贵

> 族利用了去，当作他们改朝换代的工具。这样，就在每一次大规模的农民革命斗争停息以后，虽然社会多少有些进步，但是封建的经济关系和封建的政治制度，基本上依然继续下来。[24]

那么，在毛泽东看来，无产阶级和共产党能够对中国革命实施正确领导的形势是在何时、以何种方式出现的呢？他认为，这一
76 过程是分两个阶段发生的。第一，在西方势力的影响以及随之而来的资本主义的发展和尚未成熟的资产阶级的冲击下，旧统治阶级的地位瓦解了，到19世纪依然存在的“封建”生产关系被破坏了。在这一阶段，背靠帝国主义的地主阶级仍旧是中国社会的统治阶级，但资产阶级的成员却自然而然地成为向现存秩序发起革命挑战的领导者。然后，到第二阶段，无产阶级要求革命领导权的条件已经成熟了。

根据毛泽东的解释，这种转变大致发生在五四运动前后。相对于这两个阶段，他把资产阶级掌握领导权的时期称为“民主主义”或“旧民主主义”革命，把无产阶级掌握领导权的时期称为“新民主主义”革命。在讨论他对中国现代史的分期之前，我们先来考察一下他所谓“新民主主义”的确切含义，因为这一概念不仅在当时具有重要意义，而且始终与中国后来的种种问题有关。

既然“新民主主义”想要成为一种马列主义的分析范畴，我们就有必要简略地回顾一下原理方面的背景。马克思曾认为，正像封建阶段是以贵族统治为标志一样，在社会发展的资本主义阶段，其特征当然是资产阶级的统治。在社会从封建主义向资本主义转变过程中，作为其决定性阶段的资产阶级民主革命，同样是资产阶级的任务。至于无产阶级，它将在民主革命中支持资产阶级，同时推动革命向前发展，尽可能地满足工人的当前要求，直到时机来临时再发动无产阶级领导的社会主义革命，推翻资本主义制度。

关于前资本主义社会、尤其是那些受到西方殖民主义冲击的社会中的革命，马克思和恩格斯的著述颇有启发性，不乏诱人之处，但同时也是自相矛盾和支离破碎的。想要从这些著述中提取出一条

可以指导亚洲革命的明确的策略路线，无论如何是不可能的（无论作出何种尝试）。在1905年革命时，先是托洛茨基，然后是列宁，提出了一种观点，即在这类落后国家中，“资产阶级民主革命”有可能在无产阶级的领导下发生，也就是说，在政治领域中，共产党居主导地位。自此以后，按照苏联人及其信徒的解释，这一随后由斯大林、毛泽东和其他许多人进一步给予阐发的观点，成了马克思主义的原理。

这样一来，某一既定历史阶段的阶级性质就同该阶段行动者的阶级属性分离开来了。70多年以来人们一直认为，无产阶级专政，或这一专政的先兆及变形物，能够主持一场“资产阶级”革命了， 77
这种革命将起着同西方社会发展中资本主义阶段同等的作用。

毛泽东把这一阶段命名为“新民主主义”，现在我们回头看看他关于这一阶段的思想的性质和意义。使人感兴趣的，不仅是他怎样确定这一阶段的内容，而且是他何时认为这一阶段已经开始。因为毛泽东正是以此为背景从形成力量平衡的角度论证了同民族主义者的新联盟以及当时的革命目标。

在一些言论中，毛泽东把从“旧”民主主义向“新”民主主义转变的时间确切地定在1919年，为方便起见，从延安时代起，中国“近代史”和“现代史”的分界线也被确定为五四运动。然而，毛泽东自然懂得，诸如此类决定性的变化并不是在一夜之间发生的，因此，在大多数情形下，他认为“新民主主义”的出现大致上是在从第一次世界大战爆发到中国共产党诞生这一期间（也就是说，五四运动是个通俗的、宽泛的说法）。毛泽东在写于1940年1月的《新民主主义论》中说：“然而中国资产阶级民主主义革命，自从一九一四年爆发第一次帝国主义世界大战和一九一七年俄国十月革命在地球六分之一的土地上建立了社会主义国家以来，起了一个变化。”[25]

这里为论证中国革命性质发生了变化而提出的理由有：西方“资产阶级”民主的衰败和名声扫地，在新的苏维埃共和国中出现了一种可供选择的模式，以及从苏联人那里取得物质和道义支持的可能性。至少部分正是由于这最后一点，毛泽东才在斯大林之后（斯大林本人也是追随列宁）宣布，中国的新民主主义革命是世界无产阶级社会主义革命一个不可分割的组成部分。他在论述这一观点时写道：

> 在世界资本主义战线已在地球的一角（这一角占全世界六分之一的土地）崩溃，而在其余的角上又已经充分显露其腐朽性的时代，在这些尚存的资本主义部分非更加依赖殖民地半殖民地便不能过活的时代……在这种时代，任何殖民地半殖民地国家，如果发生了反对帝国主义……的革命它就不再是属于旧的世界资产阶级民主主义革命的范畴，而属于新的范畴了……
>
> 78 这种殖民地半殖民地革命的第一阶段，第一步，虽然按其社会性质，基本上依然还是资产阶级民主主义的，它的客观要求，是为资本主义的发展扫清道路；然而这种革命，已经不是旧的、完全被资产阶级领导的、以建立资本主义的社会和资产阶级专政的国家为目的的革命，而是新的、被无产阶级领导的、以在第一阶段上建立新民主主义的社会和建立各个革命阶级联合专政的国家为目的的革命。[26]

这段讲到“联合专政”的话和几个带有重点号的词（毛泽东在1952年删去了这几个词）意味着，即使在各个专政力量中，无产阶级可能也不会居于主导地位。在《新民主主义论》的原版本中，毛泽东走得相当远，他甚至明确指出，如果中国资产阶级证明自己确有能力领导人民“驱逐日本帝国主义并实施民主政治”，它们（即国民党）就将继续赢得人民的信任。[27]当然，显而易见，这只是对蒋介石采取的一种修辞上的姿态，毛泽东是全心全意要使他的党在“各个革命阶级联合专政”中代表无产阶级的利益行使领导权的。《中国革命和中国共产党》是直接对党员讲话的，它的听众不是非党的知识分子。在这个讲话里，他说得很干脆：“中国革命如果没有无产阶级的领导，就必然不能胜利。”[28]1949 年 6 月，在革命胜利前夕，他以更规范的方式提出了同样的观点：“孙中山的四十年革命是失败了，这是什么原因呢？ 在帝国主义时代，小资产阶级和民族资产阶级不可能领导任何真正的革命到胜利”[29]。

总之，虽然说法的坦率程度不同，但毛泽东自1939年第一次开始使用“新民主主义”这一术语时的观点始终是，自1919年或此前后的一段时期以来，在中国，革命的领导权只能属于无产阶级。对于一个只是到20世纪20年代才刚刚开始发展的阶级，对于一个直到1923—1927年与国民党联盟时才有为数不多的一些党员的政党，他怎样才能为其要求领导权呢？ 除了上面已提及的事实，即共产党人拥有苏联从外部提供的支持和同情之外，毛泽东作了如下论证：

> 中国的资产阶级和无产阶级，作为两个特殊的社会阶级来
> 看，它们是新产生的，它们是中国历史上没有过的阶级。……
> 它们是两个互相关联又互相对立的阶级，它们是中国旧社会 79
> （封建社会）产出的双生子。但是，中国无产阶级的发生和发
> 展，不但是伴随中国民族资产阶级的发生和发展而来。而且是
> 伴随帝国主义在中国直接地经营企业而来。所以，中国无产阶
> 级的很大一部分较之中国资产阶级的年龄和资格更老些，因而
> 它的社会力量和社会基础也更广大些。[30]

这是一个巧妙的论证，而且不无实质性内容。尽管如此，对于毛泽东关于无产阶级自1917—1921年以后就拥有领导权的论断，仍然应作如下理解，即它不是一个关于对立的政治力量的实力的事实陈述，而是一种断言，即认为从这时开始，共产党人为争取民族革命领导权而进行的奋斗是顺应时势的，并非全然不现实。

如果这确实是毛泽东内心深处的信念，只不过很少公开明言，那么，谈论“统一战线”是否不是毫无意义的或言不由衷的？ 或者用不同的方式来说，这样一种“统一战线”不是必然地会具有“自下而上的统一战线”的特征，即企图动员各个阶层的国民党人

反对其领导层吗？ 未必如此。在 20 世纪 30 年代后期，共产党人确立其领导权的尝试始终是正统的，如果我们考虑到这一点再来解释毛泽东的分期思想，更会看到未必如此。因为，在某些特定时期，符合正统的东西可能在政治上并不“正确”，并不方便。如果日本对中国作为独立国家的生存、从而对国内政治变革的可能性所构成的外来威胁变得日趋严重，以致抗日斗争作为共产党人首要的政策目标取代了反蒋斗争，如果国民党不仅在军事上和政治上都比共产党强大，而且愿意与日本人作战，那么，在一段时间内，在这样一种斗争中，接受国民党的主导地位或许就是适宜的了。

前面已经指出，1935 年 12 月，毛泽东承认需要建立一个新的统一战线，1936 年末，他同意蒋介石作为这样一种联盟的名义上的领袖。正是在 1938 年 10 月，毛泽东在对中央委员会第六次全会所作的报告中走得更远了。他不仅承认国民党在抗日战争期间的领导作用，而且承认国民党在随后的国家建设阶段中的领导作用。在一节冠以“国民党有光明的前途”小标题的文字中，毛泽东宣布：

> 抗日民族统一战线是以国共两党为基础的，而两党中以国
> 民党为第一大党……国民党有它光荣的历史，主要的是推翻满
> 80 清，建立民国，反对袁世凯……举行了民国十五六年的大革
> 命，今天又在领导着伟大的抗日战争。它有三民主义的历史传
> 统，有孙中山先生、蒋介石先生前后两个伟大的领袖……所有
> 这些，都是国人不可忽视的，这些都是中国历史发展的结果。
>
> 抗日战争的进行与抗日民族统一战线的组成中……国民党居于领导与基干的地位。只要在坚持抗战与坚持统一战线的大前提之下，可以预断，国民党的前途是光明的。[31]

这一报告体现了迄今为止毛泽东对蒋介石和国民党所采取的最温和的路线，尽管如此，它绝不是像初看上去那样是张空头支票。上述引文所讲的“大前提”本身就严格限制了毛泽东对蒋介石让步的范围。毛泽东认为，从长远来看，蒋介石和国民党有先天的弱

点，无力坚定不移地支持统一战线和抗日战争，在这一范围内，他预见到他承认蒋介石领导的时间必将会过去。此外，虽然1938年该报告的原版本并没有像重写过的《毛泽东选集》的文本一样谈到共产党的领导，但它确实提到了“共产党员应该怎样认识自己、加强自己、团结自己，才算在民族战争中尽了自己最大责任的问题”。但是，关于这些责任，他只作出了简单的规定，那就是共产党员“应在各方面起其先锋的模范的作用”[32]。非常清楚，如果国民党在领导中摇摆不定，已成为“先锋和模范”的共产党人就会取而代之。

最后，在1938年10月的报告中，毛泽东提出了重兴“党内合作”、共产党员再一次作为个人加入国民党的建议，这一建议有双重意义，但含混不清。虽然他事先将向蒋介石提交一份具有双重身份的共产党员的全体名单，从而满足了蒋介石在1926年5月“整理党务案”后提出的诸条件之一，但他也试图说服蒋介石把国民党转变为“民族联盟”。该建议中的第二个目标太露骨了，它丝毫没有削弱列宁主义式的约束，而在1926—1927年间，正是这种约束使共产党人有可能从内部操纵国民党。因此，蒋介石把这视为“特 81
洛伊木马”的诡计而加以拒绝就是毫不奇怪的了。[33]

我们已经看到，在一年多的时间中，毛泽东的立场从承认国民党在统一战线中必须居于首位转变为断言共产党的领导是个既成事实。在《新民主主义论》（1940年1月）中，这种赤裸裸的要求是在修辞的无花果叶掩饰之下；在《中国革命和中国共产党》（1939年12月）中，这种要求则是毫不隐讳的。[34]《中国革命和中国共产党》虽然主要是为共产党读者写的，但它也公开出售。毛泽东在为《共产党人》这一党内期刊所写的发刊词（1939年10月）中甚至根本没有提到谁应掌握领导权的问题；他已把领导权属于共产党人当成题中应有之义，开始讨论起共产党人应当怎样行使领导权的问题了。

除领导权的问题外，还有两个直接有关的问题值得在此讨论，即毛泽东对各阶级在革命中的作用的思想以及关于体现各种革命力量的政治运动或政权的性质的观点。

实际上，毛泽东关于抗日战争时期支持革命的各种阶级力量的观点是简单而且一贯的。他认为构成这种力量的是斯大林在20世纪20年代所讲的四个阶级的联盟，再加上“买办资产阶级”中的某些部分，它们依附于那些其利益同日本有冲突的西方列强。可以理解的是，囊括一切可能的同盟者的界限，在《〈共产党人〉发刊词》中划得最严，而在《新民主主义论》中则划得较宽。在前一篇文章中，农民被说成是无产阶级“坚固”的同盟者，城市小资产阶级是“可靠”的同盟者，至于民族资产阶级，由于他们受着外来压迫之苦，因此，“在一定的时期中，一定的程度上”他们能够参加“反帝国主义和反封建军阀”的斗争，但是由于他们“在经济上、政治上的软弱性”，有时又会“动摇变节”。资产阶级或大资产阶级，即使在参加反对敌人的统一战线时也“仍然是很反动的”，他们反对无产阶级政党的发展，并准备投降敌人和分裂统一战线。[35]

《新民主主义论》的原版本表现出一种古怪的反常：它从头到尾只提到三个阶级而非四个阶级的联盟。这种差别是形式上的，不是实质性的，但它也并非没有意思，这种情况是把农民（马克思主义者始终认为农民就其性质而言是小资产阶级）同城市小资产阶级归为一类的结果，由此而构成的范畴被称之为小资产阶级，农民不再是一个独立的阶级。于是，我们可以看到这样的话，在1927年至1936年间，“中国资产阶级转到了帝国主义与封建势力的反革命营垒”，作为其结果，“革命营垒中原有的三个阶级，这时剩下了两个，剩下了无产阶级与小资产阶级（包括农民、革命知识分子与其他小资产阶级）”。*

毛泽东接着说道，随着抗日战争时期的到来，走着“之”字形道路的中国革命又达到了三个阶级的统一战线。但他补充说，这一次“范围更放大了，上层阶级包括了很多统治者，中层阶级包括了民族资产阶级和小资产阶级，下层阶级包括了一切无产者，全国各阶层都成了盟员，坚决地反抗了日本帝国主义”[36]。非常清楚，把

* 《毛泽东集》，第7卷，196页；Carrère d'Encausse and Schram, pp. 256—257。1925年11月，毛泽东在答复少年中国学会的调查问卷时对于这三个阶级的分析有一个令人感兴趣的预言（《毛泽东集》补卷，第2卷，127页）。他声称，他虽然是一个共产主义者，坚决支持“无产阶级的社会革命”，但是，在中国一个孤立的阶级是没有地位的，要推翻国内外的反动力量，就必须由无产阶级、小资产阶级和左翼中产阶级来共同承担“民族革命”。

农民一揽子归入包罗万象的“小资产阶级”范畴，有助于冲淡对中国革命之特征、尤其是其中一个根本性特征的强调，这个根本性的特征就是农村游击战争。在《〈共产党人〉发刊词》中，毛泽东使中国经验的这些方面成为其分析的主题之一：

> 由于中国是半殖民地半封建的国家，政治、经济、文化各方面发展不平衡的国家，半封建经济占优势而又土地广大的国家，这就不但规定了中国现阶段革命的性质是资产阶级民主革命的性质，革命的主要对象是帝国主义和封建主义，基本的革命的动力是无产阶级、农民阶级和城市小资产阶级，而在一定的时期中，一定的程度上，还有民族资产阶级的参加，并且规定了中国革命斗争的主要形式是武装斗争。[37]

这里，从毛泽东所列举的事实中为什么会得出最后的结论，并不很清楚，但结论本身显然是有效的。毛泽东接着说：“我们党的历史，可以说就是武装斗争的历史。斯大林同志说过：‘在中国，是 83
武装的革命反对武装的反革命。这是中国革命的特点之一，也是中国革命的优点之一。’ 这是说得非常之对的。”[38]这里引证斯大林的话是断章取义的典型例子。1926 年 12 月斯大林这番言论所讲的“武装的革命”是以蒋介石为代表的，他始终相信蒋介石忠实于这一事业，而毛泽东对此也一清二楚。毛泽东接着又一次论及这一观点，他说：“在中国，只要一提到武装斗争，实质上即是农民战争，党同农民战争的密切关系即是党同农民的关系。”[39]

在这篇文章中，毛泽东把统一战线、武装斗争、党的建设概括成中国共产党的三个“法宝”。前面，我曾以一定篇幅谈到了武装斗争在毛泽东的战略中的位置。至于统一战线，《〈共产党人〉发刊词》实质性的观点是，其标志应当是统一和斗争。没有讨论这种统一应当采取的确切形式，但正如我们已经指出的那样，毛泽东在同一时期其他各篇基础性的论文中提出，合作的载体应当是“各革命阶级的联合专政”。在《中国革命和中国共产党》中他也提到

"几个革命阶级联合起来对于帝国主义者和汉奸反动派的革命民主专政"[40]。"革命民主专政"这个术语显然是脱胎于列宁的"工农革命民主专政"，后者是在1905年革命时第一次提出的，尔后就被经常重申。当然，毛泽东的专政者比列宁的要多许多；我们已经看到，毛泽东用受外国统治下的国家的特殊条件来说明这种差别的存在。

毛泽东的第三个"法宝"是党的建设，它的含义远比初看上去要广泛得多，重要得多。它意味着制定正确的学说，并在该学说基础上统一和整顿全党。《毛泽东选集》中一段经过某些修改的话指出，如果说过去中国共产党在实现其"布尔什维克化"[41]和团结方面是不成功的话，那么，原因就在于其成员没有适当地把马克思主义同中国革命的具体实践联系起来，对于中国社会和中国历史没有足够的了解。

84 显然，这意味着，他们还没有受益于毛泽东在这些我们正在讨论的著作中系统阐述的"中国化的马克思主义"。换言之，毛泽东在1939年10月号召进行的"党的建设"导致了1942—1943年的"整风运动"，该运动最终确立了毛泽东在党内的意识形态上的统治地位。

第四章

毛泽东的思想的胜利（1941—1949）

我已经指出，毛泽东最初提出使马克思主义适合于中国情况的口号，主要是要使中国共产党对问题的处理能够适应当时的政治、文化环境。在 1941—1943 年，他这一思想在发展中又出现另一个主要方面，那就是它更为直接地与毛泽东同党内对手们的斗争联系到了一起，他宣传的那些观点明确地被用来为他在斗争中的利益服务。

毛泽东的思想的其他方面也是如此。如果说早在 1937 年以矛盾论为核心的毛泽东哲学思想已经定型，那么，在从经济到文学，从行政原则到对马克思遗产的阐释等这些范围更加广泛的领域，1949 年以前毛泽东的思想，也在 20 世纪 40 年代初就已经得到了明确的阐述。在所有这些领域内，意识形态与政治斗争之间的联系明显而又直接。

这本书侧重的自然主要是观点而不是历史事实。不过，下面我们还是把一些理论陈述以发表的年月为序排列出来，以便了解这些理论的具体意义。

1941 年 5 月 5 日，毛泽东在延安干部会议上作报告，批评那些所谓"马列主义学者""只会背诵马克思、恩格斯、列宁、斯大林的词句，而对于自己的祖先，则对不住，忘记了"。

1941 年 7 月 1 日，中央委员会作出《增强党性》的决议，强调了加强纪律性和下级绝对服从上级的重要性。

1941 年 7 月 13 日，孙冶方（用笔名宋亮）给刘少奇写信，谈到轻视理论学习和只注重书本知识这两种对立的偏向，要求按照中国的实情去正确处理理论与实践之间的关系。刘少奇当天回了信，着重讲了马克思主义中国化的困难。他认为，在一定程度上讲，直到现在，中国共产党党员能读原著的并不多，指责这方面缺乏进展。

1942年1月23日，毛泽东命令部队干部学习1929年12月的《古田会议决议》，直到完全领会为止。

1942年2月1日和8日，毛泽东就整风问题作了两次重要讲话。在8日的讲话中，他抱怨说自己在1938年提出的“马克思主义中国化”的口号被人当作了耳旁风。

1942年5月，毛泽东在延安文艺座谈会上作了两次讲话，不过差不多有一年半的时间这些讲话未予发表。

1942年12月，毛泽东作了《经济问题与财政问题》的报告。

1943年3月20日，毛泽东参加了中央政治局主席的选举，最终以得票多于其他两人的合法方式当选为三人书记处主席。

1943年4月，在延安开展了审查干部的运动。事实上，这是一次对党内异己或反毛泽东分子的严厉清洗，该运动是在康生的控制下进行的。

1943年5月26日，毛泽东就第三国际的解散发表评论。他宣称，虽然自1935年8月第三国际第七次代表大会以来，莫斯科就不再“指导”中共的事务了，中国共产党人的工作却干得非常出色。

1943年6月1日，毛泽东起草的关于领导方法的决定对“群众路线”作了精辟的阐述。

1943年7月6日，刘少奇发表了《清算党内的孟什维主义思想》一文，称赞毛泽东是一个真正的布尔什维克，谴责“国际派”是伪装着的孟什维克。

1943年10月19日，毛泽东《在延安文艺座谈会上的讲话》最终发表在《整风简报》上。

1945年4月，毛泽东被神化。毛泽东的思想被写进党章，作为全党工作的指南。刘少奇鼓吹毛泽东为马克思主义的“中国化”或“民族化”做出了极其重大的贡献。*

*绝大多数资料是众所周知的，因为这本书的重点是观点而非事实，所以这里不作详尽的注释。刘少奇《清算党内的孟什维主义思想》和中央委员会1941年7月1日的决议已由Boyd Compton翻译，see “Mao's China：party reform documents，1942—1944”。1943年6月1日决议和毛泽东的上述讲话（除《经济问题和财政问题》外）见于《毛泽东选集》和其他许多资料。刘少奇给宋亮同志的信很久以来一直为人熟知，See Schram “The party in Chinese Communist ideology”一文中对该问题所作的论述，see J. W. Lewis， ed.，Party leadership and revolutionary power in China，p. 177。刘少奇给宋亮同志的信现已重印，宋亮就是孙冶方［《红旗》1980（2～4）］，但孙冶方的原信没有收进Compton的译本中。后来参考的是刘少奇的《论党》，345～346页。关于刘少奇1945年4月所作报告的重要章节（该文已在中国重印），see Carr

挑选和排列这些事实当然是为了说明确立毛泽东的思想在党内的绝对优势地位，从一开始就是 1942—1943 年整风运动的主要目的。虽然它们可能把某些问题扩大化或简单化，但我相信，它们没有歪曲基本的轮廓。

ére d'Encausse and Schram, pp. 259—261。认为毛泽东在党内的正式地位是从 1943 年 3 月确立的，见《党史研究》，1980（2），71～78 页。

1943 年 4 月，当整风运动基本上达到目的的时候，毛泽东以真实的或许是以虚伪的谦逊笔触写道，他的思想是马克思列宁主义的一种形式，在他本人看来，还没有完全成熟，并未构成一个体系，还没有达到该被鼓吹的时候；要鼓吹或可选某些片断，例如整风文件中的几件。[1]毛泽东虽然这样说了，但事实毕竟是事实，从 1943 年起，特别是从 1945 年起，毛泽东的思想相当明显地被认为是适合中国情况的马克思列宁主义的光辉典范，是对马克思主义和中国文化的最高、最精辟的总结。[2]

毛泽东在 1932 年到 1934 年蒙受了“二十八个半布尔什维克”的羞辱后，为了建立自己在政治和思想界的权威，从 1935 年起到 1943 年进行了长时间的艰苦斗争，终于在整风运动期间达到了预想的目的。假如我们承认这些的话，那么，在延安根据地时期，毛泽东究竟建立起的是哪一种政治和经济体系？ 建立这些体系赖以遵循的原则又是什么？ 建立在党群间密切关系上的延安传统的实质问题屡次引起人们的争论。这一事实确凿无疑，但我们也不应该过分片面地看待问题。

在前面，我谈到 1943 年 6 月 1 日关于“群众路线”的经典指示。“群众路线”是一个不甚明确的概念，它含有两种倾向：列宁主义者的精英统治论和在工作中与人民群众真正打成一片。

人民群众可以是思想的一种源泉，正确的政策是从这些思想中经过精心设计而产生的，因此，人民群众就能反过来理解这些政策，而不是盲目地去运用它们。这套理论的提出表明了毛泽东与中国传统思想中的一个主题的彻底决裂。《论语》中说：“民可使由之，不可使知之。”[3]这是孔夫子的一种偏见。毛泽东为打破这一偏见而整整奋斗了半个世纪。然而，正如上面强调指出的，毛泽东在与传统思想决裂当中却不曾怀疑列宁主义的关于阶级觉悟只能从外面灌输给工人阶级的格言，更明白地讲，他一直认为中国共产党必须对整个社会提供思想指导。

毛泽东既主张调动下级的主动性和积极性，又强调来自上级的集中领导，他的这种论述是相当宽泛的，为各种各样的理论说明和变化多端的侧重点留下了极大的余地。从延安时期起，毛泽东就是这样对这些主题作出不同说明的。然而，至少到“文化大革命”为止，毛泽东始终认为，归根到底，集中领导比民主更为重要。

毛泽东关于工作方法和组织方式的思想在秋收起义到整风运动的15年中逐步形成，这期间毛泽东一直在农村从事军事斗争和政治斗争。只有到了20世纪40年代初，这一经历所提供的教训才得以总结、系统化并运用到经济工作和游击战术中。

此时的核心口号是“集中领导，分散经营”。这一指导思想非常适合当时的环境。共产党只能控制全国总面积中相当小的一部分，而这部分又主要位于经济技术水平相当低下的延安地区，所以欲对进出口实行严格的中央计划既不可能也不合乎需要。然而，即使在这样的环境中，共产党的工作重点也绝不是一味地分散，而完全放弃集中的努力。毛泽东在1942年12月作的《抗日时期的经济问题和财政问题》[4]报告中相当明确地表述了这一点。他提出，为什么边区自给工业要试行分散经营的方式？然后答道：

> 这主要地是因为劳动力分散在党政军各部门，如若集中起来，则将破坏其积极性的原故。例如，我们鼓励三五九旅开办大光纺织厂，而不令其合并于政府的纺织厂，就是因为大光厂的数百职工大部分都是从三五九旅的官兵中挑选出来的，他们为全旅的被服需要而劳动，积极性很大，如若集中起来，则反而破坏了这种积极性……采取“分散经营”的方针是正确的，企图什么也集中的意见是错误的。但在同一地域内的同一性质的企业，应该尽可能地集中起来，无限制的分散是不利的。这种集中，目前也已经进行，或正在进行……这种先分散后集中

的过程，也许是不可免的……[5]

在该部分的最后（在“增加资本”一节后），毛泽东列举了将在1943年实行的经济措施，即要“建立全部自给工业的统一领导，克服当前存在着的严重无政府状态”[6]。为了达到这一目的，毛泽东号召在财经委员会及其办事处的“统一领导”下起草、制定一个“统一计划”。但同时毛泽东又指出，整个边区的农业、工业、商业不应完全控制在单一的政府机构之手。相反，统一的计划应由“党、政府、军队系统分散执行”。不过，毛泽东最后的结论是：“统一领导问题，为一九四三年改进公营工业的中心问题”[7]。 88

刚才引的话直截了当地提出了党、国家、军队之间的关系问题，这个问题直到1949年以后仍是经常争论的中心议题。在延安，当时对党的统一领导、指导角色有专门术语表达，即“一元化”——逐字翻译，就是“to make one”、“to make monolithic”。这个术语有时译作“to coordinate”，但这种译法也许太不简练了；一直为人使用的“一元化”（to unify）也不能令人满意，因为这个英文术语似乎是与汉语的“统一”相对应的，就如“centralized”是作为汉语“集中”的对应词一样。我建议用“to integrate”作英文对应词。但是翻译问题比起20世纪40年代初采用的汉语表达方式所关心的问题来说其重要性要小得多。因为，迄今为止，这个概念远没有民主集中制或群众路线受到重视。在归纳我对这个词的重要性的理解之前应就该词的使用举出几个例子。

关于这个术语的最有权威性的著作似乎可以从1942年9月1日《中共中央关于统一抗日根据地党的领导及调整各组织间关系的决定》[8]中找到。

这个决定一方面明确而有力地断言党政和党军之间关系的联系，另一方面也肯定各种组织的各级机构间的关系。该决定的第8段是这样开头的： 89

> 党的领导的一元化，一方面表现在同级党政民各组织的相互关系上，另一方面则表现在上下级关系上。在这里，下级服从上级，全党服从中央的原则之严格执行，对于党的统一领导，是有决定意义的……[9]

在1943年6月1日毛泽东起草的决议中，对"一元化"这个不易把握的词有比较清楚的定义和解释。我从这个决议中引用了广为人知的有关"群众路线"的一段。在这段之后的第7段中，毛泽东声称：

> 对于任何工作……的向下传达，上级领导机关及其个别部门都应当通过有关该项工作的下级机关的主要负责人，使他们负起责任来，达到分工而又统一的目的（一元化）。不应当只是由上级的个别部门去找下级的个别部门（例如上级组织部只找下级的组织部，上级宣传部只找下级的宣传部，上级锄奸部只找下级的锄奸部），而使下级机关的总负责人（例如书记、主席、主任、校长等）不知道，或不负责。应当使总负责人和分负责人都知道，都负责。这样分工而又统一的一元化的方法，使一件工作经过总负责人推动很多干部……去做，可以克服各单个部门干部不足的缺点，而使许多人都变为积极参加该项工作的干部。这也是领导和群众相结合的一种形式……[10]

"一元化"作为"分工而又统一领导"的同位语，可能被看成具有双重用法（这种情形在翻译中也能遇到）。明白地说，这个道理是，只有在党的统一的力量渗透和控制了整个系统的条件下，各机构间的必要分工才不会对一致行动造成威胁。要表达这样的功能，"to integrate"作为英文对应词似乎最为贴切。

"一元化"这个词的使用，强有力地反映了盛行于20世纪40
90 年代初根据地的中国共产党领导中的一种观念。那时，根据地被一块一块地分割开，经常处于孤立无援并面临敌人进攻的境地。在这样的环境中，政治、经济、行政控制等各机构几乎难以有效地结为一个整体。因此，他们强调使一切事物整体化（一元化）的必要，因为实际情形是地区、部门间过于分散。

人们也许认为，既然中国共产党已在全国范围内建起了自己的权威，并创建了中华人民共和国，那么分散状态就不再构成威胁了。事实上，由于多种复杂的历史的和实际的原因，分裂问题、权力分散问题到1949年也没有消失。因此，“一元化领导”的思想仍不为过时，即使随着夺取政权、整个局势发生了根本变化，情况也依然如此。

小　结

正如上面指出的那样，毛泽东在 1939—1940 年就已描绘出战争结束后将要建立的“几个革命阶级的联合专政”的政权性质，并明确地声明这个专政要置于无产阶级及其先锋队——中国共产党的控制之下。1944—1945 年，毛泽东曾设想把与国民党共同建立的“联合政府”作为有益的权宜之计，但建立这个政府的可能性最终于 1946 年消失了，代之而起的是全面内战的爆发。在这时，关于共产党的直接目的，就不再有任何理由继续作模棱两可的解释了。因此，毛泽东在 1949 年 6 月 30 日为纪念中国共产党诞辰 28 周年撰写的文章中就详细地阐述了“人民民主专政”的真正性质。他建议建立这样一种专政并在三个月后实现了。

至于这个新国家的阶级性质问题，毛泽东一如既往地用“同心圆”的方式剖析了各个阶级的权限。行使专政的“人民”是由工人阶级、农民、城市小资产阶级和民族资产阶级构成的。在这四个阶级中，工人阶级享有领导权，农民组成最可靠的同盟军，城市小资产阶级是主要的追随者，而民族资产阶级则具有两重性：既是人民，又是剥削者。所以，在这些成员中，谁要表现不好，谁就可能会被重新划定阶级属性，而不再属于“人民”的范畴。这些人自己感觉到了专政的效果，他们是革命变革的对象而不是主人。

91 毛泽东丝毫没有使这个代表四个阶级的国家体制神秘化，他估计有人会抱怨共产党人是“独裁者”。为此，他声称：

> “你们独裁。”可爱的先生们，你们讲对了，我们正是这样。中国人民在几十年中积累起来的一切经验，都叫我们实行人民民主专政，或曰人民民主独裁，总之是一样，就是剥夺反

动派的发言权，只让人民有发言权。[1]

“你们不是要消灭国家权力吗?”我们要，但是我们现在还不要，我们现在还不能要。为什么？帝国主义还存在，国内反动派还存在，国内阶级还存在。我们现在的任务是要强化人民的国家机器，这主要地是指人民的军队、人民的警察和人民的法庭，借以巩固国防和保护人民利益。以此作为条件，使中国有可能在工人阶级和共产党的领导之下稳步地由农业国进到工业国，由新民主主义社会进到社会主义社会和共产主义社会，消灭阶级和实现大同。[2]

毛泽东认为，在引导中国“由农业国进到工业国”的过程中，“教育农民”是“严重的问题”。他指出：“农民的经济是分散的，根据苏联的经验，需要很长的时间和细心的工作，才能做到农业社会化。”[3]

这些简短的引文揭示了1949年以后中国的马克思主义革命过程中某些问题的极端重要性。一方面，毛泽东的“人民民主专政”的理论是列宁的“工农革命民主专政”和斯大林的“四个阶级的联盟”理论的直接继承。毛泽东自己坦率地承认这种思想上的借鉴，并特意强调了与苏联经验的关系。实际上，尽管他取得权力的道路是非正统的，但一旦胜利在握，他就声明从今以后他将沿着正统的道路行事。毛泽东在1949年3月声称：“从一九二七年到现在，我们的工作重点是在乡村，在乡村聚集力量，用乡村包围城市，然后取得城市……从现在起，开始了由城市到乡村并由城市领导乡村的时期。党的工作重心由乡村移到了城市。”[4]因此，毛泽东所陈述的“严重的问题是教育农民”，换言之就是要把现代知识、现代工业的财富由城市带到农村。因此，在1949年，毛泽东着重强调工人阶级在“人民民主专政”中的领导问题，并在20世纪50年代初期试 92
图将大量真正的工人吸收到中国共产党内，以改善党的阶级构成。

然而，尽管有这一切，尽管有毛泽东1962年的明确声明（这个声明说在初期除模仿苏联外别无选择）[5]，毛泽东1949年6月30

日的文章（在上述引文中），已经包含了与这个方向有重大区别的成分。这样，“独裁”这个旧术语是作为“专政”的同义词用的，“大同”是作为共产主义的同义词用的，中国革命经验的独特性也被翻来覆去地加以强调。

1949年以后中国革命是否遵循了马克思主义“正统”的道路，中国是什么时候、是如何、又是为什么与苏联模式分道扬镳的等问题都不是这里要讨论的适当论题（本书第二部分将讨论这些问题）。在总结1949年以前这段时期毛泽东作为一个革命理论家的发展历程时，思考这样一个问题或许是非常合适的，即在人民共和国前30年历史中即将出现的倾向有哪些早在夺取全国政权以前就已经隐含在毛泽东的思想中了。如果当时的人们也具有洞察这种时代趋向的智慧那就太好了。

当然，有人坚持认为，即使不在延安时期之前，至少也是在延安时期，“毛泽东的经济学”就诞生了。不过在我看来，毛泽东的政治经济学的形成情况不是这样。无疑，人们可以从延安根据地的经验中找到毛泽东后来经济思想的重要线索（如在《经济问题与财政问题》中所作的总结）。但是，要证明1958年的“大跃进”思想在任何意义上讲都已内含在这些早期理论之中，那就太片面了。这些初期理论只包括农民的自助而没有那些具有公社特征的多方面的综合组织；它只强调土办法，而不进行大规模的资金投入和使用现代技术。总之，在延安，还没有靠“两条腿走路”的办法把大的和小的、现代的和传统的东西结合起来。在此时，毛泽东的著作中也没有“两条腿走路”的思想。正像我们已经指出的，毛泽东在1949年提议要在现代化和经济发展的过程中使中国“由农业国进入工业国”。农村人口积极参加了这个过程，但是关于该过程的最终目的他们却没有表态。这个最终目的就是：农民必须接受“再教育”，农民的心理和生活方式必须予以改变。

93 因此，如果人们能够辨认出延安的自给自足经济与15年后在自力更生口号下采取的新政策之间的某种实际连续性，那么，在周详的政策阐述方面就没有什么思想的连续性了。自从毛泽东在1949

年明确否定了他在20世纪40年代初提出的许多基本思想以后，他自己思想发展中就没有了不断的链条。的确，正如已经指出的那样，至少从1937年到20世纪60年代初，毛泽东的哲学思想核心是有着本质的连续性的。但是，如果说毛泽东的矛盾论与苏联经济发展模式的逻辑最终不能相容的话，那么毛泽东本人直到“大跃进”时期还没有发现这种不相容。

在运用政治权力的方式方法的领域内，毛泽东从20世纪30年代到70年代的处理方法差不多有着本质的连续性。此外，在这种情况下，我要证明，在1949年以前毛泽东的演讲和著作中就能看出许多即将出现的事情的迹象。

毛泽东在1949年说，即将创建的新政权叫“人民民主专政”，也叫“人民民主独裁”。人们不应因这个术语的不同来制造更多的麻烦。因为，当马克思的术语不能全部从汉语中找到标准的对应词时，“独裁”这个词在过去的年代里有时是作为“dictatorship”的对应词来用的。不过，在某种程度上讲，它依然散发着旧的、中国式的独裁的味道，这个术语实际上非常巧妙地概括了毛泽东关于政治领导的方法的本质。

一方面，毛泽东使基层群众广泛地分享民主制，这一点他超过了当代其他任何革命领导人。在这方面，他全心全意地为中国人民服务，并帮助他们在自己的政治进程中为下个阶段做好准备。但同时，毛泽东又把民主的增进看作只能在“强大的国家”组织内实行的事项。在这一点上，以我之见，毛泽东是对的。遗憾的是，他的“强大的国家”的思想特别像独裁，在这里，作为中国革命的历史领导人，就政治倾向有哪些是合理的、哪些是不合理的而论，毛泽东是最后的评判者。

正像上面强调过的，从1939年起，毛泽东就开始探索在中国实行“新民主主义”革命。这个革命的作用有点像欧洲社会发展中的资本主义阶段。当然，这个革命一方面意味着现代化和工业化，它的目的是要创造经济基础，使社会主义得以最终建立。但毛泽东 94
也决心在另一种意义上通过继续开展在五四运动期间发起的对孔夫

子的进攻来完成中途失败了的中国资本主义阶段的任务。1944年8月，在一封呼吁从旧家庭中解放出来的信中，毛泽东写道："有人说我们忽视或压制个性，这是不对的。被束缚的个性如不得解放，就没有民主主义，也没有社会主义。"[6]人们必然还要提出这样的问题，即从总体上看这个目标与毛泽东的看法是否相容。

在这些以及我所提出的其他一些问题的背后还隐含着一个更根本的论题，即20世纪初就在中国进行的借鉴外来文化的进程所引起的争论仍然没有导致任何明确的结局。以赞同西方观念和对传统的中国价值观的激烈抵制为总体特征的五四先河，在20世纪30年代和抗日战争期间为重新肯定中国文化的尊严所继承。蒋介石和国民党对五四精神全盘否定，宣称孔子学说对所有世间的问题都提供了答案。毛泽东，作为最激进的西方哲学——马克思列宁主义的拥护者，不可能走到这样一个极端，但在国民党的思想（以此为指导写了《中国之命运》）倾向和毛泽东所宣称的"中国化"之间仍然有些类似的情况。

如前所述，20世纪40年代后期，当全面胜利到来之际，毛泽东开始更坚决、更明确地强调指出，马克思主义者在改造中国社会和文化的过程中需要依靠城市和工人阶级的领导，需要发挥工业化的核心作用。但是，"封建"文化是不是真能被清除？真能实现更加民主的工作作风吗？假如现代化包括了对传统政治文化的深刻变革，像毛泽东在1949年创建的这种"人民民主专政"真能实现现代化吗？这样一种政权的形式会不会最终损害或扭曲它的内容？这些便是1949年取得胜利时笼罩在毛泽东政治纲领上的显而易见的问题。

第二篇

1949 年以后毛泽东的思想

95 像列宁一样，为了夺取政权，毛泽东不断地发展着自己的思想。先前条件下形成的思想，后来条件变得相反了，他便发展它。在这个过程中，他努力使他先前的思想更准确、更切合实际，阐述得更详细。从许多方面看，他的思想是连贯的，但其中也有一些惊人的断裂和矛盾。此外，在一些新指示中，毛泽东也曾一反常规，有惊人之语。

毛泽东的思想发展的一个重要内容，便是他致力于把马克思主义或马克思列宁主义运用到落后的农业国家的社会和经济的现实中，运用到中国的历史遗产中。这份遗产在毛泽东看来依然是那么生动。与十月革命模式相比，农民在中国革命中起着远为重要的作用，尤其是中国革命采取了以农村包围城市的战略，因此，在夺取政权以前，这一理论工程的首要任务是从理论上论述上述两点的合理性。在这点上，人们一直认为，毛泽东本人在 1949 年或许也认为，中国的理论和实践将与苏联更加接近。在农村和城市取得政权后，中共在发展现代工业方面是成功的，这样便创造了中共自己认定的阶级基础：无产阶级的最先进部分，并开创了一条在共产党的领导下跻身于先进国家之林的道路。

这样一种趋势在共和国最初几年持续着，但很快便改变了，并且新中国成立 10 年后的中苏关系比从前任何时候都更疏远。这段历史在《剑桥中国史》第 14 卷以及其他许多书籍中均有记载。我们所感兴趣的当然是毛泽东及其思想在这一方向性变革中所起的作用。我将证明这是由于中国社会中农民地位的提高，是由于农民意
96 识对毛泽东本人的影响。但这绝不是答案的全部。延安模式的影响，无论是斗争精神和牺牲精神，还是经济工作中的分散经营、自力更生的方法，也必须重视。还有另外一个因素显然也十分重要，就是毛泽东自称的——如上文所提到的——把马克思主义与中国实际相结合的目标，但这个因素的作用却不易估价。显然他在 1938

年便已提出并实施了“马克思主义中国化”，但到了20世纪50年代初便不再提起了，这很可能是因为斯大林不能容忍在国际共产主义运动中，除他之外，还有另外一个理论权威存在，但使“马克思主义中国化”仍然是毛泽东所思考的主要问题。

毛泽东确信中国文化是一个伟大的奇迹，而且或许是独一无二的奇迹，历史上的成就加强了他的民族自豪感。另一方面，他的目的非常明确：用民族传统中的思想和财富来丰富马克思主义，使其成为进行革命转变、最终实现西方化的最强有力的动力，而不是用什么披着马克思主义外衣的新教条主义去取代中国传统文化。可是，要想确定“毛泽东思想”的基本结构到底是中国的还是西方的，愈来愈困难了，尤其是毛泽东晚年的思想。[1]

这便是导致他理论矛盾的突出原因。当然人们可以问，在毛泽东的最后15年中，他是像从前一样对许多理论观念问题感兴趣呢，抑或是他只是全力以赴地为实现其目标而奋斗呢（毛泽东以为这个目标是革命理论给他本人的任务）？毛泽东的思想中另外一个含糊的成分是毛泽东对主观力量，即“主观能动性”非常重视，对社会的上层建筑十分重视，这个特点贯穿于毛泽东的整个革命生涯。这在一定程度上反映出一种普罗米修斯式（Promethean）的推动力，这种推动力在前现代中国文化中，或在其他非欧洲文明中都不显著，绝不能把它看作毛泽东的思想中一个传统的因素。另一方面，在一定程度上认为领导者的品德优劣是决定人民是否幸福的最重要的条件，认为道德教化是社会控制的最优手段。很明显，这与中国帝王思想是一致的。

在毛泽东的最后岁月中，自然，毛泽东被明确比作是中国历史上的秦始皇，是伟大的革命先驱，是运用革命暴力的大师。然而与此同时，作为延安遗产的主要部分（虽然常常被曲解）的群众路线、依靠群众的思想也受到前所未有的广泛宣传。

从1949年到1976年，毛泽东所苦苦思考的是：无产阶级政党与农民拥护者，现代化的进程与革命战争的精神，马克思主义与中国传统，宿命论与主观能动性，通过伦理发展社会与通过技术发展 *97*

社会，专政与人民民主等一系列矛盾问题。

在讨论毛泽东努力处理解决这些或其他矛盾的极其复杂的过程的时候，我将部分地采用专题式的方法，部分地采用按年月顺序讨论的方法。就许多重要方面而言，1957 年下半年是毛泽东一生中的一个重大转折时期。不论是思想观念或是个性，毛泽东都发生了变化，这一变化的影响一直伴随他此后的 19 年。因此，以 1957 年为界，对毛泽东的思想许多方面的研讨都可以分成前后两个时期。当然，我们将不拘泥于这种界限，事实上毛泽东晚年的许多重要思想是在 1957 年以后才出现和形成的。

第五章

从人民民主到人民内部矛盾

治理模式

准确地说，直到1957年这第一个主题在毛泽东的思想中并没有发生什么决定性的变化。相反，从井冈山到延安，从延安时期到20世纪60年代初，毛泽东的思想中一直存在着一个非常重要的不变的因素。这段时期他思想的主要特征就是坚持主张政治精英的坚强领导。

事实上，这种特征乃是群众路线本身所必不可少的部分，它们常常失之于罗曼蒂克，而且多少具有悲剧色彩。在“文化大革命”中它意味着允许人民自己解放自己、自己管理自己。其实，当毛泽东把政府的作用当作教育作用的一部分的时候，他并不具有斯帕克（Spockian）的思想，即让“学生”自己完全自由地决定该学些什么。相反，对“群众路线”的正确的理解表明，它并不是要被看成是对列宁的“民主集中制”的否定，或是与其截然相反的东西。它与列宁的这一概念是互为补充的，只是更强调领导与被领导之间的关系这一特殊方面。

同时，必须认识到，“群众路线”这一思想体现了中国共产党理论和领导方法上的一个真实而重要的方面，它是植根于党的经验中的。在江西时期便开始十分注重与群众的紧密联系，原因在于：假如没有这样的联系，薄弱的根据地将无法生存下去。[1]

“群众路线”这一术语并不是毛泽东，而是周恩来或其他同志首先提出来的。[2]可是，“群众路线”是毛泽东的思想的核心，这集中地表现在1929年12月的古田会议决议中。并且，是毛泽东给予这个概念以明确的、系统的表述。

他对这一概念的经典式定义，是在1943年的延安时期提出的。这时中国共产党在许多方面都有了丰富的经验和教训，亟须把它们抽象出来加以系统化、规范化。请看下面一段文字：

> 凡属正确的领导，必须是从群众中来，到群众中去。这就是说，将群众的意见（分散的无系统的意见）集中起来（经过研究，化为集中的系统的意见），又到群众中去作宣传解释，化为群众的意见，使群众坚持下去，见之于行动。[3]

如上所说，我们可以清楚地看到，尽管革命运动的领袖们信任人民群众，但群众最终却必须学习和领会领袖们的思想，他们自己对构筑一个系统化的理论体系是无能为力的。正如我在第一篇所论证的，这点与列宁的想法一致。因此，就好像毛泽东对“群众路线”作出这样明确阐述一样，也以列宁式的严厉态度强调必须接受由革命精英们实施的集中指导，这一点儿也不意外。他在1942年2月份的一次演讲中说：

> 一部分同志……他们不懂得党的民主集中制，他们不知道共产党不但要民主，尤其要集中。他们忘记了少数服从多数，下级服从上级，局部服从全体，全党服从中央的民主集中制。[4]

上级的集中领导和下级的主动性、积极性这二者之间的关系是列宁主义的理论和实践中的一个非常关键的问题。民主集中制所固有的矛盾是尖锐的。从20世纪40年代到60年代，毛泽东在解决这些问题时，其侧重点是不断变化的。而他始终以为集中领导归根结底比起民主来更加重要，至少在“文化大革命”中是这样。

毛泽东绝不是列宁所说的“尾巴主义”者（确切的译法为“尾 99
随主义”），即只愿作普通一兵，而不去领导他们。毛泽东准备在很大程度上超过列宁，更不用说斯大林了，他要去听取并考虑人民的想法。他一向如此，至少到 20 世纪 60 年代。然而，“群众路线”的另一个方面也必须注意到。其有待解决的绝不仅仅是领导与被领导之间的关系问题，而且是党员与党的支持者的性质，特别是他们的社会构成的问题。

尽管列宁扩大了运动的社会基础，给农民以相当的地位，但同马克思一样，列宁仍认为共产党是无产阶级的政党。然而，毛泽东在继续强调无产阶级的主导地位的同时，从 1927 年开始，又从广泛的社会阶层中吸收了许多阶层，其中包括农村游民无产者、店主、职员、小职员、各类知识分子、民族资本家、爱国绅士和其他诸阶层。其中大部分阶层的社会地位相对较低，从这个意义上说属于“人民”而不是“贵族”。虽然在苏联，“群众”（或称“劳工”）是工人加上可依靠的农民成分的同义词，苏联是用“群众”而不用“阶级”这个更准确的名称来强调追随者的早期特征的，而“群众”便需要领导。对毛泽东来说，“群众”不过是中国人民的绝大部分而已，这些人最终能够推动革命。[5]

在毛泽东所构想的社会主义发展模式中，各阶级到底处于什么样的地位，这个问题留到后一部分探讨。毛泽东要与之打交道的“群众”是多种多样的，这个简单的事实实际上蕴含着领导在毛泽东所努力创造的政治制度中的性质和功能。

正如我在第一篇所指出的，毛泽东在 1941—1945 年曾设想在当时那种环境下，作为一种权宜之计，有可能同国民党建立“联合政府”。另一方面，在 1949 年 6 月 30 日的一篇讲话中，毛泽东非常坦率地论述了在即将建立的“人民民主专政”之下的两种不同的政治和社会力量之间的相互关系。

事实上，毛泽东早在 1939 年 5 月便开始使用“人民民主”这 100
一术语。在纪念“五四”运动 20 周年的演讲中，他说：“在目前的阶段上不是实行社会主义，而是破坏帝国主义和封建主义，改变中国现在的这个半殖民地半封建的地位，建立人民民主主义的制度。”[6] 1949 年描述人民民主政权的时候，毛泽东提到了《新民主主义论》对国体和政体[7]的区分。毫不奇怪，既然他们用马克思主义的框架来观察问题，毛泽东和其他许多论者在中华人民共和国初期都使用阶级这个词语来定义“国体”。在 1952 年第一次出版的一本供基层干部政治学习用的参考书中，有这样一段话：

> 国体是国家的阶级性质。国体问题是社会各阶级在国家中的地位问题，即哪个阶级掌握国家政权的问题。在很大程度上，目前世界上各种国家的国体，可以分为三种类型：(1) 资本主义的国体，实行反动的资产阶级专政；(2) 社会主义的国体，实行工人阶级专政；(3) 新民主主义国体，实行工人阶级领导的、以工农联盟为基础的各个革命阶级的联合专政。[8]

这种区分是毛泽东在 1939—1940 年所作出的。1949 年建立的国家之所以被称作人民的专政而不是无产阶级专政，是因为它被视作一种混合形式，以适应于从战后恢复到社会主义建设这一“转折时期”。马克思主义的一个重要原理是，在资本主义开始发展的社会里，权力只能由无产阶级或资产阶级单独掌握，而不能由中间阶级或几个阶级的联盟来掌握。列宁在 1905 年提出了“工农革命民主专政”的方案，用以表示在建立纯粹的无产阶级专政之前的政治制度的特征，在这种政治制度下，可以实行许多改革。毛泽东的“人民民主专政”是列宁主义这一概念的直接继承，这也是共产国际在 20 世纪 20 年代和 30 年代对中国和亚洲其他国家的指导方针。[9]

101 1949 年毛泽东把这样一种统治形态描述为一个内聚的同心圆状态，或者也可以比喻成一个原子或洋葱。工人是这个同心圆的最坚强的核心，并通过代表其利益的政党来行使领导权。紧紧围绕这个核心的是农民，据说农民构成了无产阶级最可靠的同盟者。其次是小资产阶级，这个阶级充其量只是一些追随者而已。至于民族资产阶级则具有两重性，他们既是爱国者，又是剥削者，因此他们总是在人民的边缘，永远存在着加入敌人营垒、敌视革命的危险。

这四个阶级（当然，这与斯大林在20世纪20年代提出的“四个阶级集团”相符合）行使“人民民主专政”。既然国体不仅指国家的阶级性质，还指统治的方式（专政），那么留给“政体”的范围又是什么呢？中华人民共和国成立之初，大多数关于政体的定义[10]都与毛泽东在《新民主主义论》中的说法有关：

> 至于还有所谓“政体”[11]的问题，那是指政权的构成形式问题，指的是一定的社会阶级采取何种形式去组织那反对敌人、保护自己的政权机关……中国现在可以采取全国人民代表大会、省人民代表大会、县人民代表大会、区人民代表大会直到乡人民代表大会的系统，并由各级代表大会选举政府。但必须实行无男女、信仰、财产、教育等差别的真正普遍平等的选举制，才能适合于各革命阶级在国家中的地位，适合于表现民意……这种制度即是民主集中制……
>
> 国体——各革命阶级联合专政。政体——民主集中制。这就是新民主主义的政治……[12]

当然，这段话是1940年写的。当时毛泽东还在统一战线内与国民党一起战斗，而且中共的地位还相对脆弱。然而到了1949年，毛泽东思想中的“新民主主义共和国”所着重强调的是对“反动”阶级的专政，而不是基于普选权之上的直接选举，而这才是真正民主的关键所在。另一方面，“民主集中制”仍旧是这个新国家基本的组织原则。

毛泽东坚持列宁主义的一些主要口号，诸如民主集中制，以此 102
来显示他对苏联榜样的忠诚。同时，在1946年6月30日的文章中也使用了一些中国式的术语和概念。毛泽东有意把这时的术语“独裁”说成是“专政”的同义词。在马克思主义的表达方式在中国尚未有统一标准的时期，把“专政”一词译成其他的东西是常见的事。然而，对他的读者们来说，毛泽东不可能没有意识到古老术语“大同”的深意，更不可能觉察不出“独裁”传统的弦外之音。半个世纪以前康有为曾赋予“大同”以新意，而现在，毛泽东又把“大同”当作“共产主义”的同义词。

1953 年，以毛泽东为首的一个委员会为中华人民共和国起草了宪法。当时的顺口溜归纳了这一政治制度正确运行的基本准则：

> 大权独揽，小权分散。党委决定，各方去办。
> 办也有决，不离原则。工作检查，党委有责。[13]

换句话说，公民们和基层干部参与政治，但其活动必须在坚定的集中指导之下进行。

毛泽东 1956 年 4 月 25 日在中央政治局会议上所作的讲话《论十大关系》，毫无疑问是他 1949 年以后发表的最重要的六篇文章之一，也是他关于行政管理哲学的两三篇最具有权威性的言论之一。在我看来，这一点儿也不错，尽管毛泽东的经济思想大部分是计划者们从报告中引申出来的（下文将谈到这点）。

在《论十大关系》第五部分，中央和地方的关系，必须放在整个文章中理解。整个文章首先要阐明的是，片面地、教条主义地推行任何政策都会弄巧成拙。因此，如果要发展重工业，就不能忽视轻工业和农业，要想在内地建设新的工业中心，就必须合理地利用沿海地区现有的工业。以类似辩证法的推理方式，在我们所关注的这个问题上，毛泽东说：

103 中央和地方的关系也是一个矛盾，解决这个矛盾，目前要注意的是，应当在巩固中央统一计划的前提下，让地方办更多的事情，激发地方积极性。

现在看来，我想我们需要给地方更多的权力。现在地方权力太有限了，这样不利于建设社会主义。[14]

归根结底，毛泽东仍旧非常强调整个国家的内聚性和效率，重视在规定范围内的分散和基层的积极性，在《论十大关系》第五部分中，他宣布：

> 必须有适当的积极性和适当的独立性……自然，也要告诉下面的同志哪些事必须统一，不能乱来。总之，可以和应当统一的，必须统一，不可以和不应当统一的，不能强求统一。两个积极性比只有一个积极性好得多……简单地说，地方需要有适当的权力。这样会有利于建设一个强大的社会主义国家。[15]

以上我摘录的是非官方的版本，在官方的正式版本中更加强调集中制。新版本加上了这样的话："为了建设一个强大的社会主义国家，必须有中央的强有力的统一领导，必须有全国的统一计划和统一纪律，破坏这种必要的统一，是不允许的。"[16]

毛泽东逝世 3 个月后官方便正式出版了毛泽东的《论十大关系》，显而易见的事实是，该版本中强调的重点与以前不同。但是在那时，我们还不能确定它意味着什么，因为我们缺乏消息来源，也不明了其编辑过程。的确，有些观察家认为那时附加的一段话是伪造的。今后发表的资料可以使我们澄清这些争议。

这篇讲话详细地谈及我们这里所关注的治理模式，同时也是描述经济发展的全局性战略的第一次尝试。1956 年 2 月至 3 月的一个半月中，在党和政府的一些领导人的陪同下，毛泽东听取了各经济部门的大量报告。1956 年 4 月 25 日，他总结了他自己对政治局扩大会议讨论结果的理解。5 月 2 日，在最高国务会议之前，毛泽东以另一种形式重申讲话的实质部分。官方的正式版本是毛泽东前后两次谈话的综合。*

尽管毛泽东从来都强调一个高度集中的国家，但在 1956 年里，毛泽东最直接关心的却是扩大地方的权力，因为他认识到现存的集权程度是自己拆自己的台。1956 年 4 月，在政治局会议上还有另外一次谈话，他说："下级和上级之间的关系就像老鼠见了猫一样，

* 毛泽东 4 月 25 日的讲话当时只能在党的高级干部中传达，1965 年 12 月，《论十大关系》传达到县级或级别相当的干部。这个文件标注的日期是 4 月 25 日，但实际上是 1956 年 5 月 2 日的讲话。后一次是对党外人士讲的，可以理解，在处理一些问题如中苏关系方面，这次讲话不如前次讲话那么明确、强硬（举一个例子，"百花齐放"政策是毛泽东 4 月份考虑成熟，并在 5 月 2 号的讲话中宣布的，但这段我将在下文论述的谈话没有收入 1965 年 12 月的这份文件）。由红卫兵翻印并在 70 年代传至西方的《论十大关系》（毛泽东 5 月 2 日的谈话）是经过删节的。1975 年 7 月邓小平提议将两次谈话融合起来，作为官方文本正式出版。在邓小平领导下，胡乔木主持了编辑工作。经毛泽东审定后，将该文发党内参阅，仅于 1976 年 12 月出版。这篇文章公布之后，我立即写了一篇论文（S. Schram，"Chairman Hua edits Mao's

（接上页）literary heritage:'On the ten great relationships'", *CQ* 69, March,1977.）现在看来，似乎有点讽刺味道。

以上所谈的情况均来自《关于建国以来党的若干历史问题的决议》（注释本），北京，人民出版社，1981。该书由中共中央文献研究室编，这个机构负责出版毛泽东的著作（当然还有刘少奇、周恩来、邓小平等人的著作），具有不容置疑的权威性。这个公开的修订本比1983年出版的原始的内部版本要充实得多。我们今后要经常使用这个版本。在《论十大关系》的各个版本中，相关的段落意思大致是一致的。

好像魂都吓跑了，许多事情不敢说。"[17]

但如何将有效的中央集权同适当程度的地方权力结合起来呢？在毛泽东看来，这个问题不可避免地是与纵向的双重领导联系在一起的。他在《论十大关系》的第五部分中明确指出：

> 现在几十只手插到地方，使地方的事情不好办。……各部不好向省委、省人民委员会下命令，就同省、市的厅局联成一线，天天给厅局下命令。这些命令虽然党中央不知道，国务院不知道，但都说是中央来的，给地方压力很大……这种情况，必须纠正。
>
> ……希望中央各部好好注意，凡是同地方有关的事情，都要先同地方商量，商量好了再下命令。
>
> 中央的部门可以分成两类，有一类，它们的领导可以一直管到企业，它们设在地方的管理机构和企业由地方进行监督；有一类，它们的任务是提出指导方针，制定工作规划事情要靠地方办要由地方去处理。[18]

引文的最后一段是关于1956—1957年所采取的一个政策，即中央各部仅仅保留对一些大型企业，特别是重工业方面的大型企业的直接控制，而把其他工业、商业企业交给地方去搞。（参见《剑桥中国史》第14卷，125～129、181～184页）这种复杂模式所产生的后果一直是许多研究者关注的问题。20年前，弗兰茨·舒曼（Franz Schurmann）提出两种分散经营的模式，其一是将经营决策权交给生产单位本身，其二是将权力下放地方政府，并分别称之为"分散经营Ⅰ"和"分散经营Ⅱ"，这种设想到今天仍然没失去其意义。他原以为陈云是第一种模式的拥护者，这样中国将走南斯拉夫式的经济道路，而毛泽东和刘少奇则赞同第二种模式。然而他发现，陈云的方法是集中领导与模式Ⅰ和模式Ⅱ的一种"矛盾"的结合。[19]

运用"六重标准法"解决问题的哈里·哈丁（Harry Harding）

在评述中共1957年秋季的八届三中全会所制定的政策（实际上是由陈云起草的）时，认为这个政策也只是个“折中”产物，将集中与分散结合起来。[20]事实上，这样一个矛盾的或“折中的”处理方式正是当时领导层每一个人的特色；所不同的是他们强调的重点并不完全一致。舒曼补充说，在“大跃进”时期，这个将集中与民主以“真正对立统一”形式相结合的政策在于“一般政策指导下的集中”与“特殊政策指导下的分散”。[21]简而言之，他所指的“一般政策指导”是1953年顺口溜中的“大权”，“特殊政策指导”则是指“小权”。

1958年1月31日，毛泽东修订了《工作方法六十条》，这个指 106
示为“大跃进”制定了动人的蓝图。在这个指示的第28条，先摘录了1953年的那首顺口溜，然后作了如下阐述：

> “大权独揽”是一句成语，习惯上往往指的是个人独断。我们借用这句话，指的却是主要权力应当集中于中央和地方党委的集体，用以反对分散主义，难道大权可以分揽吗？这八句歌诀，产生于一九五三年，就是为了反对那时的分散主义而想出来的。所谓“各方去办”不是说由党员直接去办，而是一定要经过党员在国家机关中、在企业中、在合作社中、在人民团体中、在文化教育机关中，同非党员接触、商量、研究，对不妥当的部分加以修改，然后大家通过，各方去办。[22]

这段文字可以看成是对各种级别之间的关系问题以及党的协调作用问题的论述，有意强调“大权独揽”这个流行的格言与“独断”一词的相似性。在毛泽东看来，“独断”通常是指个人的武断和专断。这种强调又一次显示出毛泽东绝不准备退缩，他实际上宣布必须加强集权的、强有力的统治，必须在实践中努力贯彻这一思想。

这种集中制如何才能通过基层的“小权”得以真正地实施呢？根本的方法是通过党的协调作用，这个观点大量地表现在1953年的顺口溜中。尽管毛泽东在这里没有使用“一元化”这个词，“一元化”在延安时期[23]就已形成了毛泽东行政管理哲学的主要内容，这个思想在这里受重视，足以表明它是毛泽东的思想的中心。在1956年4月的一次讲话中，他回忆起延安时代，那时各根据地出现了过度分散和闹独立性的问题，中央委员会于是通过了一项关于加强“党性”的决议，实行“一元化”领导，他接着说，“但还保留着许多自主权”。*

1958年1月，毛泽东在对1953年那几句顺口溜的注释中说，由一个人管理的制度是不能信任的。在所见到的一些最基本的组织原则中，他认为“集体领导与个人作用相统一”，等同于“党委与第一书记的一致”[24]。由此，我们可以理解毛泽东在延安时期提出的“一元化领导”这个概念的真实含义。高岗对这个概念的理解与毛泽东相反。在他看来，一个机构的“一元化领导”的格局意味着：每一个实体，比如一个工厂，只是对外在的某个权威负责，亦即实质上是对北京的一个相应部门负责。工厂的管理者只是作为这个权威的代表或联络员，因此，工厂中也必须有一个无可争辩的权威。而毛泽东则认为，不仅在国家一级要实行一元化领导，而且在地方也必须贯彻一元化。毛泽东的观点是20世纪50年代末的流行观点。毛泽东甚至认为，“小权”也不能没有领导而乱来。而每一级一元化领导的代表只能是党的委员会。毛泽东明确指出，不论是在中央还是在地方，党的领导的内容，首先是制定出方针政策，然后检查督促其在实践中贯彻执行。

关于党的领导作用的进一步讨论，我们可以往后放一放，在讨论完毛泽东在“大跃进”时的整个政治和经济策略以后，我们会重新回到这个问题。暂时撇开对这一治理模式的探讨，我们就可以重温毛泽东在1962年1月的讲话了。像在延安时期一样，毛泽东明确宣布，民主集中制必须在党内党外都得贯彻，又一次重申集中比民主更重要。毛泽东接着指出，真正的集中只可能建立在民主的基础之上，因为，一方面，人民如果不能充分地表达自己的意愿，他们就会“生气”，就会灰心丧气，进而在政治生活和经济生活中便

*《毛泽东思想万岁》（1969年版），36页，*Miscellany of Mao Tse-tung thought*,31。《关于增强党性的决议》是1941年7月1日政治局通过的（*Compton*，*Mao's China*，pp. 156—160）。决议并没有使用“一元化”这个词，但强调了集中制“统一意志、统一行动、统一纪律”的重要性。简而言之，这是毛泽东建设他的强大政党的第一步，1942年和1943年毛泽东就此作了进一步的表述。

不会有参与的热情和效率。另一方面：

> 没有民主，意见不是从群众中来，便不可能制定出好的路线……我们的领导机关，就制定好的路线、方针、政策和办法这一方面来说，只是一个加工工厂。大家知道，工厂如果没有原料就不可能进行加工……如果没有民主，不了解下情，情况不明……那就难免不是主观主义的，也就不可能达到统一认识、统一行动，不可能实现真正的集中。[25]

这里“民主集中制”这一术语不仅概括了“集中统一”如何与来自下级的积极性和首创精神相结合的主要困境，而且指出了“群众路线”所要求的上下意见充分交流的问题。毛泽东对这一组问题的总的见解都在“加工厂”这个比喻中清楚地表现出来。的确，如果这个工厂没有连续不断的信息和意见输送，便不可能生产出任何有意义的东西，但归根结底正确路线只能由核心部门来确定。“加工厂”前面的表示否定的副词“只是”不能改变这样一个事实，即它拥有最终决策权。 *108*

从广义上说，以上所述便是毛泽东从延安时期到20世纪60年代初关于民主和集中的思想。与此同时，虽然有一条中心思想贯穿于毛泽东的这一路线，但正如我在本章开始时所说的，到了1957—1958年，毛泽东的思想路线毋庸置疑地发生了一定的转变。这些转变是和毛泽东在经济问题以及阶级斗争领域内与日俱增的激进主义紧密相关的。这个问题将在以后的章节中讨论到。无论如何，它对我们正在讨论的权力结构问题有直接影响。

我早就指出，尽管毛泽东尽力想使人民在最终要实现“社会主义强国”这个理想的范围内，积极参加国家管理，但实际上并没有为政治的选择提供太大的余地。总之，在建立一个政治制度时，如何使其在结构和机制方面实现更多的民主，毛泽东对此是没有太多思想贡献的。不能只用代表“人民”一语来搪塞一切。

当然，这是中国在1978年以后对毛泽东的批评之一，这点我在本书的结束部分再继续论述。必须注意到，从“大跃进”开始，毛泽东对制度建设的重视不如以前了。总之，到了1956年或1957年，尽管他是站在国家的阶级性质的角度，而不是站在政治机制的角度来理解民主的，他仍然认为国家结构这个问题是不得不注意的。

109 例如，在1956年4月关于民主和集中的讨论中，毛泽东说，我们的宪法规定，立法权集中在中央，但是在不违背中央方针的条件下，按照情况和工作需要，地方可以搞章程、条例、办法，宪法并没有约束。[26]

在1957年2月27日《关于正确处理人民内部矛盾的问题》的讲话中，毛泽东强调民主是手段而不是目的，并且讽刺了西方的理想和实践，例如议会民主和两党政治之间的矛盾。[27]他虽然异想天开地、自豪地反复讲述中国本身的政治制度，但他至少注意到了西方政治制度的现实存在。在讨论中国当时是否应该大赦少数反革命分子（根据宪法，这部分人是专政对象）时，毛泽东引用了一位假想的批评家的话：“必须依照宪法办事。你是主席，你就可以不遵守宪法吗?”毛泽东对这两种矛盾的要求作了有特色的反应，即释放大多数而非全部反革命分子，但主张这个政策不宜公之于众。[28]

到了“大跃进”时期，毛泽东已的确不太注意制度的完善了，但是，既然毛泽东的思想是不断变化着的经济和社会的直接产物，那么在我们讨论毛泽东晚年的政治思想以前，还是先转入对经济和社会变革这一方面问题的讨论。

发展模式

探讨毛泽东关于社会主义发展模式的思想，也许我们还得引用毛泽东许多关于工业化和现代化的话，来证明他的思想是一贯的。近年来关于毛泽东的研究有种趋势，认为毛泽东是田园诗式的乌托邦的信徒；毛泽东睥睨我们所谓的先进工业社会，而宁愿选择“稳定状态”的经济。事实上，毛泽东在主宰中华人民共和国命运的27

年中，一刻也没有停止号召迅速发展经济，号召增加产量：钢铁多少多少吨，粮食多少多少吨，等等。

近年来，“现代化”这个词有了特殊的含义，它成了西方文化自豪感的一种标志，因为它似乎提供了这样一种方法，即亚非国家要加入“现代”世界，就必须走美国或欧洲的道路。而毛泽东的思想中丝毫没有这种认识，从 20 世纪 40 年代到 60 年代，他只是一再强调用这个词语来描述中国的经济目标。例如，他在 1945 年 4 *110*
月党的“七大”上作报告，说中国农业必须从其“旧式的、落后的水平”提高到“近代化的水平”，以便为工业提供市场，从而造成“将农业国转变为工业国的可能性”[29]。

在毛泽东看来，工业是第一重要的。这是因为工业起着或可能起着增加中国财富和力量的作用。应该注意的是，在《论人民民主专政》一文中，毛泽东是这样说的：“我们还有帝国主义站在旁边，这个敌人是很凶恶的。”他又说：

> 中国在经济上要实现真正的独立，还需要经过很长的时间。只有中国的工业发展了，中国在经济上不倚赖外国了，才有真正的独立。[30]

在第二篇开始我就提及农民在中国社会中长期的重要性和影响这一事实，以及毛泽东个人的农民意识。这个因素确实存在，而且具有决定性意义，从 1955 年开始，特别是 1958 年以后，尤其如此。相反在取得政权前夕，毛泽东绝口不提，至少贬低了党在农村经验的重要性。他在 1949 年 3 月说：

> 从一九二七年到现在，我们的工作重点是在乡村，在乡村聚集力量，用乡村包围城市，然后取得城市。采取这样一种工作方式的时期现在已经完结。从现在起，开始了由城市到乡村并由城市领导乡村的时期。党的工作重心由乡村移到了城市。[31]

换句话说，迄今为止，我们干革命走的是一条非正统的道路，因为这是我们为了成功所必须走的唯一道路。但从今以后，我们要以正统的马克思主义或列宁主义为指导，以城市工业环境来指导和启发乡村中落后的农民群众。这样一种观点在1949年6月的《论人民民主专政》一文中得到了充分的体现。毛泽东指出，因为帝国主义和国内反对派还存在，所以还不能废除国家政权，而且在现阶段还必须强化人民的国家机器。他继续说：

111 西方资产阶级的文明，资产阶级的民主主义，资产阶级共和国的方案，在中国人民的心目中，一齐破了产。资产阶级的民主主义让位给工人阶级领导的人民民主主义，资产阶级共和国让位给人民共和国。这样就造成了一种可能性：经过人民共和国到达社会主义和共产主义，到达阶级的消灭和世界的大同。[32]

在引导中国“由一个农业国进到一个工业国”的任务中，毛泽东以为对民族资产阶级的再教育和改造要相对容易一些。他说：“严重的问题是教育农民。”因为“农民的经济是分散的，根据苏联的经验，需要很长的时间和细心的工作，才能做到农业社会化”[33]。毛泽东在这里强调工人阶级是“人民民主专政”的领导阶级，工人阶级应该教育农民。这个事实同他1949年3月关于城市和乡村关系的说法有了明显的不同。

另外一个令人感兴趣的事实也表明了这一点。1950年春天，刘少奇认为农村中的“半工人阶级”和城市的工人阶级一样，是革命的领导阶级。后来，中央委员会也通过了这种观点。然而毛泽东1951年12月放弃了这种认识。虽然毛泽东本人早先认为“半无产阶级”（贫农）是新民主主义革命中的领导阶级之一，但他现在却认为领导权只能属于城市工人，而不能属于其他任何阶级。这显然标志着其思想转向了正统观念。[34]

而且在20世纪50年代初，为了改进党的阶级构成，中共力图吸收大量的新鲜血液——工人，这样，思想的倾向就转化为直接的行动。

尽管毛泽东说，在1962年以前的几年中除了“照搬苏联”以外别无选择[35]，但到1962年，毛泽东却不像苏联那样把工业革命与社会主义革命混为一谈。虽然在毛泽东的社会主义发展的概念中，科学技术现代化占着决定性的地位，但人们仍然有理由提出疑问，毛泽东在1949年便接受了的关于中国革命宏伟蓝图的设想与技术现代化究竟是否相一致。

一开始，毛泽东明确制定的经济政策是谨慎和渐进的。因此，
在1950年6月，他号召“保存富农经济以利于早日恢复农业生 112
产”。他在总结整个工作目标时说：

> 合理地调整现有工商业，切实而妥善地改善公私关系和劳资关系，使各种社会经济成分，在具有社会主义性质的国营经济领导之下，分工合作，各得其所，以促进整个社会经济的恢复和发展。有些人认为可以提早消灭资本主义实行社会主义，这种思想是错误的，是不适合我们国家的情况的。[36]

即使到了第一个五年计划时期，毛泽东在此类问题上的观点也没有多少改变。1953年8月他把过渡时期的“总路线”概括为：“在一个相当长的时期内，逐步实现国家的社会主义工业化，并逐步实现国家对农业、对手工业和对资本主义工商业的社会主义改造。”[37]1954年9月，他说：

> 我国人民应当努力工作，努力学习苏联和各兄弟国家的先进经验，老老实实，勤勤恳恳，互勉互助，力戒任何的虚夸和骄傲，准备在几个五年计划之内，将我们现在这样一个经济上文化上落后的国家，建设成为一个工业化的具有高度现代文化程度的伟大的国家。[38]

1954年11月，毛泽东提醒刘少奇和周恩来注意刚在《人民日

报》发表的苏联政治经济学教科书中的话："在社会主义全部或大部建成以前，不可能有社会主义经济法则。"[39]他把这说成是一个"错误的阐述"。在批驳这个观点以后，毛泽东明确指出，中国已经在一定程度上具有了社会主义性质是有理论基础的。

然而，1955 年 3 月，毛泽东认识到社会主义是个漫长的历史过程：

> 在我们这样一个大国里面，情况是复杂的，国民经济原来
> 113 又很落后，要建成社会主义社会，并不是轻而易举的事。我们可能经过三个五年计划建成社会主义社会，但要建成为一个强大的高度社会主义工业化的国家，就需要有几十年的艰苦努力，比如说，要有五十年的时间，即本世纪的整个下半世纪。[40]

但到了 1955 年年中，毛泽东的态度突然发生了变化，他在农村发动了一个快速的农业合作化运动，几乎在一夜之间改变了中国社会的面貌。毛泽东的新认识以及他的新思维的构架，鲜明地体现在他为《中国农村的社会主义高潮》所写的序言和按语中。这部分序言和按语写于 1955 年年底，毛泽东是在 7 月 31 日发出加速农业合作化运动的号召的，而这个运动进行得如此迅速，超出了毛泽东的预料。[41]

在这本小册子中，我们可以清楚地看到其后毛泽东发动"大跃进"运动，乃至"文化大革命"运动的许多思想萌芽。例如，毛泽东认为觉醒了的群众在改造自身和改造世界的过程中，主观努力是无所不能的。举个例子说，有一个"王国藩合作社"，被人讥讽为"穷棒子社"，他们用自己的努力，在三年时间内积累了大量的生产资料。毛泽东表扬了这个合作社，并评论说："难道六万万穷棒子不能在几十年内，由于自己的努力，变成一个社会主义的又富又强的国家吗？"[42]在另一段中，提到数千万农户在 1955 年下半年涌入了合作化运动，完全改变了中国社会的面貌，毛泽东评论说："这

是大海的怒涛，一切妖魔鬼怪都被冲走了。”[43]

在农民的热情和战斗精神鼓舞下，毛泽东在 1955 年 12 月写道：

> 如果把我国同苏联相比较：（1）我们有二十年的根据地的经验，经历过三次革命战争的考验，（在夺取政权方面）我们的经验尤为丰富……因此，我们能够很快建立起自己的国家，完成革命的任务（苏联是一个新建的政权，十月革命时，他们既无军队也无政府机构，只有很少的党员）。（2）我们有苏联和其他民主国家的援助。（3）我国人口众多、地大物博，我们的人民勤劳勇敢。对于广大农民来说除合作化别无出路。中国农民甚至比英国或美国的工人还要好。因此，我们能够多、快、好、省地建设社会主义……[44]

这样，早在 1955 年毛泽东便提醒全党，由于他们是在农村进行了 20 年的斗争后夺取政权的，而不是在中心城市突然执政的，因此，1949 年的中国共产党人应该比 1917 年的列宁及其同志们更懂得如何对基层的人民群众行使权力，以及如何获得他们的支持。而且，在他看来，中国农民具有建设社会主义社会的优良品质。

然而，毛泽东当时试图进行的绝不是片面的、“农村式”的革 114
命。1955 年 7 月 31 日，毛泽东就合作化问题作了一篇讲话，其显著特征在于，它要求在中国，集体化应比机械化先行，但它不能走得太远，因为对拖拉机、抽水机等工业品的需求将是很紧迫的。概括地说，毛泽东这时仍持他在 1949 年便提出的“严重的问题”是“教育农民”这种观点。这就意味着要使农民学习知识，特别是学习城市所创造的技术知识，从而把他们带入现代世界。在这个过程中，科学家、技术员和其他知识分子将起关键作用。的确，当毛泽东在 1956 年 1 月宣布《十二年全国农业发展纲要》时就认识到了这一点，即中国人民“应该有一个远大的规划，要在几十年内，努力改变我国在经济上和科学文化上的落后状况，迅速达到世界上的先进水平”。他补充说：“为了实现这个伟大目标，决定一切的是要有干部，要有数量足够的优秀的科学家和技术专家。”[45]

因此，毛泽东在1956年1月要求对从旧社会过来的知识分子采取温和、理解的态度。在中央召开的关于知识分子问题的会议上，毛泽东反复强调中国是一个在工业和技术上都十分落后的国家，还不能摆脱依赖地位，因为它还不能制造自己所需的关键产品。他评论说：

> 有的同志说些不聪明的话，说什么“不要他们也行”（指知识分子）！“老子是革命的”！这话不对。现在叫技术革命，文化革命，革愚蠢无知的命，没有他们是不行的，单靠我们老粗是不行的。[46]

毛泽东在20世纪50年代中期对社会主义建设的总体认识集中体现在1956年4月25日政治局会议的讲话即《论十大关系》中。这篇著名的讲话在许多方面都讲了一个相同的道理：要懂得事物的相互关系，不要顾此失彼。正如我们已经知道的，在政治领域，他
115 要求扩大地方的权力，给地方更多的独立性，以利于建设一个强大的社会主义国家。在经济领域，他反对以牺牲农业和轻工业为代价，片面发展重工业的做法（但是他并不主张将重工业置于次要地位，虽然他也有这种提议），他认为，这么做只能是自拆台脚。与此同时，他提出应适当注意进一步发展上海和其他沿海城市现有的工业基地，而不能把所有的资源都投入内地去扩大工业基地（这表明了他当时要求平衡和公正的思想）。[47]

如前所述，在起草这个讲话时，毛泽东认真听取了陈云和其他经济工作方面的专家的许多意见。从整体上看，《论十大关系》无疑表明了毛泽东的妥协的立场，他想借此获得党内广泛的赞同。事实上毛泽东在许多具体问题上采取的这种折中调和的态度，无疑表明了毛泽东准备在一切方面服从他的领导集团中大多数同志的意见。

早在1955年，在发动加快农业合作化的运动时，毛泽东对任何与他意见相左的反对派，便已显示出粗暴打击的意向。[48]1956年中期，毛泽东以一种更隐蔽、但却更可怕的方式再次暴露出类似的褊狭。1956年年初，毛泽东确信农村社会主义高潮的成果将促进所有的经济工作。面对出现的矛盾和不平衡，周恩来负责起草了《反对冒险主义》的重要社论，于1956年6月20日发表。发表之前，毛泽东审阅了这篇文章，但他却没表示任何意见。他的同事们以为毛泽东同意了这篇文章，但事实上，毛泽东对此是有保留的。当人们向他提出经济发展不宜过快时，他却坚持说中国经济能够迅速发展。一年半以后，在“大跃进”前夕，他开始发泄对这篇社论，特别是对周恩来的不满。*

与此同时，1956年春夏之际，毛泽东不仅提出了“百花齐放”的口号，而且对阶级和阶级斗争问题，对共产党与其他社会力量的关系，对是非关系等都采取了非常温和的态度。毛泽东对这一系列问题的看法，集中地体现在他1957年2月27日的讲话即《关于正确处理人民内部矛盾的问题》一文中，但在此之前的几篇讲话或文章中，毛泽东已多次论及这些问题。鉴于从1957年到1976年间“阶级斗争”所占据的重要位置，所以这个问题有必要在下一节中详细地讨论。

人民、阶级和矛盾

其实，对于毛泽东1957年2月提出的这些问题，其基本理论框架早在1937年写的《矛盾论》中便形成了。在这篇文章中，毛泽东指出，虽然矛盾“存在于一切事物并贯穿于每一事物发展过程的始终”，虽然所有的矛盾都包含着斗争，但它们不一定是对抗性的，而不同性质的矛盾可以以不同的方式解决。这篇文章的原文对“非对抗性矛盾”规定得相当宽泛，而对阶级斗争的范围规定得非常严格：

*关于毛泽东一贯的乐观情绪和急躁情绪，参见毛泽东：《在中国共产党第八届中央委员会第二次全体会议上的讲话》，1956年11月15日。对冒险主义的批评，毛泽东有神经质的敏感，这时期的许多材料都证实了这点。1986年4月24日我与龚育之的一次谈话中他说，这可能是导致“文化大革命”发动的第一步。“文化大革命”中毛泽东对这篇社论的恼火有材料证据，see Roderick MacFarquhar, *The origins of the Cultural Revolution. 1. Contradictions among the people 1956—1957*, pp. 86—91。关于周恩来对1956年6月20日社论所做的贡献，参阅胡华：《中国社会主义革命和建设史讲义》，146页。

> 例如，共产党内正确思想和错误思想的矛盾，文化上的进步与落后，经济方面城市与乡村的不同，生产力与生产关系，生产与消费，交换价值与使用价值，各种不同的劳动分工，工、农在阶级关系上的矛盾，以及自然界中的生与死，遗传与变异，冷与热，白天与黑夜——所有这些矛盾，没有一种是以对抗形式而存在的。[49]

当然，1952 年的《矛盾论》修订版已成为了我们所考察的这一个时期中的正统思想的标准。在修订版中，毛泽东对此作了非常认真的划分。他说，“共产党内正确思想和错误思想的矛盾，如前所说，在阶级存在的时候，这是阶级矛盾对于党内的反映”，“但如果犯错误的人坚持错误”，这种矛盾也就存在着发展为对抗性的矛盾的可能性。他还说，城乡矛盾在革命根据地或社会主义社会里，是非对抗性的，但在资本主义社会或国民党统治区内，则是极其对抗的。[50]

117 从这些有关论述的语气，可以看出这两种矛盾的重要区别，也或多或少反映出毛泽东在整个 20 世纪 50 年代试图掀起阶级斗争浪潮的倾向。然而，由于考虑对仅存的两个阶级（如我们所看到的前面对《论人民民主专政》的分析那样）的态度对于新政权是一个严峻的问题，因此 1951 年制定的路线并没什么重要变化。无产阶级同资产阶级的矛盾仍然要“用社会主义革命的方法”去解决；而社会主义社会中工人同农民的矛盾，1937 年毛泽东曾设想要通过“农业的社会化”来解决，但现在却主张用“农业集体化和农业机械化”的方式，这比以前具体得多了。[51]

1950 年 6 月，毛泽东在七届三中全会上作了题为《不要四面出击》的讲话（已收入《毛泽东选集》）。在这篇讲话里，毛泽东基本上保持一种温和态度。换言之，就是不要在同一时期里同时与更多的阶级进行斗争。在总结目前党对中间阶级即民族资产阶级的态度时，他说：

> 全党都要认真地、谨慎地做好统一战线工作。要在工人阶级领导下，以工农联盟为基础，把小资产阶级、民族资产阶级团结起来。民族资产阶级将来是要消灭的，但是现在要把他们团结在我们身边，不要把他们推开。我们一方面要同他们作斗争，另一方面要团结他们。[52]

到1952年6月，形势发展很快。在毛泽东看来，这时工人阶级同民族资产阶级的矛盾已经成为中国内部的“主要矛盾”了，故不应再将民族资产阶级称为“中间阶级”了。[53]

1952年9月，毛泽东在给黄炎培的信中说，在整个第一个五年计划时期内（到1957年结束），要使资产阶级全体而非一小部分接受社会主义思想是不合理的。他们必须接受工人阶级的领导，但要他们接受无产阶级思想而放弃赚钱的念头，“是不可能的，也是不应该的”。[54]

1955年夏，毛泽东又进一步推动了农村中的阶级斗争，尤其是把中农划分为“上中农”和“下中农”，认为这是中国农村社会中基本的阶级划分。1955年10月，毛泽东在七届六中全会上（这次 118
会议正式通过了他的农村政策）作了总结发言。在总结形势时，他重申中共有两个联盟，一个是同农民的联盟，一个是同民族资产阶级的联盟。这两个联盟都“很必要”，但同农民的联盟是“主要的、基本的、第一位的”，同资产阶级的联盟则是“暂时的、第二位的”。在强调这两个联盟的相互关系时，毛泽东说：

> 一九五〇年，我在三中全会上说过，不要四面出击。那时，全国大片地方还没有实行土地改革，农民还没有完全到我们这边来，如果就向资产阶级开火，这是不行的。等到实行土地改革之后，农民完全到我们这边来了，我们就可能和有必要来一个“三反”、“五反”。
>
> 农业合作化使我们在无产阶级社会主义的基础上，而不是在资产阶级民主主义的基础上，巩固了同农民的联盟。这就会

> 使资产阶级最后地孤立起来，便于最后地消灭资本主义。在这件事上，我们是很没有良心哩！马克思主义是有那么凶哩，良心是不多哩，就是要使帝国主义绝种，封建主义绝种，资本主义绝种，小生产也绝种。

他说，在前三个五年计划的 15 年里（已经过去了 3 年），“国际国内的阶级斗争会是很紧张的”[55]。事实上，在上文所引的毛泽东的讲话中，农业和资本主义工商业的社会主义改造原计划在三个五年计划之内完成，但到 1956 年年底，这几项任务便完成了。1956 年年初，毛泽东对未来充满信心，感到自己的地位也日益巩固，于是，正如我们所看到的，毛泽东对阶级斗争特别是对资产阶级知识分子的作用采取了温和得多、也折中得多的态度，并强调科技工作者的重要性。

相同倾向的另一种表现是吸收新党员时不再像先前那样对非无产阶级分子持歧视态度。正如我们以前说过的，为了改善党的阶级构成，在中华人民共和国成立初期，中共作了巨大努力吸收工人入党。因而 1956 年的新党章抛弃了从前对非工人分子入党的严格审查，因为，正如邓小平在“八大”的报告中所说的，“以前的社会成分的划分已经而且正在失去其意义”。我们有必要回顾一下邓小平的主要观点，因为它们为我们提供了毛泽东在其最后 20 年中关于阶级观点发展的一个背景材料：

119 工人和职员已经只是一个阶级内部的分工……贫农和中农已经成为农业生产合作社的社员，他们之间的区别很快就只有历史意义……知识分子的绝大多数在政治上已经站在工人阶级方面，在家庭出身上也在迅速地改变着……每年都有大批的农民和学生变成工人，每年都有大批的工人、农民和他们的子弟变成职员和知识分子，每年都有大批的农民、学生、工人和职员参军变为革命士兵……把这些社会成分分为两类还有什么意义呢？而且即使要分，又怎么分得清呢？[56]

邓小平更加注重思想态度和为革命工作的愿望，而不是家庭出身。在这一点上，他同毛泽东思想发展的脉络（不是其思想本身）是一致的。邓小平还指出，中国社会的阶级斗争正在迅速消失。他这个观点同后来出现的、几乎把党冲垮的阶级斗争浪潮显然完全不符。这当然并不意味着毛泽东当时不同意他的观点。即使在 1966 年第一次"文化大革命"高潮期间，当康生抱怨"八大"的政治报告隐含了阶级斗争熄灭论的理论时，毛泽东还表示他在 1956 年同意这些观点："我读过那篇报告，那是中央委员会通过的。我们不能只让刘、邓两人负责。"[57]

毛泽东为什么又是怎样戏剧性地改变了他对阶级和阶级斗争的态度，而在 10 年后把刘少奇打成"头号走资派"的呢？总的情况是众所周知的。但需要强调指出的一个方面是中国知识界决定性的一代人的变化，这个变化迟早是必然要发生的，但它却被 1957 年的事件加快了。1949 年以后的最初几年里，中国所必需的技术和管理干部绝大多数都是旧社会留下来的，他们大多出身于"资产阶级"，并且在一定意义上，或者在西方接受过教育，或者在一些曾留学欧洲、美国、日本的教师执教的大学里受过教育。毛泽东相信，这些人忠诚可嘉，作为专家，他们也可以变"红"。为了鼓励 1949 年以前的旧知识分子积极参加政治生活和社会生活，并在这个过程中树立新信念，改造自身，毛泽东于 1956 年春提出了"百花齐放"的方针。

1956 年 4 月 25 日，毛泽东最初向党作《论十大关系》报告的 120
时候，虽然重申"党内的原则争论，是社会上阶级斗争在党内的反映"[58]，但同时他也强调了相互交流思想特别是在科学领域与国内外的人士交流思想的重要性。政治局在讨论这个报告时，提出了"百花齐放"这个口号。在 4 月 28 日的进一步讨论中，毛泽东说，如果你的观点正确，那么便会有越来越多的人相信它，并进一步指出，在文学艺术领域里党的方针应该是"百花齐放"，在学术研究领域，实行"百家争鸣"。[59]

直到 1956 年 5 月 2 日在最高国务会议上作《论十大关系》的

报告时，毛泽东才第一次对这一问题作了系统说明。毛泽东高度概括地说，春天来了，应该百花齐放，而不是只放那么几朵。他回忆说，百家争鸣这个说法早在春秋战国时期就有了，那时有哲学家们组成的诸子百家，他们各树一帜，就不同的观点自由地进行争论。他还说，我们现在也同样要有这样的气氛。在宪法规定的范围里，各种学术理论观点的正确或错误的争论应当不受任何干涉。他举例说，既然我们现在不能断定李森科（Lyssenko）的学说正确与否，那就让每一家学派都在报纸和杂志上发表他们的意见吧。[60]

在“百家争鸣”口号的鼓励下，不仅在报纸上就李森科的学说进行了讨论，而且 1956 年 8 月在青岛专门举行了为期两周的大型学术讨论会，就遗传学中不同的观点进行辩论。[61]一位与会者会后在《光明日报》上发表了一篇热情洋溢的文章，毛泽东看后非常赞赏，建议《人民日报》转载这篇文章，并亲自加了新标题：“发展科学的必由之路”，将原来的标题作为副标题，还亲自为之写了按语。[62]

1956 年 4 月 5 日发表的《关于无产阶级专政的历史经验》的社
121 论，由于再次申明了毛泽东在 1937 年就已经提出的观点，即在社会主义条件下仍然存在着矛盾，从而受到人们的普遍关注。[63] 1956 年秋，在苏联的反斯大林主义、波匈事件后，毛泽东的与此既有联系又有区别的人民内部矛盾的思想首次冒了出来。1956 年 11 月 15 日，毛泽东在八届二中全会上作报告。虽然当他在谈到反革命问题和反对赫鲁晓夫走议会道路的和平过渡思想时，坚决支持阶级斗争和无产阶级专政，但他还是宣称，中国社会中的阶级矛盾已经基本解决了。[64]

根据现存的资料，毛泽东最早提出“人民内部矛盾”（contradictions among the people）这个说法是在 1956 年 12 月 4 日给黄炎培的信中。毛泽东在这封信中说，中国国内的阶级斗争（与此相对应的是反对帝国主义及其代理人的斗争）“已经基本上解决了”，将来，人民内部问题（problems among the people）将“层出不穷”[65]， 而且估计数量众多。

1956年12月29日《人民日报》发表了《再论无产阶级专政的历史经验》的社论。这是对毛泽东关于这个问题的思想作第一次公开的解释。[66]这篇文章持较为强硬的态度，其目的是反对波匈事件之后人们对斯大林和苏联经验的极度怀疑。文章宣称，一个人只要站在人民的立场上，决不应该“把人民内部的矛盾放在敌我矛盾之上”，并指出，“否认阶级斗争、不分敌我的人，决不是共产主义者，决不是马克思列宁主义者”[67]。在1957年1月27日省市自治区党委书记会议上，毛泽东说：“在社会主义建设时期，我们关于阶级斗争（这是局部）和人民内部矛盾（这是主要的）方面的经验还不充分。这是一门科学，我们必须很好地研究它。”[68]

一个月后，毛泽东发表《关于正确处理人民内部矛盾的问题》的重要讲话，明确阐述了这一学说。在讲话的原文中，毛泽东声明他对12月的社论是有保留的（虽然该文经他本人审阅过）[69]，并指出它没有说清楚民族资产阶级这个问题，也没有说清楚同民族资产阶级的矛盾是人民内部矛盾。当然，在一定条件下，这些矛盾会变成对抗性的，但绝不能把善意的批评误解为蓄意的恶毒攻击。列宁没能来得及正确地解决这个问题，斯大林则根本没做过这方面的努力： 122

> 你只能赞同，不能反对，你只能为他的功绩和美德唱赞歌，而不能批评，如果你批评了，他就会把你当作敌人，你就会有被送进集中营或处死的危险，“左”倾机会主义者，也就是所谓“左派”，他们打着“左”的旗号，但是他们并非是真正的左派，因为他们把敌我矛盾扩大化，比如，斯大林就是这么个人……

毛泽东说，中国也遭受了同样的恶果，尤其是在肃反运动中。[70]

在1957年2月27日讲话的原文中，有一段相当长而且重要的话，既讲述了中国与苏联的不同，又涉及战争与和平问题。这些内容我将在下面讲到中苏分裂的部分加以讨论。此外，还谈及大量的我们在此无暇细说的问题，例如计划生育工作中流行的无政府主义思想[71]、中国现阶段还不能普及中等教育等问题。[72]关于我们现在所研究的矛盾问题，毛泽东是这么说的，中国现阶段的基本矛盾是生产关系与生产力的矛盾，或经济基础与上层建筑的矛盾。[73]同时他明确指出，在他看来，阶级斗争在中国已基本结束了。[74]

从官方公布的毛泽东1957年2月的讲话也可以看出毛泽东强调的是人民内部矛盾的重要作用。例如，他说："正是这些矛盾
123 （人民内部）推动着我们社会向前发展。"在毛泽东看来，既然矛盾是社会变革的动力，那么推动社会前进的特殊矛盾或矛盾类型从逻辑上来看则应是主要矛盾。在同一段落，毛泽东接着说：

> 社会主义社会的矛盾同旧社会的矛盾，例如同资本主义社会的矛盾，是根本不相同的。资本主义社会的矛盾表现为剧烈的对抗和冲突，表现为剧烈的阶级斗争，那种矛盾不可能由资本主义制度本身来解决，而只有社会主义革命才能够加以解决。社会主义社会的矛盾是另一回事，恰恰相反，它不是对抗性的矛盾，它可以经过社会主义制度本身，不断地得到解决。[75]

近年来，中国的一些理论工作者指出，从1956年年底到1957年年初在社会主义改造完成以后，毛泽东认为中国社会的"主要矛盾"已不再是阶级斗争，而是人民内部矛盾了（一般来说，它不是阶级斗争的一种形式）。[76]上述引文证实了这点。

中国社会各阶级之间矛盾的另一个问题是中国知识分子的作用问题。毛泽东对此采取了宽容和缓和的态度，认为应当在这个领域消灭阶级差别。他在1957年1月的讲话中指出，当时在大学读书的学生中，有80%的学生仍是地主、富农、上中农和资产阶级的子女，毛泽东说："这种状况应当改变，但需要时间。"[77]然而，他在《关于正确处理人民内部矛盾的问题》的原稿中，极力强调必须重

视知识分子的自我改造，绝不能放任自流。毛泽东说，这些人只知道两件事：高工资；“讨老婆”或“讨老公”，换句话说，只想“吃东西和生孩子”[78]。

在 1957 年 2 月 27 日讲话中的另一段，在谈到物质享受的腐败影响时，毛泽东又一次表现出了对享受和地位的蔑视。他说，中国人有两个特点：生活水平低、文化水平低。这两个特点都具有双重作用：

> 如果中国变富了，有了西方世界的生活水准，她就不再需 124
> 要革命了。西方世界的财富已成了他们的缺点，这些缺点使其不再想革命……他们生活的高水准还没有我们的文盲来得好。[79]

“大跃进”期间，毛泽东的思想中的这种倾向进一步充分地表现出来，我们将会在下一部分看到这一问题。然而，从整体上看，毛泽东在 1957 年年初对资产阶级和知识分子仍是抱着友善的态度。

到了 1957 年 5 月 2 日，《人民日报》发表了一篇社论。据一位消息灵通的中国问题专家说，“该文完全反映了毛泽东当时的想法”。社论说：“随着社会主义改造的决定性胜利，我国无产阶级同资产阶级之间的矛盾，已经基本上解决，几千年来的阶级剥削制度的历史已经基本上结束。”社论最后说，中国的主要矛盾，已不再是敌对阶级之间的矛盾，而是“建立先进的工业国的要求同落后的农业国的现实”之间的矛盾，以及诸如此类的矛盾。[80]

但到了 5 月中旬，由于持续不断的对党的猛烈批评，毛泽东的态度发生了根本的转变。他认为党内出现了“一些”修正主义分子和右派分子，“他们的思想是资产阶级思想在党内的反映”，“他们与社会上资产阶级知识分子有千丝万缕的联系”[81]。

1957 年 6 月在改写他的 2 月讲话的时候，为了限定他原来所作的阶级斗争已经结束的结论，毛泽东加上了这样一段话：“革命时期的大规模的急风暴雨式的群众阶级斗争基本结束，但是阶级斗争还没有完全结束。”[82]这个提法还稍显温和，但毛泽东不久又加重了语气。1957 年 7 月，当“百花齐放”运动正演变成一场反右运动的时候，他断言：“为了建成社会主义，工人阶级必须有自己的技术干部的队伍，必须有自己的教授、教员、科学家、新闻记者、文学
125 家、艺术家和马克思主义理论家的队伍……这个任务，应当在今后十年至十五年内基本上解决。”[83]当然，他还指出，这个新队伍应该包括从旧社会过来的知识分子，他们“真正经过改造站稳了工人阶级立场”，但是，这个队伍的大多数将是家庭出身好的年轻人，“在这个工人阶级知识分子宏大新部队没有造成以前，工人阶级的革命事业是不会充分巩固的”[84]。

关于现存知识分子，毛泽东轻蔑地说：“知识分子是工人阶级、劳动者请的先生，你给他们的子弟教书，又不听主人的话，你要教你那一套，要教八股文，教孔夫子，或者教资本主义那一套，教出一些反革命，工人阶级是不干的，就要辞退你，明年就不下聘书了。”[85]

从此，毛泽东日益看到“牛鬼蛇神”到处都在反对党和人民。[86]

第六章

毛泽东探索一条“中国道路”

我在第二篇导言中已指出，1957年秋的反右运动，不仅在一般意义上的中国政治生活中，而且在毛泽东的思想的发展过程中，都是一个重要转折点。这一时期发生的种种变化，从经济学到哲学，从中国国内问题到中苏关系，涉及毛泽东的理论兴趣和政治思考的各个方面。然而，实际上在毛泽东关于“社会主义建设”的观念中，可以发现毛泽东的思想中这些新倾向的核心部分以及导致这些新倾向出现的动力。

决定论与乌托邦幻想：“大跃进”的理论

毛泽东的精神和思想在这一时期所发生的重大变化的一个方面，是他对知识分子态度的急剧逆转。参加1957年年初“大鸣大放”的学者和专家们，以其严厉的，对毛泽东的精神的否定的和消极的批评，使人们对毛泽东本人的判断——首先是在那些受到其他许多老同志反对的政策上、由此而到毛泽东的观点上——产生了怀疑，这动摇了他的威望和权威。因此，他转而粗暴地反对他们。此后，毛泽东不再讲要培养一批出身好的新型红色知识分子的话，而是借助于群众的积极性和创造性。 126

至于那些在“双百”时期辜负了他的信任的可怜的书蛀虫，谁需要他们？ 因此，毛泽东一再发表的讲话和积极推行的政策都与他 1956 年的观点相左，当时他认为，科学家是决定性因素，而现在却强调“智慧都是从群众那里来的”，“知识分子是最无知识的”。1958 年 3 月，他宣称：

> 从古以来，创新思想、新学派的人，都是学问不足的青年人，他们一眼看出一种新东西，就抓住向老古董开战。……美国富兰克林发明了电，他是卖报的孩子……高尔基只读了两年小学。当然学校也可以学到东西，不是把学校都关门了，而是说不一定住学校。[1]

无论我们觉得这种说法和毛泽东“大跃进”时期其他很多反知识分子的言论多么简明有力，把这些东西视为他在这些问题上的观点的充分而和谐的表达都将是错误的。这一时期，毛泽东始终在努力，力求在创造性的紧张状态中实现团结，力求驾驭人民大众的创造性和经济发展所必需的科学投入或中国社会中城市和农村这类截然相反的两极。

1958 年 12 月，毛泽东写信给陆定一，支持清华大学党委关于纠正在处理物理学系教师问题上所犯“左”倾错误的报告，并要求广泛印发这份报告。这份文件说，有一种流传甚广的看法，认为“社会主义革命时期知识分子是革命对象，过共产主义关更是革命对象，因为他们绝大多数都是资产阶级知识分子、剥削阶级，连团员助教也被认为是革命对象”。在这种流行的观点看来，之所以要把他们都算作资产阶级，唯一的理由是要树立一个斗争对象；如果教授们拒绝改造，拒绝自愿降低薪金，就应当把他们送进养老院。

毛泽东（像清华大学党委一样）完全不赞成这种观点，其理由是，必须争取一切可能争取的教授、讲师、助教、研究人员为无产
127 阶级的教育事业和文化科学事业服务。[2]但尽管如此，毛泽东的兴趣已转向人民大众和农村，他主要寄希望于人民大众和农村。

除了毛泽东对城市知识分子的愤怒之外，促成其思想和党的政策的主要方向转向农村的一个重要因素是，为适应机械化和水利建

设这类任务的需要而创建较大规模农业组织的趋势日益成熟。1955年年底，毛泽东在他为《中国农村的社会主义高潮》一书所写的一则编者按语中就早已宣布了大社的优越性：“有些地方可以一乡为一个社，少数地方可以几乡为一个社，当然会有很多地方一乡有几个社的。”[3]

从1956年春到1957年秋这一时期，反“冒进”运动和其他一些因素使毛泽东倡导的一些更为激进的政策黯淡无光，因此，就总体而言，毛泽东的这一建议从未产生实际效果（见《剑桥中国史》第14卷第299～302页上关于“大跃进”开始时的政治和经济发展状况的讨论）。然而，在1957年年底到1958年年初，出现了现存高级社合并运动。在1958年3月的成都会议上，毛泽东凭借这一运动以势压人。1958年4月8日，中央委员会发布了同样内容的指示，其中一段说：

> 农业生产合作社如果规模过小，在生产的组织和发展方面势将发生许多不便。为了适应农业生产和文化革命的需要，在有条件的地方，把小型的农业生产合作社有计划地适当地合并为大型的合作社是必要的。[4]

这一指示恰好是在宣传媒介报道毛泽东视察四川红光“大社”后第二天发布的（毛泽东的视察是在3月中旬，当时成都会议正在进行），这种一致性太明显了，不可能是偶然的巧合。[5]

我在前面已经指出，建立大型组织的冲动是出自要在农村创立一种更为有效的基层组织这样一种考虑，首先是出自促进水利设施 128
建设的考虑。因此，在1958年3月成都会议期间，以及作为成都会议之前导的南宁会议期间，毛泽东花费大量时间听取了关于为控制长江水力而修建巨型水坝的“三峡”方案的不同观点，并主持会议制定有关决策，就毫不令人奇怪了。[6]

在成都会议初期，尚未正式赋予“大社”以行政和军事职能，而这是1958年8月北戴河会议批准的“人民公社”的显著特征之一，因此，人们还不能说“大社”就是尚未具有“人民公社”名称的人民公社。但是，它们已经开始具有人民公社的某些特征，实际上已成为人民公社发展过程的一个阶段。

当然，公社形成史本身并非我们这里要探讨的问题，但上述事实却与本章的主题有关，因为它们表明，毛泽东自己的思想和活动直接促成了1958年夏季出台的制度革命，并且将在此后四分之一世纪中塑造中国的农村社会。

我们不仅可以在毛泽东对农村的认同中，而且可以在1955年合作化运动期间就已支配毛泽东的太平盛世幻想中发现他对这一趋向的暗示。从毛泽东在1956年到1958年之间反复阐述的一个论点中可以发现这种思想的具体表达。按照这种观点，中国人民可以从其“一穷二白”这一事实中获得某些积极的优势。他在1958年4月写道：“穷则思变，要干，要革命。一张白纸，好写最新最美的文字，好画最新最美的图画。”[7]

这里，毛泽东论述了与他在1957年2月27日一次讲话中以不同语言表达的完全相同的两个相互联系的观点，那时他曾提到，中国的“文盲”优于西方的财富。就中国农民在中国全体人民中是一个最无文化的部分而言，也即就其更少受物质财富的腐蚀、对现代世界的种种伎俩最无知而言，他们在品德方面、在革命能力方面显然最优越。

毛泽东的思想中的这种倾向的深刻根源，可以追溯到他早年的经历，追溯到他凯旋进入北京前在农村进行的长达22年的艰苦斗争。我在第一篇结论中指出，不能把20世纪50年代末经济政策的
129 特征归结为“延安模式”，因为具体环境大不相同了。[8]但是，确实存在着延安精神、井冈山精神的延续。

在1958年8月正式批准了“人民公社”这一形式的北戴河会议上，毛泽东的多次讲话极其生动地显示了这种延续性。在一再号召取消工资制，恢复战争年代的供给制之后，毛泽东宣称，人活着只搞点饭吃，同狗就没什么区别了。“不搞点帮助别人，不搞点共产主义，有什么意思呢？”他断言，工资制是一种“资产阶级法

权”，其结果是“发展个人主义”。他评论说，有些人认为平均主义助长懒惰，但实际上助长懒惰的是等级制度。[9]

毛泽东把这种崇尚斗争和牺牲的民族精神明确地与过去的武装斗争联系起来。他说：“我们共产主义也是从军队首先实行的。中国的党是很特别的党，打了几十年仗，都是实行共产主义的。”现在，在反对帝国主义和征服自然这双重斗争中，目标同样是明确的，实行供给制绝不会降低人民的主动性和献身精神。[10]

毛泽东在指出公社含有“共产主义萌芽”之后，把公社与城市相比较，在城市里，人们要求“正规化”，还充斥着脱离群众的大“衙门”。在号召人民拼命干、大炼钢铁时，毛泽东指出，批评后院炼钢是“农村作风”或“游击习气”这类观点实际上是“资产阶级思想”的表现，它已经抛掉了党的很多优良传统。[11]

1958 年 9 月 29 日，毛泽东在对一位汇报者谈话时，又一次公开指责了那些认为发动群众进行工业生产是“不正规”或“农村作风”的人。[12]以后不过几个月，即 1959 年 7 月，他承认这是一种在指导方面错误的打算，它导致了“全局性的混乱”和资源的重大浪费。[13]

只是因为周恩来根据各部的材料作出了具体的估测，表明与工资制相比，供给制将付出破坏性的代价，才阻止了毛泽东继续推行这种军事共产主义式的供给制计划。*

附带说一句，毛泽东在 1958 年 1 月南宁会议上发动了对 1956 年“反冒进”的激烈抨击，并在 3 月成都会议上穷追不舍，而周恩来是这种抨击的主要对象[14]；但即使如此，周恩来仍能在这一点上说服毛泽东，这是一个有力的证据，表明周恩来目标始终如一，具有很大威望。但是，毛泽东虽然承认他的观点当时难以付诸实践，可诸如此类的农业乌托邦之梦并未就此醒来。

然而，毛泽东早在 1958 年 11 月第一次郑州会议上就认识到，农民对自己的物质利益总表现出某种依恋。他说：“在没有实现农村的全民所有制以前，农民总还是农民，他们在社会主义的道路上总还有一定的两面性。”在 1959 年 2—3 月的第二次郑州会议上，

*廖盖隆：《历史的经验和我们的发展道路》，载《中共研究》，123 页，1981 年 9 月台北版。这个报告是在中央党校于 1980 年 10 月 25 日召集的中共党史学术讨论会上作的，在中国正式发表的只是修订版，有理由相信，台北发表的原文本是准确的。translated in Issues and Studies，1981 年 10 月、11 月和 12 月。这里所引的一段登在 10 月号第 48 页。新的版本见廖盖隆的《党史探索》，308～365 页。对 20 世纪 50 年代和 60 年代的历史回顾在新版本中显然被删去了，关于周恩来在说服毛泽东放弃“供给制”方面的作用的详细内容没有了。

他几次重申这一论断，并认为，在现阶段，在工农关系中扮演“老大哥”角色的不是农民，而是工人。[15]

无论在实践中还是在理论上，对于既是社会中坚、同时又在社会主义建设中是工人阶级“小兄弟”的农民这个两难问题，毛泽东或许从未真正地解决好。毛泽东在“大跃进”时期试图推行的社会主义发展总体模式的最富于暗示性的象征是“继续”或“不断”革命的理论，他在1958年1月的《工作方法六十条》中对此作出了如下阐述：

> 我们的革命是一个接一个的，从1949年在全国范围内夺取政权开始，接着就是反封建的土地改革，土地改革一完成就
> 131 开始农业合作化……社会主义三大改造，即生产资料所有制方面的社会主义革命，在1956年基本完成，接着又在去年进行政治战线上和思想战线上的社会主义革命（即反右运动）……但是问题没有完结，今后一个相当长的时期内每年都要用鸣放整改的方法继续解决这一方面的问题。现在要来一个技术革命，以便在十五年或者更多一点的时间内赶上和超过英国。……[16]

这段话说得很清楚，同毛泽东关于一般革命的看法一样，“大跃进”的特征也是经济的、社会的、政治的和文化的改造同时进行。与此同时，在毛泽东1958年的视野中，技术和物质生产这两个方面的地位迅速提高，成为重要的组成部分。毛泽东号召进行“技术革命”，并在1957年12月宣布了“十五年赶上英国”的口号，这都非常清楚地表现了他对技术和生产的重视。

在“大跃进”高潮中，毛泽东曾两次把中国变革和现代化进程的开端确定为19世纪末张之洞开始实行其工业化方案之时。1958年9月，他根据机床数量去衡量进步的程度；1959年2月，他的标准是中国工人阶级的发展情况。这两次，他都比较了1949年前后中国在追赶世界发达国家方面所取得的成就。[17]

当然，这并不意味着毛泽东认为，工业化乃至一般的经济发展是革命的全部实质所在。在1958年5月正式宣布“大跃进”的八大二次会议上，有一次发言他说道，他决心努力加速经济发展，但又指出，革命并不是经济发展的唯一结果：

> 我们不提“干部决定一切”和“技术决定一切”的口号，也不提“苏维埃加电气化就是共产主义”。我们不提这些口号，是否就不电气化？一样的电气化，而且更化得厉害些，前两个口号是斯大林的提法，有片面性。“技术决定一切”——政治呢？“干部决定一切”——群众呢？在这里缺乏辩证法。[18]

因此，中国虽然力求像苏联那样尽快实现“电气化”，即发展她的经济（“电气化”是列宁的比喻），但在毛泽东看来，这一进程是与人的变化密切地联系在一起的。

“大跃进”并行不悖地包含着许多彼此不同的灵感和命令，同 132
时强调技术革命和政治动员，只是其中一例。诸如此类的矛盾中最显而易见的一个是，一方面以“政治挂帅”这一口号强调党的统一领导；另一方面又强调经济活动中的主动权、控制权的下放。经济方面的分散已达到相当程度，以至于毛泽东后来承认，有效的计划在很大程度上已不复存在。这种问题的产生，主要是因为1956年重新实行的“双重领导”制，在1958年是相当有利于党这一方面的，以至于各个层次上的有效控制权都掌握在党的干部手中，而他们对于各种经济决策所产生的广泛后果，即使想要加以检查，也没有可供他们自由利用的手段。

这时，毛泽东提出，既然作为进步之契机的不平衡是“普遍的客观规律”，这种现象也就没什么可担心的。[19]内含在这种意识形态背后的是这样一种信念：动员全体人民在经济发展中发挥能动的作用是绝对必要的。而这反过来，又不仅意味着强调群众的创造性与注重专家针锋相对，而且赋予全体“革命人民”（其中包括专家、至少是“红色”专家）以改造其自身环境的无限能力。于是，在

“大跃进”期间显然反映了毛泽东的观点的意识形态著作中，我们就可以看到一些令人瞠目结舌的言论，如“人有多大胆，地有多大产”，甚至“主观创造客观”，等等。[20]

可以说，在“大跃进”的时候，即1968年5月事件（“布拉格之春”）前十年，毛泽东就理解并说明了后来巴黎大学生使之闻名一时的口号：“想象会变成力量！”当然，区别在于他确实是实权在握。1958年，确定是否是真理和现实的标准往往不是冷静的观察，而是狂热。毛泽东在1958年9月宣称，全国的粮食总产量差不多翻了一番，1959年可望再翻一番，粮食很快就会多得可以用来喂牲口了，而且如何处理多余的粮食将会成为问题。迟至1958年11月6日，他在郑州会议上宣称，15年内有可能完成向共产主义的过渡，但这一目标不要公布。[21]

1958年12月9日，八届六中全会于武昌召开。毛泽东指出，
133 在这次全会前进行的非正式讨论中，“实事求是”的口号已经被又一次提出来了。他对此作出的解释是，制订计划要又冷又热，要雄心很大，但又要有相当的科学分析。毛泽东明确说道，过去我也想过1962年搞一亿二千万吨钢，那时只担心需要不需要的问题，“没有考虑到可能性的问题”。他说，这样一个目标实际上既不可能，也不现实。中国不应把向社会主义过渡同向共产主义过渡混为一谈，不应想抢在苏联前面进入共产主义。[22]

1959年头几个月，当“共产风”刮遍各地时，毛泽东本人又一次陶醉在非现实主义的希冀之中。1959年3月，他告诉安娜·路易斯·斯特朗（Anna Louise Strong），如果钢铁生产能（像1958年一样）完成1959年的目标，每年能有600万吨钢用于农业机械的生产，机械化很快就能实现。[23]到7月，他已逐渐认识到，后院炼钢是一个他应对之负责的鲁莽冒险。[24]虽然对在经济上实现重大突破的时间表作了比较现实的修正，但经济高速发展这一决定性的根本目标却原封未动。

为实现这一目标，就需要全国上下有效地通力合作。因此，在1959年7月对“大跃进”高潮期间摧毁计划体系承担了责任的毛泽

东[25]，批转了早在1959年年初就采用的一个口号“全国一盘棋”。

毛泽东在承认有必要对工业部门实行较为有效的集中控制的同时，带头使公社的所有制和管理分散化。1959年3月，毛泽东干预了关于是否应把基本核算单位和分配单位向下推一或两级的激烈争论，他选择了第二种比较大胆的解决办法。[26]这里所说的单位（unit）是指生产队，一般译为“production team”，但在1959年，这个单位（unit）是指现在所说的“brigade”（大队），大致相当于“the old APC（Advanced People Communication）”，即高级社。毛泽东所反对的中间方案坚持以相当于管理区的实体作为基本单位，这种实体后来实际上取消了（详细情况和对以后发展的说明，见《剑桥中国史》第14卷，309～310、378～386页）。

毛泽东相信，人民公社制度基本上是可行的，经过1959年春和初夏的调整就可以顺利地得到巩固。[27]他可能认为，只要他亲自 134
采取行动纠正他所设计的、至少是他所推广的这种制度的缺陷，就可以缓解党内潜在的批评。这如果真是他的愿望，那他就大大地失望了。1959年7月至8月间在庐山召开的全会上，彭德怀、张闻天和其他一些人公开抨击了“大跃进”的一整套政策。*

庐山发生的对抗，不仅在毛泽东对其同志的态度上，而且在毛泽东的思想实质上均产生了影响，对于这种影响，我们很难作出过高的估计。正如在1957年一样，毛泽东犯了判断失误的错误，但这番经历并没有使他吃一堑长一智，反而使他对自己的尊严变得更加敏感起来。从心理上看，庐山会议以后，毛泽东不仅试图惩罚每个与他意见不一致的人，而且愈发认为他所提出的每一种思想都是正统的标准。换言之，任何与毛泽东所规定的正统相左的意见，不是彻头彻尾的反革命，也是“修正主义”。[28]

* 张闻天三个小时的发言比彭德怀的“意见书”实际上更系统，使用了更为严厉的措辞。详见李锐的分析，他当时出席了会议，他的文章《重读张闻天的“庐山的发言”》，载《读书》，1985（8），28～38页。张闻天发言的文稿现已收入公开出版的《张闻天选集》，480～506页。

综合或折中主义：毛泽东思想中的中国成分和马克思主义成分

毛泽东把自己想象为统治者，这样一种情况的出现，势必产生另一个二元性的问题，即马克思主义与中国传统之间的关系问题。这个问题自20世纪50年代末以后在其思想中日益突出起来。1958年5月，在八大二次会议上，毛泽东声称，“大跃进”的新政策表现了一种愿望，即与苏联——中国革命的“先生”——比一比。他又说：“我们有两个生身父母，一个是国民党的社会，二是十月革命。”[29]很显然，他的这种说法是要应用于政治学和经济学的。

关于毛泽东所承认的两个“生身父母”，十月革命的意义无须说明或解释。他说，中国从列宁、斯大林那里，从苏联1917年以
135 来的经验中，学会了干革命的理论和实践，尤其是学会了建立社会主义国家的理论和实践。另一方面，与“国民党的社会”的关系，其含义却深远得多，不像初看起来那么清楚。毛泽东说，中华人民共和国是中国人民在1949年创立的，因此，它不仅是中国人民在国民党统治的20年间所形成的观念、态度和制度，而且是其全部悠久历史中所形成的观念、态度和制度的反映。

诚然，中国需要进行一场以马克思主义理论为指导的革命改造，但这并不意味着把这个国家变成苏联的复制品。毛泽东在1959年3月说：“有些东西不要什么民族风格，如火车、飞机、大炮，但政治、艺术应该有民族风格。”[30]在这段话背后，我们可以再一次感觉到毛泽东在1938年表达的那种信念，即总结过去，对于今天制定正确的路线，不仅可以提供原材料，而且可以提供一种“方法”。

在“大跃进”时期，毛泽东正是这样在同一层次上把马克思列宁主义和苏联传统与中国的历史教训相提并论，甚至在现阶段革命的两位“生身父母”中首先提到的也是国民党社会。六七年之后，毛泽东所强调的重点进一步变化，他几次对党内的同志说：“我是土哲学家，你们是洋哲学家。”[31]

毛泽东在1964年和1965年说自己是“土的”或“土生土长的”思想家，绝不意味着放弃了马克思而追求孔夫子。然而，这却不容置疑地表明，毛泽东的思想的传统之根在其一生之中始终有着重要的作用。但是确切地说，在20世纪50年代末和60年代初，

中国成分和西方成分在毛泽东的思想中究竟是怎样结合在一起的呢？ 它们是否融而为一或构成了一种新的综合呢？ 假如果真如此，这两种成分中哪一种规定着他整个体系的结构呢？“毛泽东思想”是否实际上仍然是马克思主义的一种变形，从而归根结底仍是西方化的一种媒介？ 或者相反，其思想的逻辑和模式愈来愈中国化？ 也许毛泽东的思想根本就没有任何体系，没有清晰的结构，只是两条脉络，时而侧重某一面，时而又混杂着各种意向，是一种由各种不同成分构成的难以捉摸的东西？

我已经指出，毛泽东的思想中的这两种性质以及他本人对此的领悟都在随时代发展而不断变化着。在人民共和国成立之初，他始终把一种西方血统的理论即马克思主义和中国文化视为他一心想编织的新的社会和政治结构的经线和纬线。但到 20 世纪 50 年代后期，他对马克思主义理论的解释开始沿着一种方向发展，这种方向既反映了“大跃进”政治气氛的影响，同时又反映了对源于中国传统的思想方式的越来越多的强调。 136

在《矛盾论》中，毛泽东毫无保留地接受了马克思主义和黑格尔辩证法的“三个基本规律”（对立面的统一和斗争，质量互变，否定之否定），但与此同时，他又使“对立统一的法则”具有“思维的根本法则”的特征，从而使它成为高于其他两个规律的范畴，他以这种方式作出暗示，即对于这些问题，他有一种新的理解。[32] 诚然，在毛泽东于 1957 年 1 月引证的一段话中，列宁确实说过，“可以把辩证法简要地确定为关于对立统一的学说”，但列宁接着又说：“这样就会抓住辩证法的核心，可是这需要解释和发展。”[33] 而另一方面，毛泽东最终却走到这样一种极端，即对立统一规律概括了辩证法的全部实质。

1938 年，斯大林为《联共〈布〉党史简明教程》写的《论辩证唯物主义和历史唯物主义》一节，曾列举了马克思主义辩证方法的四个“基本特征”：现象都是互相联系着的；自然界处于不断运动和变化的状态之中；发展采取从逐渐的量变到质变或“飞跃”的形式；矛盾是一切事物所固有的，对立面之间的斗争构成了“发展过程的内在内容”。[34]

1957 年 1 月，毛泽东在与党的书记们谈话时，明确地对斯大林在这一问题上的观点提出不同看法，批评斯大林归纳为四点的分类在哲学上不准确，并批评了这种观点的政治含义：

> 斯大林……讲，马克思主义辩证法有四个基本特征。他第一条讲事物的联系，好像无缘无故什么东西都是联系的。究竟是什么东西联系呢？就是对立的两小侧面的联系。……他第四条讲事物的内在矛盾，又只讲对立面的斗争，不讲对立面的统一。

显然，这里说到的是斯大林自 1938 年以后一直强调的阶级斗争，而在当时这一时期，毛泽东并不希望深入到同样的程度。但他当时继续讨论了在辩证法概念上他同斯大林的差异：

> 苏联编的《简明哲学辞典》第四版关于同一性的一条，就
> 137 反映了斯大林的观点。辞典里说：“像战争与和平、资产阶级与无产阶级、生与死等等现象不能是同一的，因为它们是根本对立和相互排斥的。”……这种说法，是根本错误的。
>
> 在他们看来，战争就是战争，和平就是和平，两个东西只是互相排斥，毫无联系……战争与和平既互相排斥，又互相联结，并在一定条件下互相转化。和平时期不酝酿战争，为什么突然来一个战争？战争中间不酝酿和平，为什么突然来一个和平？
>
> 生与死不能转化，请问生物从何而来？地球上原来只有无生物……在生命活动的过程中，生与死也在不断地互相斗争、互相转化。
>
> 资产阶级与无产阶级不能转化，为什么经过革命，无产阶级变为统治者，资产阶级变为被统治者？……
>
> 对立面的这种斗争和统一，斯大林就联系不起来。苏联一些人的思想就是形而上学，就是那么硬化，要么这样，要么那样，不承认对立统一。因此，在政治上就犯错误，我们坚持对立

> 统一的观点，采取百花齐放、百家争鸣的方针。在放香花的同时，也必然会有毒草放出来。这并不可怕，在一定条件下还有益。[35]

1957年2月，在《关于正确处理人民内部矛盾的问题》原文中，毛泽东又以非常相似的措辞，重复了许多对作为哲学家的斯大林的批评。他说，斯大林虽然不是全没有辩证法，但却相当缺乏辩证法。他的辩证法是“吞吞吐吐的辩证法”。毛泽东的全面评价是，斯大林百分之七十是马克思主义者，百分之三十不是。[36]

政治上的教训是显而易见的，尽管我们已经看到，毛泽东关于阶级斗争的观点在6个月之后就发生了急剧的转变。但是，哲学上的含义却在某种程度上变得更含混了，至少是更模棱两可了。对生与死之间相互联系的讨论无疑招致了关于自然盛衰消长的古老的道教辩证法，然而，1957年4月，毛泽东评论道：“辩证法不是循环论。”[37]

上面所引的那几段话以及毛泽东的其他许多论述反映出毛泽东对辩证过程之实质的基本看法。问题是，怎么可能在保持这种看法的同时依然归属于现代的马克思主义体系？ 对于这一两难问题，毛泽东的解决办法令人吃惊的简单——简单到这种程度，以致我（和我认识的人以及所有研究这些问题的外国学者）百思而不得其要领。

1958年1月，在《工作方法六十条》作为草案下发时，毛泽东署上了他自己的名字，并在这个草案中补了一句话。15年前，我对这句话作了如下翻译：“对立统一的规律，量变质变的规律，肯定与否定的规律，永远普遍地存在。”[38]当时我认为，这里作为“肯定与否定的规律”所提出的东西是一种省略了的公式，在中国政治语言和哲学语言中，这种省略屡见不鲜。“肯定与否定”意在引出“肯定，否定，否定之否定”。以这种假定为基础，我曾写道，同毛泽东在20世纪60年代中期提出的观点相对照，毛泽东在1958年“重申”了恩格斯对这三个规律所作的经典阐述。[39]

实际情况是，刚才引证过的中文表达方式事实上应译为“肯定否定的规律”。人们正是这样来理解的，在当时的中国，这被认为是毛主席的一个重大理论创新。*

*见两本1966年印的供内部参考的毛泽东著作汇编：《毛泽东哲学思想（摘录）》，195～220页，1960年北京版；《毛泽东同志论马克思主义哲学（摘录）》（序言的日期是1960年5月），150页及以下各页，新疆青年出版社1960年版。这两本书都包含冠以“否定之肯定规律”标题的附录，虽然其中的材料多出自延安时期和20世纪50年代中期的著作，融会了原有观点和新观点，中国的观点和外国的观点（按主题分节的头一本书收入了毛泽东关于辩证唯物主义的全部演讲笔记，毛泽东在1965年同斯诺谈话时曾否认他是这些笔记的作者）。

这可能是个非常深奥的问题，那些想拯救以吹毛求疵方式注释马克思主义原理者的人，对此不会感兴趣。实际上，它在政治上和知识方面的含义都是至关重要的。首先有一个毛泽东在哲学领域中个人权威的问题。延安时期曾是毛泽东的哲学研究小组成员的一位学者在其最近的著作中宣称："毛泽东同志在《工作方法六十条》中把惯称的否定之否定规律改称肯定否定规律。这是他'并未进行更多的论证' 而遗留下来需要哲学界进行探讨的一个重要问题。"*

上面那句话中"并未进行更多的论证"这几个字的重要性几乎是不需要解释的。因而，一个被毛泽东引入指示中而此后从未作过详尽阐述的词组，在以后的20年间作为一个新的规律，被中国哲学家们毫无异议地接受了下来。无疑，这完全可以与斯大林在生物学、语言学等领域的"天才贡献"相媲美。

无论如何，潜藏在这一理论创新背后的毛泽东的思想倾向也是值得注意的。1983年3月，周扬直言陈述，斯大林把"否定之否定"当作黑格尔主义的遗迹而力加摈斥，由于没能纠正斯大林的这一"偏颇"，毛泽东最终为"文化大革命"的破坏性行为打开了大门。周扬论证的核心是，毛泽东对于这个旧概念的担心反映了一种倾向，即夸大辩证法过程中互相连接的要素的绝对对立和互相排斥的性质，忽略了"否定"意味着消除被否定事物的一些要素，同时保留另一些要素并将其并入一个新的综合体的事实。**

如果上述倾向正是毛泽东的意思，那么这一新理论确实直接导致了打倒一切、废除一切的"文化大革命"观念。

至于杨超，他断言按毛泽东的理解，在每个否定中，前一阶段的绝大部分都被消除掉。他还提出，毛泽东怀疑这个旧的公式，想以"内容更丰富"的新概念代替它，因为在他看来，它含有这样的意思，即全部变化过程的最终结果是回复到最初的肯定，而不是上升到一个新的和更高的水平。而且，他又进一步说道，毛泽东相信对立面的辩证统一，"肯定"和"否定"，正如他所相信的战争与和平、生与死、无产阶级与资产阶级等等都是统一体。在毛泽东的观

* 杨超：《唯物辩证法的若干理论问题》，211页，北京，人民出版社，1980。这本书是原来专门论述毛泽东思想的著作（杨超：《论毛主席哲学体系》）的修订版。关于杨超在1939年参加毛泽东的哲学研究小组的情况，见温济泽：《毛泽东同志在延安时期是怎样教导我们学哲学的?》，载《全国毛泽东哲学思想讨论会论文选》，69页。除了毛泽东本人外，该研究小组的其他成员还有艾思奇、何思敬、陈伯达等。

** 周扬：《关于马克思主义的几个理论问题的探讨》，载《人民日报》，1983-03-16。这篇以周扬在马克思逝世一百周年之际的报告为基础的文章，因为涉及社会主义制度下的异化，在1983—1984年的冬季反对"精神污染"运动期间受到批评，但是，没有任何暗示说，周扬对毛泽东的辩证法的分析是错误的。有关围绕这个讲话的出版物和批评的详细情况，参见S. Schram, *Ideology and policy in China since the Third Plenum 1978—1984*, pp. 41—56。

念中，所有的事物都是由肯定和否定构成的“对立的统一体”。[40]

也许我们可以综合上述两种观点，并由此对毛泽东采用这一新概念的意图获得一个合情合理的恰当理解。显然，“肯定否定”所强调的是在历史进程中新事物不断涌现这样一个事实。不过，它也说明：这些新事物并不简单地是作为在它之前出现的事物的对立面 140
而出现的（否定之否定），它也是被历史活动主体——阶级或自称为阶级代言人的政党和领袖所认可和维护的。换句话说，“肯定否定”所引发出的是不断变化和意志的作用：前者实质上就是“不断革命”（这并不奇怪，因为在1958年1月的《工作方法六十条》中这两个词被一起使用了）。或者再换一个角度理解，它是与工作重点从经济基础到上层建筑的进一步转移相一致的。

根据毛泽东的思想的实际政治意义，也许最好应该把“肯定否定”概念看作前面讨论过的“一穷二白”比喻的象征性表述。换言之，它是这样一种说法：否定的东西能转变为肯定的东西，或者说，某种包含许多否定因素的形势，是在一种被称之为“肯定”而不是（否定之）“否定”的变化过程中，转化为一种新的更有发展前途的形势。在一定程度上我们接受周扬的分析，这种“肯定”是存在于迅速而又全面变化的千年至福的希望（chiliastic hope）之中，而不是存在于那些建筑在现有成就之上的渐变和渐进主义者的谋略之中。

继而到了20世纪60年代，毛泽东超越了对“否定之否定”这一概念重新命名和对其某一部分进行重新解释的范围，彻底抛弃了这一马克思主义的基本概念。1964年8月18日，在与康生、陈伯达等人关于哲学的谈话中，康生要求毛泽东谈谈有关“三个范畴的问题”。显然，他知道毛泽东有新思想要提出。果真，毛泽东说道：

> 恩格斯讲了三个范畴，我就不相信那两个范畴。（对立统一是最基本的规律，质量互变是质和量的对立统一，否定之否定根本没有。）质量互变，否定之否定同对立统一规律平行的并列，这是三元论，不是一元论。最根本的是一个对立统一。

> 质量互变就是质与量的对立统一。没有什么否定之否定。肯定、否定、肯定、否定……事物发展，每一个环节，既是肯定，又是否定。奴隶社会否定原始社会，对于封建社会它又是肯定，封建社会对奴隶社会是否定，对资本主义社会又是肯定。资本主义社会对封建社会是否定，对社会主义社会又是肯定。[41]

141

“文化大革命”前夕，在1965年12月的杭州会议上，毛泽东又一次非常简明地概括了他的观点：

> 辩证法过去说是三大规律，斯大林说是四大规律。我的意思是只有一个基本规律，就是矛盾的规律。质和量，肯定和否定……内容和形式，必然和自由，可能和现实等等，都是对立的统一。[42]

以前，西方的一些学者，包括魏斐德（Frederic Wakeman）和我本人，都从毛泽东对辩证法的看法日趋传统这一变化中，看到了一种转变或复归。[43]不论是否接受这个看法，从总体上看，在20世纪60年代，中国传统思想对毛泽东的思想的全面影响日益突出乃是毋庸置疑的。

毛泽东对中国传统文化态度转变的一个重要标志，显然是他对孔子的评价。在“五四”时期，把中文教员斥为把“一大堆古典式死尸式的臭文章，迫着向我们的脑子里灌”的“顽固的先生”[44]的毛泽东，早在1938年就采取了这么一个观点，即古典的遗产既有消极的方面，也有积极的方面，因此必须区别对待。尽管毛泽东毫不怀疑用儒家学说来解答20世纪问题的反动性与危害性，但是他却间接地赞同在孔子的断简残篇中记载的各种态度，比如像孔子周游四方和“每事问”[45]的做法，孔子的“不耻下问”[46]和《孟子》所说的“说大人则藐之”的态度。[47]（关于孔子学说强调理论与实践的联系，也可以见本书第59页。）

就在1964年，毛泽东为寻求灵感而对中国古典文化的追溯，使得他对孔子得出了令人意外的肯定结论。1964年2月，在关于教育问题的春节座谈会上，毛泽东在批评这位圣人不重视体力劳动、对农业生产缺乏兴趣时又说：“孔夫子出身于贫农，放过羊，也没 *142*
进过中学、大学……他自小由群众中来，了解一些群众的疾苦。后来他在鲁国当了官，也不太大。……”[48]

1964年8月，在跟康生、陈伯达关于哲学的谈话中，毛泽东以赞同的口气从《诗经》中引述了一段诗，评论说：“这是怨天和反对统治者的诗。孔夫子也相当民主……”[49]

在毛泽东对政治的理解中，“中国民族风格”最典型的表现方式，可能就在于他强调道德价值的政治意义，以及在更普遍的意义上强调国家的教育职能。1958年1月，毛泽东在为“大跃进”制定蓝图的那个指示中发出了培养新的共产主义知识分子的号召。他说道：“中央各部，省、专区、县三级，都要比培养‘秀才’。没有知识分子不行，无产阶级一定要有自己的‘秀才’。这些人要较多地懂得马克思主义，又有一定的文化水平、科学知识、词章修养。”[50]

“秀才”或“有教养的人才”一词，就其全部传统含义而言，是对科举考试制度中获得最低学位的人（生员）的通称。特意使用“秀才”这个词，不能理解为只是打趣的话。无疑，毛泽东并不准备完全采用这种类比，但这当中也的确蕴涵着根深蒂固的儒家正统信念：人们为了承担政治责任而受教育；承担权力重任是受教育者的义务。

毛泽东1958年5月在党的八大二次会议上提出“外行领导内行”是一般规律这一观点。从这可以看出他对过去历史的另一种附和。的确，他解释说，去年右派提出了这个问题，闹得天翻地覆，说外行不能领导内行。[51]换句话说，毛泽东的这个命题是对这种观 *143*
点的反驳。在《工作方法六十条》中，毛泽东已经驳斥了那种说“我们是小知识分子，不能领导大知识分子”的观点。[52]除正规学校的毕业生对“资产阶级学术权威”（他们在1957年春天就曾批评过毛泽东的这一观点）的怨恨之外，不难看出，毛泽东在1958年5月的这次讲话中所提出的“政治家是搞人与人的相互关系的”这一论点是对社会和政治的道德基础的肯定。

几个月后，在1958年8月的北戴河会议上讨论到法治（韩非子所提倡）和人治（孔子所提倡）的问题时，毛泽东宣称：

> 不能靠法律治多数人，多数人要靠养成习惯。……
>
> 宪法是我参加制定的，我也记不得。……我们每个决议案都是法，开会也是法。治安条例也靠成了习惯才能遵守……我们各种规章制度，大多数，百分之九十是司局搞的，我们基本不靠那些，主要靠决议……（我们）不靠民法刑法来维持秩序。人民代表大会，国务院开会有他们那一套，我们还是靠我们那一套。[53]

除了对中国共产党与政府机构之间的关系有所暗示之外，毛泽东在这里非常有力地表明了他对国家作为最高教育者的传统作用的态度。

1964年4月，毛泽东和公安部长谢富治讨论了劳动改造问题。毛泽东说：“归根结底究竟是人的改造为主，还是劳动生产为主，还是两者并重？ 是重人、重物，还是两者并重？ 有些同志就是只重物，不重人。其实人的工作做好，物也就有了。”谢富治对此回答说：“我在浙江省第一监狱宋硕中队，向犯人宣传了‘双十条’（这是当时对1963年5月关于‘社会主义教育运动’ 的‘十条’，加上以后1963年9月的‘十条’ 的通称。——施拉姆注）……读后，绝大多数原来不认罪的犯人认罪了，许多顽固犯人也有转变。”[54]

144 我实在不想把在农村向政治犯宣读“社会主义教育运动”的指示与过去召集大众听读皇帝的布告绝对地等同起来，但是，就其都确信道德教化是政治领导的重要方面而言，两者确实有着某种内在联系。也许，在毛泽东看来，新社会的知识分子，就其政治观点而言，应该是马克思主义的或“无产阶级的”，就其乃是近代资本主义文化的承担者这点而言，他们是“资产阶级的”，就其对自身作用的认识而言，他们在某种程度上又是“封建的”。

就我在第二篇第五章中讨论过的权力结构问题来说，马克思列宁主义与中国传统的关系在这个领域中也许更模棱两可。从整体上规定着封建时代后期国家正统观念的儒家和法家思想的综合，是等级制的和专制主义的。列宁主义大体上也是如此。在这方面存在着趋同现象。此外，如果毛泽东把政治看作优先于经济并且最终决定社会变化模式的“纲”，那么他就不仅遵循了列宁，而且也遵循了在中国流行了两千多年的社会秩序一元化和国家中心论。[55]与此同时，毛泽东的思想与中国历史上那些观念之间又有着深刻的差异，例如，把人和制度都看作具有正确思想的改造力量的主体和政治活动的目标。

由于毛泽东的国家思想的重心是中央集权制——正如我们在第一篇所见，这明显地贯穿在他从 20 世纪 40 年代到 60 年代的所有著述中，因而他对秦始皇的反复赞扬，以及对中国历代统治者的赞扬，也就不足为怪了。1959 年他写道：“殷纣王（通常称之为‘暴君’，精通文学和军事），秦始皇和曹操全都被看作坏人，这是不正确的。”[56]在 1958 年 5 月党的八大二次会议上，毛泽东称赞秦始皇是“厚今薄古的专家”，并用赞赏的口气转述了得到秦始皇认可的李斯的建议——“以古非今者诛”。 145

那么，毛泽东从另外的传统——往往被视为与封建帝制不吻合、不适应的思想体系——道家学说中汲取了什么呢？ 正如上面已经提到的，毛泽东领导下的中华人民共和国的大事件是以一系列间歇性的运动为特征的。这些运动构成了斯金纳（Skinner）和温克勒（Winckler）所谓的“依从循环”模式。毛泽东自己将其刻画为“激烈斗争”与“静止巩固”相交替的“波浪式发展”。[57]

安格斯·格雷厄姆（Angus Graham）注意到老子提倡“无为而治，并非是放弃统治”[58]。在毛泽东生命的最后 20 年，我们从他担任主席角色的方式中可以发现一些令人费解的对比。他退居二线之初，虽然仍把持他的权力，但此后除红卫兵集会之外，他都保持着隐居状态，遵循着《庄子》中“天道”章所提出的原则：

> 故古之王天下者，知虽落天地，不自虑也；辩虽雕万物，不自说也；能虽穷海内，不自为也。……帝王无为而天下功。……此乘天地，驰万物，而用人群之道也。[59]

纵观毛泽东一生尤其是1949年之后的思维和行为模式，归根到底，显然“大人物”传统对他的影响比“小人物”传统对他的影响要强烈得多。[60]

在毛泽东的最后10年中，这些传统的关于统治者的作用的观念，变得更加举足轻重，加之他表现在政治和经济事务上越来越“左”的态度，构成了“文化大革命”的根源之一。然而，不管怎么说，在许多方面，导致这一局势的第三个决定性因素是中苏各种矛盾的逐渐暴露以及毛泽东对这些变化的反应。

第七章

中苏分裂的因与果

当然，从中国共产党创建伊始，苏联对其发展的影响就是广泛 146
而又深刻的。从 20 世纪 20 年代到 40 年代乃至更久远的时期里，莫斯科一直是世界共产主义运动的领导中心和精神源泉。对于苏联所具有的这两方面的地位，毛泽东的态度是明显不同的。他对苏联模式的正确性的怀疑是逐步发展的，而且相对来说晚一些。毛泽东从来就不乐意接受这样的观念，即中国不仅是共产主义事业中的一个小伙伴，而且只应该使自己完全隶属于世界革命组织，在革命运动过程中丧失自身的个性。

在某种意义上，1936 年，毛泽东同埃德加·斯诺的谈话可以看作是对这方面问题的一个整体概述。当斯诺问，如果共产主义胜利，在苏维埃中国与苏维埃俄国之间，是否将会出现“某种实际上合并的政府”时，毛泽东回答说：“我们为解放中国而战斗的目的，绝不是为了将国家交给莫斯科！”他又补充说：“中国共产党只是中国的一个政党……它不能代表俄国人民讲话，也不能替第三国际来统治，只能维护中国大众的利益。”[1]

延安时期，苏共与中共之间、毛泽东与斯大林之间关系的演变，不在第二篇讨论之列。为了介绍 1949 年以后发生的情况，注意一下毛泽东本人对斯大林在中国 1945 年开始的艰苦内战时期的所作所为的评价还是必要的。在 1962 年 9 月召开的中国共产党中央委员会的一次会议上，毛泽东回顾了 1960 年以后，由于“反对赫鲁晓夫”的需要，中国人一直不能把精力集中于完成国内任务的情形，他随后说道：“你看，社会主义国家，马列主义中出现这样的问题”，接着，他追溯了以前的事情，继续说：

> 其实根子很远，事情很早就发生了。就是不许中国革命。那是一九四五年，斯大林就阻止中国革命，说不能打内战，要与蒋介石合作，否则中华民族就要灭亡。当时我们没有执行，革命胜利了。革命胜利后，又怀疑中国是南斯拉夫，我就变成铁托。以后到莫斯科，签订中苏同盟互助条约，也是经过一场斗争的。他不愿意签，经过两个月的谈判最后签了。斯大林相
> 147 信我们是什么时候起呢？是从抗美援朝起，1950 年冬季，相信我们不是铁托，不是南斯拉夫了。[2]

1949 年 6 月，在国内战争胜利前夕，毛泽东仍然宣布：与苏联团结一致将是新中国外交方针的基础。关于这一点，他总结如下：“在国外，联合世界上以平等待我的民族和各国人民，共同奋斗。这就是联合苏联，联合各人民民主国家，联合其他各国的无产阶级和广大人民，结成国际的统一战线。”[3]

“你们一边倒。”在回答一个虚构的对话者的这一指责性评论时，毛泽东对其所以要采取这样的方针作了详细的说明：

> 正是这样。一边倒，是孙中山的四十年经验和共产党的二十八年经验教给我们的，深知欲达到胜利和巩固胜利，必须一边倒。积四十年和二十八年的经验，中国人不是倒向帝国主义一边，就是倒向社会主义一边，绝无例外。骑墙是不行的，第三条道路是没有的。[4]

虽然这是 1949 年已经明确宣布了的外交方针路线，但斯大林的态度使毛泽东执行起来并非总是那么轻松、愉快。1949 年 12 月毛泽东出访莫斯科，耗费了两个月的谈判时间，才争取到斯大林向

中国提供的最低限度的支持和援助——毛泽东认为这些支持和援助是最起码的。正如他后来回忆的那样，那次谈判相当于“一场斗争”。问题的一个方面无疑是中国与苏联之间民族利益的冲突，以及这两个大国在20世纪50年代以“社会主义阵营”著称的大统一体中的地位的冲突。在1959年3月的一次谈话中毛泽东对自己在1950年莫斯科谈判期间的态度作了解释：

> 1950年，我和斯大林在莫斯科吵了两个月，对于互助同盟条约、中国东部铁路、合股公司、国境问题，我们的态度：一条是你提出，我不同意者要争；一条是你一定要坚持，我接受。这是因为顾全社会主义利益。[5]

当然，隐藏在这些冲突背后的绝不仅是斯大林对于另一股共产主义强大势力的崛起不感兴趣——这个强国最终可能成为苏联的竞
争对手，或至少对于在世界舞台上如何维护“社会主义的利益”这 148
个问题享有其发言权，而且还有毛泽东与斯大林之间在关于中国革命应走什么道路这个问题上长达20年之久的冲突。关于20世纪20年代和30年代的事情，毛泽东在1962年1月30日的重要讲话中说：

> 中国这个客观世界，整个地说来，是由中国人认识的，不是在共产国际管中国问题的同志们认识的。共产国际的这些同志就不了解或者说不很了解中国社会，中国民族，中国革命。对于中国这个客观世界，我们自己在很长时间内都认识不清楚，何况外国同志呢！[6]

当然，认识“中国这个客观世界”，意味着认识在一个幅员广大且农民占绝对优势的国家进行共产主义革命的特殊情况，设计一个以土地改革和乡村游击战为基础的斗争形式。但是，它也意味着设计一套一旦夺取政权取得胜利立即改造社会和发展经济的新方

法。如果说从第一个五年计划开始的1953年到1958—1960年的“大跃进”期间，中苏之间的冲突尚未公开化的话，那么，在困难时期，中苏对这些现实问题的冲突则渐趋白热化。

在这期间，国外和国内发展之间的关系，是一个复杂的问题，毋庸置疑，它们是作用和反作用的关系。1956年秋天波兰和匈牙利的动乱之后，中国大概很快地就意识到，莫斯科今后所能提供的经济援助将越来越少，因为为了要稳定东欧的局势，它必须在那里花费更多的代价。就这点来说，中国自1958年起强调“自力更生”的政策，并不完全是反映了毛泽东的武断，它同时也是应付现实国际形势的一种对策。“可恶的俄国佬”的行为显然并不比“可恶的美国佬”更有魅力。就在同一时期，“可恶的美国佬”正在其他一些国家担任顾问和技术专家。但是，中苏经济和技术合作除了这些
149 外交与心理方面的问题之外，依靠外国专家来领导中国的经济发展规划，也产生了很多根本性的问题，即中国人民自己在创造自己的未来过程中的作用问题。

毛泽东在1962年1月30日的一段讲话有力地反映出他对中国走社会主义道路的相互联系的各个方面的问题的总的态度。他说：

> 在1949年后的最初几年中，那时候有这样一种情况，因为我们没有经验，在经济建设方面，我们只得照抄苏联，特别是在重工业方面，几乎一切都抄苏联，自己的创造性很少。这在当时是完全必要的，同时又是一个缺点，缺乏创造性，缺乏独立自主的能力。这当然不应当是长久之计。从一九五八年起，我们就确立了自力更生为主、争取外援为辅的方针。[7]

毛泽东的这段论述，强烈地显示出必要的民族尊严。他说，对外国经验无选择地模仿，无论多么应一时之需，绝对“不能作为”中国人民的长期战略。1958年，当人民公社、“大跃进”的经济和社会实验刚开始实行时，毛泽东就直言不讳地表示，他意识到苏联可能因为感觉到中国拒绝盲目地追随它而不满意，而且不能不介

意。在关于必须打破“盲目迷信”苏联这个样板的讨论中，尤其是在军事领域，他说：“有人说，苏联顾问看到我们没有照搬他们的经验，这使他们很不高兴。我们也要问这些苏联同志：你们照搬中国的经验了吗？ 如果他们说没有，那么我们也会说：如果你们不照搬中国的经验，我们也不会照搬你们的经验。”[8]

毛泽东坚持突破苏联模式，不管怎么说，也不单纯是由于自尊心的需要使然。早在 1958 年之前的几年，他对苏联模式本身的价值以及它们对中国适用性的怀疑就一直在增长。1956 年 4 月《论十大关系》的讲话，标志着他试图要有系统地探索建设社会主义的中国道路的开始。他宣称：

> 我们比苏联和一些东欧国家作得好些。像苏联的粮食产量长期达不到革命前最高水平的问题，像一些东欧国家由于轻重工业发展太不平衡而产生的严重问题，我们这里是不存在 150
> 的。……苏联的办法把农民挖得很苦。……他们这样来积累资金，使农民的生产积极性受到极大的损害。你要母鸡多生蛋，又不给它米吃，又要马儿跑得好，又要马儿不吃草。世界上哪有这样的道理！[9]

尽管毛泽东对苏联的经济发展经验有这些疑虑，尽管他批评斯大林迷信阶级斗争，以及斯大林作为一位辩证法理论家的缺陷，但毛泽东对赫鲁晓夫 1956 年发动的非斯大林化运动的方式和性质，仍持严肃的保留态度。此刻，正是我们较系统地考察他对这些事件的反应的恰当时机了。

非斯大林化与“现代修正主义”

中国对苏共第二十次代表大会的反应问题，长期以来是人们推测和争论的主题，这些争论都是根据一方或另一方所发表的零零碎碎的文章，根据现在已经掌握的大量文献资料，这个问题已经可以得到解释了，虽然这些文献资料还不是全部。早在1956年4月，中国共产党中央委员会就对斯大林作出了评价：纵观其一生，三分错误，七分成绩。毛泽东在《论十大关系》中指出，1956年4月5日的《人民日报》编辑部文章就是“按照这个分寸”写的，虽然并未明确地提出这个评价。[10]尽管斯大林对中国革命的指导是错误的，毛泽东还是认为三七开的评价是“公正的”。[11]

半年之后，针对匈牙利和波兰事件的后果，1956年11月15日，毛泽东在中共八届二中全会上作了关于“斯大林这把刀子”和“列宁这把刀子”的著名评论。在毛泽东看来，甚至这第一把“刀子”，也不能以反“所谓斯大林主义”的名义简单地把它丢掉。毛泽东在批评斯大林的错误时，同时还保护他。至于“列宁这把刀子”，就是反对“议会道路”，坚持十月革命这个典范，毛泽东强调，无论如何不能丢掉这一点。

在1956年12月29日《人民日报》编辑部的文章《再论无产阶级专政的历史经验》中，这种思想倾向得到发展。与4月份的那
151 篇文章相比，这篇文章更着重于强调斯大林的功绩和社会主义条件下阶级斗争的继续。另一方面，在1957年2月27日关于人民内部矛盾的讲话中，毛泽东详细说明了他对斯大林及有关理论和具体问题的看法，而且态度多少有点不同。

在本书第二篇的第五章，我已经引述了关于斯大林一贯排除异己的那段文字。接着，毛泽东以镇压反革命为题，对中国与苏联之间运用与滥用革命暴力的差别作了比较：

> 比较起来，我们这个国家的肃反工作究竟做得怎样呢？是很好还是很不好？缺点是有，但是和别国比较起来，我们做的比较好，比苏联好，比匈牙利好。苏联太“左”，匈牙利太右。

毛泽东承认，中国有时也犯极左的错误，但大部分都是江西时期受苏联影响在根据地发生的，1942年关于反对乱杀、滥抓的指示对这些错误已作了纠正。至于从那以后，也曾出现过一些缺点，但

是，丝毫不同于斯大林执政时的苏联：“他那个同志搞得不好。他们有两面，一面是真正肃清了反革命，这是对的；另一方面杀错了许多人，许多重要的人物如（第十七次）党代表大会的代表……”

在这里，毛泽东首先间接地提到赫鲁晓夫在秘密讲话中提供的被害者的数目。他承认，中国从 1950 年到 1952 年曾处决一些反革命分子，分寸掌握得“基本上正确”。[12]

除了批评斯大林把所有持不同政见者都处死或关进集中营的政策之外，像他在 1957 年 1 月对党的书记们的谈话那样，毛泽东再次提到斯大林作为一个马克思主义理论家的不足之处。可是，这一次他深入了一步，自称他的哲学创见堪与马克思、列宁及斯大林相比：

> 人民内部的矛盾如何处理的问题还是一个新的问题。马克思、恩格斯对于这个问题谈得很少，列宁谈到，但只是简单地谈到。他讲到社会主义社会对抗消失了，矛盾仍然存在着；也
> 就是说，资产阶级打倒了，但人民之间有矛盾。列宁说仍然存 152
> 在人民内部矛盾，但他没来得及系统分析这个问题。人民内部矛盾有没有可能转化成对抗性矛盾呢？应该说是有可能的，但列宁没有详细观察这个问题。斯大林在很长时期内把这两类矛盾混淆起来了。[13]

列宁没有提出人民内部矛盾这个概念，毛泽东认为这是由于革命胜利后最初的日子缺乏经验。[14]另一方面，毛泽东把斯大林的错误归咎于他个人对辩证法的不适当理解。[15]

毛泽东总结了苏共二十大关于斯大林错误的批评，指出了这个事情的双重性。一方面，打破对斯大林的迷信，揭开盖子，这是一个“解放运动”。但是，另一方面，赫鲁晓夫处理此事的方式是错误的，他没作分析，没有考虑到对世界其他地区的影响。毛泽东说，在和苏联针锋相对的辩论中，我们提出过抗议，说他们是大国沙文主义者。[16]

1957年11月，毛泽东去参加共产党和工人党代表会议时第二次访问了莫斯科。他谈到那时他仍旧有“满腔被抑制的愤怒，主要是对斯大林”。尽管他没有详细说明原因，因为那是过去的事了。接着，他用独特的方式继续明确地说：“在斯大林时代，没人敢畅所欲言。我两次来莫斯科，第一次是压抑的。尽管所有的谈话都提‘兄弟党’，但实际上是没有平等的。”他说，现在，我们“必须承认，我们的苏联同志作风有很多转变”。接着，他表达了自己的意见：“首先，我们现在必须承认苏联的领导地位和苏联共产党作为会议召集人的地位。其次，现在这样做是无害的。”[17]虽然莫斯科
153 会议纪要足以说明毛泽东与赫鲁晓夫之间融洽亲切的气氛，但是，像这样一个文件，显然并不表明毛泽东对苏联思想和政治权威崇拜的程度。因此，会后不到一年的时间，冲突的迹象就暴露出来了。这从任何角度来说都是出人意料的。无疑，双方关系的恶化，一个主要的因素是莫斯科反对“大跃进”的新经济政策。

毫不奇怪，苏联人只看到了毛泽东的新方法的一些异端，而没有看到他的许多方针和目标与列宁主义逻辑的基本一致性。他们对1958年夏季成立的人民公社持非常悲观的态度。对于人民公社的成立，赫鲁晓夫先是在私下里嘲笑，后来很快就在公开场合进行奚落。

无疑，苏联人也曾为他们所看到的中国人在工业生产领域中提出的过高要求而感到震惊和愤怒。尤其令他们吃惊的是，毛泽东在1957年11月的共产党和工人党代表会议上竟然在他们鼻子底下提出了在15年内钢产量和其他主要工业产品赶上英国这一最为激进的号召。[18]

由于越来越不愿依靠苏联的援助，毛泽东对国内事务的新态度本身就意味着中苏关系开始松弛。直到1956年12月，毛泽东还重申他在1949年提出的“一边倒”的方针：

> 社会主义阵营主要是苏联和中国。中国和苏联靠在一起，这个方针是正确的。现在还有人怀疑这个方针。他们说，“不

> 要靠在一起”，还认为可以采取中间路线，站在苏联和美国之间，作个桥梁。这就是南斯拉夫的办法，这个办法就是两边拿钱，这里边也拿，那里边也拿，这样做法好不好呢？我认为站在中间，这个办法并不好，对民族不利，因为一边是强大的帝国主义，我们中国是长期受帝国主义压迫的，如果站在苏联美国之间，看起来是很好的，独立了，其实是不会独立的。美国是靠不住的，他会给你一些东西，帝国主义怎么能给我们吃饱呢？不会给你吃饱的……[19]

然而，1958 年，毛泽东和赫鲁晓夫的关系急剧恶化，其恶化的程度远远超出了他们关于“大跃进”方针的争论的范围。这一不断加深的分歧并不简单，或者从根本上来说，这是关于非斯大林化争论的结果。我们知道，毛泽东对赫鲁晓夫没有与他商量就进行非斯 154
大林化运动的方式并不赞成。但同时，毛泽东对斯大林对中国人采取的高压政策怀着强烈的不满，从这个意义上来说，他赞成——而且完全赞成——赫鲁晓夫在批判斯大林时所作的努力。他在 1958 年 3 月指出，“菩萨”比人大好几倍，是为了吓人……斯大林就是那样的人，中国人当奴隶当惯了，似乎还要当下去，中国艺术家画我和斯大林的像，总比斯大林矮一些，盲目屈服于那时苏联的精神压力。

1958 年 4 月毛泽东又指出：“斯大林这位同志有点老爷味道……过去苏联与我们是父子、猫鼠关系。”[20]

但尽管如此，毛泽东在 1958 年 3 月的成都会议上说，他反对赫鲁晓夫“一棍子打死斯大林”的做法。斯大林的错误应当批判，但应当承认，他也有正确的一面，而对于他正确的一面“我们必须敬重，永远敬重”。

尽管毛泽东在这一点上有保留意见，但他在 1958 年 3 月的同一次成都会议上，还是支持赫鲁晓夫，并把他作为从地方党组织中涌现出来的年富力强的优秀革命者的榜样：

> 地方工作同志，将来总是要到中央来的。中央工作的人总有一天非死即倒的。赫鲁晓夫是从地方上来的。地方阶级斗争比较尖锐，更接近自然斗争，比较接近群众。这是地方同志比较中央同志有利的条件。[21]

我想，有充分的理由可以说，在1958年年中以后，毛泽东在提到赫鲁晓夫时再也没有用过这种肯定的说法。当然，导致两人关系恶化的决定性事件是1958年夏的外交政策危机（或一系列危机）。赫鲁晓夫试图在没有北京参与的情况下解决1958年7月的中东冲突，这显然是产生麻烦的一个主要根源。更为重要的原因或许是毛泽东确信，苏联领导人正企图控制中国的外交政策。

155 1959年7月29日，在中央委员会的庐山会议上，当毛泽东与彭德怀的对抗接近高潮时，他在三份国外批评人民公社的文件（其中包括对赫鲁晓夫在美国关于这一问题的谈话的新闻报道）上作了一个简短的批语。三天后，他派人把这些材料以及他写的批语的副本送给一位老同志，并附有一张便条，其中写道：

> 一个百花齐放，一个人民公社，一个大跃进，这三件，赫鲁晓夫们是反对的，或者是怀疑的。我看他们是处于被动了，我们非常主动，你看如何？这三件要向全世界作战，包括党内大批反对派和怀疑派。[22]

显然，毛泽东对于那种认为他所提出的建设社会主义的方法与马克思主义正统观念不一致的意见既感到愤懑又表示蔑视。与此同时，对于毁谤人民公社的言论，尤其是赫鲁晓夫干涉中国共产党内部事务（其方式是批评人民公社，与彭德怀保持联系，等等）的做法，他表示强烈不满。因为国内也有人像苏联人那样在某种程度上持保留态度，他感到忧心忡忡。这种忧虑加深了他的不满。

接着，1959年秋季发生了塔斯社声明事件，然后是与苏联的一系列其他冲突。毛泽东在八届十中全会的讲话中对此作了如下概述：

> 1959 年 9 月中印边界问题，赫鲁晓夫支持尼赫鲁（Nehru）攻我们，塔斯社发表声明以后赫鲁晓夫来我国，十月在我国国庆十周年宴会上，在我们讲台上，攻击我们。1960 年布加勒斯特会议围剿我们，然后两党（中国和苏联）会议，26 国起草委员会，81 国莫斯科会议，还有一个华沙会议，都是马列主义与修正主义的争论……[23]

“围剿”是蒋介石在 20 世纪 30 年代专门用来消灭共产党人的战术，毛泽东在这里用“围剿”这个词，生动地反映出他已察觉到以前的同志对他的敌对程度。但是，尽管毛泽东对这种敌视感到愤懑，但面对这种敌视他却非常冷静。在 1960 年 3 月的一次讲话中，他阐述了这种自信的原因：

> 所谓大反华，究竟是一些什么人，有多少呢？不过是一些 156
> 西方国家的帝国主义分子，其他一些国家的反动派和半反动派，国际共产主义运动中的修正主义分子和半修正主义分子，以上三类人，估计总共只占全人类的百分之几，例如说 5%吧。最多不过占 10%。……所以他们反华，对我们说来，是好事，不是坏事，证明了我们是真正的马克思列宁主义者，证明了我们的工作还不错。……美国和我们的仇恨更大一点，但也不是天天大反其华，也有间歇性。……不但现在有较小的间歇性，而且将来会有较大的间歇性……［如果］我们全党全民真正团结一致，我们的主要生产项目的总产量和按人口平均的产量，接近和超过他们了，这种较大的间歇性就会到来。也就是说这会迫使美国人和我们建交，并且平等地做生意，否则他们就会被孤立。[24]

毛泽东在 1960 年作出的中美关系改善的预测在随后的 10 年中

并没有实现。与此同时，中苏关系的恶化却迅速走向顶点。在我们刚刚引用过的毛泽东的那次讲话的一个月后，中国人用发表题为《列宁主义万岁！》的社论和其他一系列文章的方式，展开了一场大规模的思想攻势。这些文章表面上针对毛泽东所说的作为“反华大合唱”成员的“修正主义分子”，即南斯拉夫人，实际上矛头所向却是苏联的“半修正主义分子”，在毛泽东的著作中，后者很快就成了众所周知的主要敌人。决定性的转折点是在1962年1月，毛泽东在七千人大会上实际上发出了推翻苏联现政权的号召。

他这次讲话有这样一段话（1967年作为“指示”发表）：

> 苏联是第一个社会主义国家，苏联共产党是列宁创造的党。虽然苏联的党和国家的领导现在被修正主义篡夺了，但是，我劝同志们坚决相信，苏联广大的人民，广大的党员和干部是好的，是要革命的，修正主义的统治是不会长久的。[25]

尽管这一讲话当时并没有公开发表，但苏联领导人很快就确信了这样一个事实，即毛泽东认为他们是无法忍受的。总的说来，莫斯科和北京的彻底决裂是在1963—1964年的公开论战时期。即使把毛泽东作为1963年9月6日到1964年7月14日这一期间中国回击苏联人的九篇文章的原作者，我在此也不打算再重新评价这些文
157 章的内容了。在这一背景中，与此有关的是毛泽东本人以多快的速度给在9月初刚刚开始出现的反苏言论赋予了思想和政策的实质内容。

1963年9月下旬，政治局召开扩大会议。9月27日，毛泽东在会上作出了“新疆反修斗争的指示”。他指出，新疆在反对修正主义的斗争中，第一要做好经济工作，提高全体人民的生活水平，不但使人民的生活水平比国民党时期好，而且要比“修正主义统治下的苏联”好。应当少征购粮食，并且为了在与边境另一方的形势相比较时居于优势，棉布、茶、糖等其他物资的供应要“比另处充分些”。

在这一背景下，毛泽东接着阐明了第二点：

第二，新疆在反修正主义斗争中要加强政治挂帅，加强思想政治教育，加强各民族干部和人民反修正主义的学习……汉族干部应学习少数民族的语言文字，正确处理民族关系，坚持阶级观点，执行阶级路线，相信各民族干部和人民的绝大多数，进一步增强民族团结，以保证反修正主义斗争的胜利。

要注意的第三点是教育当地汉族人尊重当地少数民族的风俗习惯。在这个前提下，毛泽东要求帮助那些被派往新疆的汉族劳动者，解决他们的"婚姻和其他困难"，这其中传达出某些意味深长的观点。第四点是要密切注意边境地区的形势，加强"边疆的反修斗争"。第五，要警惕"苏联现代修正主义分子"的"颠覆和破坏，以及他们的军事入侵"。最后一点是讲反修斗争中的"一元化领导"。[26]

事实上，毛泽东深信中国在生活水平方面很快就能赶上苏联，不仅能赶上它的亚洲部分，而且能赶上它的整个国家。他在1964年1月对安娜·路易斯·斯特朗说："赫鲁晓夫认为，现在中国是五个人穿一条裤子，大家喝清水汤。他说这个话的时候，正是他自己那里的经济形势恶化的时候。他在最困难的时候讲这种话，是为了向人民说：看，我们国家多了不起，裤子不少，清水汤不多。现在，他们的裤子越来越少，清水汤越来越多，实际上他们的日子比我们好不了多少。"[27] *158*

不管毛泽东实际上是否相信这一点，但他确信，苏联试图运用它在社会主义阵营中老大哥的权力来扩大它自身的经济利益。毛泽东在1960年读苏联《政治经济学（教科书）》的读书笔记（应为谈话——编注）中攻击了莫斯科在经互会中的经济专业化政策，这样一种政策使某些国家始终处于向比他们更加先进的邻国特别是苏联提供农业原料的地位。[28]这一点一直使毛泽东怨恨不已，1964年1月，他在与安娜·路易斯·斯特朗的谈话中宣称："社会主义国家的问题是赫鲁晓夫想让他们生产单一的经济产品以满足苏联的需要……当儿子真难当。"[29]

因此，毛泽东在20世纪50年代末60年代初表现出的日益明确的民族主义，不仅是对帝国主义封锁中国作出的反应，也是对苏联大国沙文主义的回击。与这一倾向以及中苏关系的一般演变相联系的是激进主义的不断增长。这首先表现在强调阶级斗争。正如我在第二篇第六章中指出的，这种向左转的趋势是“大跃进”自然而然的派生物，但毛泽东对赫鲁晓夫“土豆烧牛肉的共产主义”的厌恶进一步推动了这一趋势的发展。此外，苏联内部出现修正主义的情况使毛泽东深受震动，他开始觉察到中国本身也存在类似的现象。这样一来，另一因素注入了这一在“文化大革命”中登峰造极的复杂过程。

内部敌人：毛泽东日益热衷于阶级斗争

正如我在第二篇第五章末尾所提到的那样，毛泽东果断地改变了他关于1957年夏季中国社会矛盾的性质的立场。这一转变在经济政策上造成的后果我已作过考察，此外也提及了它在哲学领域的某种含义。现在，在重新考察了毛泽东1957年以后的思想倾向和中苏冲突之间的相互作用以后，我们就该研究一下中国中心主义、159 对马克思主义激进的解释以及因怀念以往英雄的丰功伟绩而产生的“左”倾情绪是怎样共同引导毛泽东走向那场史无前例的实验的了。

当然，促使毛泽东的思想和政治态度在20世纪60年代初日益激进化的主要因素，是他越来越刺耳、越来越固执地强调中国社会内部存在阶级斗争以及阶级斗争的重要性。因此，我要简要地考察一下从“大跃进”到“文化大革命”前夕毛泽东关于阶级和阶级斗争思想的演变。

毛泽东在1957年10月9日中共八届三中全会上的讲话第一次系统地阐述了他的新观点。毛泽东放弃了一年前党的八大所采取的立场，放弃了他本人在1957年2月还重申的观点，这种观点的大意是说，中国现阶段的基本矛盾是生产力与生产关系的矛盾。现在毛泽东却断言：

> 无产阶级和资产阶级的矛盾，社会主义道路和资本主义道路的矛盾，毫无疑问，这是当前我国社会的主要矛盾。……过去主要是无产阶级领导人民大众反帝反封建，那个任务已经完结了。那么，现在的主要矛盾是什么呢？现在是社会主义革命，革命的锋芒是对着资产阶级，同时变更小生产制度即实现合作化，主要矛盾就是社会主义和资本主义，集体主义和个人主义，概括地说，就是社会主义和资本主义两条道路的矛盾。“八大”的决议没有提这个问题。“八大”决议上有那么一段，讲主要矛盾是先进的社会主义制度同落后的社会生产力之间的矛盾。这种提法是不对的。[30]

当然，上面引用的这段话现在在中国被认为是错误的。然而，不管它正确还是错误，构成毛泽东余生思想特征的正是这种对“两条道路”之间的阶级斗争和反对资产阶级的阶级斗争的强调。但是，在随后的 19 年中，毛泽东推动阶级斗争的气势和严厉程度，他对现存阶级关系的分析，都有过较大的曲折、变化和起伏。

“大跃进”前夕，毛泽东就用相当令人费解的语言说出了他对中国社会阶级结构的看法。他指出，“人们的相互关系”“决定于三大阶级的关系”：(1)“帝国主义、封建主义、官僚资本主义、右派 160
分子及其代理人”；(2)“民族资产阶级”（他说他是指右派以外的那些人）；(3)“左派，即劳动人民、工人、农民”。关于最后一类，毛泽东又插入一句话（大概是事后的想法）：“其实是四个阶级，农民是另一个阶级。”[31]

在 1958 年 4 月 6 日汉口会议上的讲话中，毛泽东纠正了一种反常现象——没有特别指出农民的特殊作用，但却继续把“帝国主义分子”包括在中国现存的阶级当中。这一次，他对这个问题作出如下阐述：

> 国内有四个阶级，两个剥削阶级，两个劳动阶级。第一个

> 剥削阶级为帝国主义、封建主义、官僚资本主义、国民党残余，300 000 右派也包括进去。地主现在分化了，有改造过来的，有没有改造过来的。没有改造过来的地、富、反、坏和右派分子，这些人坚决反共，就是现在的蒋介石、国民党，是敌对阶级，如章伯钧等。党内的右派分子也是一样的……这些人加起来大约占人口的 5%……这是敌对阶级，尚待改造。一要斗，二要拉。要把 7%[32] 分化出来，就是大胜利。……几年之后，他们把心交出来，真正转变，可以摘掉帽子。[33]

第二个剥削阶级，是民族资产阶级，农村富裕中农也包括在内。毛泽东把他们说成是动摇的和机会主义的阶级。关于“两个劳动阶级，工人和农民”，毛泽东指出：“过去心不齐，意识形态、相互关系没有搞清楚”。他接着指出：“工人农民在我们党的领导下，做工、种田，在相互关系问题上，我们过去处理不恰当。”

“大跃进”的后果，使毛泽东以前关于阶级问题（结合了客观标准和主观标准）的观点因一种新因素的加入而被修正，这种新因素就是干部和知识分子中的特权分子构成了胚胎状态的阶级的观点。这一倾向是同上面所谈到的一代人的变化相联系的。长期以来，人们一直认为，因为资产阶级出身的知识分子习惯了某种生活水平，所以必须付给他们高薪。关于这一问题，中国报纸在 1956
161 年至 1957 年曾展开过广泛的讨论。1957 年 1 月，毛泽东本人也为他所说的出“一点钱”就“买了”资本家以及跟他们有联系的民主人士和知识分子的观点进行辩护。[34] 显然，同样的照顾并不适用于新培养出来的年轻人，他们没有这样的奢望，也可以假定他们有较高的政治觉悟。

我已经提到，在 1958 年 8 月的北戴河会议上毛泽东提倡“供给制”。当然，他关于这一问题的讲话当时显然没有公开发表，但其思想的主要内容在 1958 年 10 月《人民日报》转发的张春桥的文章中得到了体现。9 月份在上海首次发表的张春桥的文章，实际上绝不仅仅是张春桥和毛泽东的观点偶然巧合的一致，这是一种精明的政治谋略的结果。上海的“左派”市长柯庆施出席了北戴河会议，他在电话里向张春桥通报了他关于毛泽东讲话的笔记，张春桥文章的灵感即由此而来。一看到这篇文章，毛泽东就决定在北京转载。因此，毛泽东的这一行动既表明他易于接受这种奉承，也表明上海环节（如果说此时尚未形成上海网络的话）在这时就已经开始发挥作用了。[35]

毛泽东为1958年10月13日的《人民日报》写了编者按，与张春桥的文章一同发表。他说，文章所表达的观点“基本上是正确的”，但有“一些片面性”，即它对历史过程解释得“不完全”。但是，即使毛泽东认为张春桥对破除“资产阶级法权的观念”过于急躁，用这一术语所提出的问题在他以后的讲话和著作中却一再出现。简言之，毛泽东认为在社会主义制度下按劳取酬所造成的不平等与马克思论及资本主义社会时所界定的“资产阶级权利”或资产阶级法律规范在本质上是相同的，正是这一点为他的下述观点提供了理论基础：由于党内有一大批依恋其特权的高级干部，因此，党是产生资产阶级或具有资产阶级思想的分子的温床。*

我已经强调了1959年庐山中央全会的重要性。这次会议成为更加强调阶级斗争的转折点。毛泽东指责彭德怀及其盟友为混入中国共产党内部的反马克思主义的“资产阶级分子”。[36]他宣称，庐山的这场斗争已经是阶级斗争了，是“过去十年社会主义革命过程中资产阶级与无产阶级两大对抗阶级的生死斗争的继续”，并且预言，这种斗争“至少还要斗二十年”[37]。

在讨论“文化大革命”前这段时期毛泽东在阶级斗争问题上的错误时，邓力群指出了毛泽东不断增长的激进主义的另一根源：“事实上，1958年之后，毛泽东基本上没有注意经济工作，这就影响了毛泽东对阶级和阶级斗争形势的估计。”[38]不应望文生义地认为，这种说法是说毛泽东此后对任何与经济有关的问题都没有兴趣。无论如何，正是在1960年，他组织了对苏联政治经济学教科书的研究，而且现在还听说他主持起草了1961年3月关于人民公社问题的“六十条”。[39]所以，邓力群的观点是，毛泽东虽然还在不

*中国最近对毛泽东思想中这一倾向的最有权威的分析，见石仲泉的《马克思所说的“资产阶级权利”和毛泽东对它的误解》一文，载《文献和研究》（1983），405～417页。该文经重新修改后又在《红旗》1985年第11期（12～17页）上公开发表。像最近发表的其他许多文章一样，这篇文章断言，从“大跃进”开始，毛泽东在解释“资产阶级权利”的概念中就起着主要的作用。“资产阶级权利”出自马克思经典著作《哥达纲领批判》，在这本书中，马克思运用它批判了“不折不扣的劳动所得”这一概念（参见《马克思恩格斯选集》，第4卷，8～16页）。在德语中，法权（Recht）有两个意思，一是权利（right or rights），指获得劳动报酬的资格（或人类权利）；二是法和秩序（legal order）。马克思在此提到这个问题时，实际上是指这两方面的意思。在明确指出“平等的权利按照原则仍然是资产阶级的法

（接上页）权”之后，他接着指出：“权利，就它的本性来讲，只在于使用同一的尺度……”换句话说，第一种意义上的权利是由法制或类似法律的准则所规定的。1979年以来，中国人放弃了毛泽东使用过的“资产阶级法权”这一概念，主张改译为“资产阶级权利”。从字面上讲，“资产阶级法权”意为“bourgeois legal rights”；而“资产阶级权利”则侧重于个人主体的权利。这样进一步混淆了这个概念。总之，毛泽东最担心的是这样一个事实，即“按劳分配”社会主义原则的严格运用，并没有重视单个人的社会需要，因而从某种程度上来说，这就像资本主义的劳动工资制一样，是很残忍的。

断谈到经济制度的政治方面和思想方面，但他对经济学或者经济现实并无特别认真的兴趣。从这个意义上讲，邓力群的结论无疑是有道理的。

从 1950 年至 1960 年以来，毛泽东越来越坚信，他和刘少奇及其他人长期以来所斥责的中国共产党内的官僚主义倾向，并不简单的是“工作作风”中的缺点所造成的，而是反映了党和它的干部中阶级性质的最初变化，他对苏联情况的观察在很大程度上助长了这种看法。他在 1960 年就社会主义社会在消灭阶级以后又出现了“既得利益集团”问题所作的评论，显然是想要应用于中国现实。

现在中国确有一些学者认为，毛泽东对苏联“修正主义”分析的主要目的是锻造一个武器，以对付中国共产党内部那些不同意他观点的人。这也许有点言过其实。无疑，毛泽东对赫鲁晓夫的俄国以及它所代表的一切（在毛泽东眼中）深感厌恶，实际上，毛泽东还找出了苏联体制弊端的最初根源。他断言，十月革命之后，苏联没有彻底解决好“资产阶级法权”的问题。结果，沙皇时代的等级制度又出现了，多数党员是干部子弟，普通工人农民提不起来。[40]他还指出，苏联没有彻底破除资产阶级的自由，因而没有充分建立起无产阶级的自由，中国政治和思想上的革命搞得比较彻底。[41]毛泽东最担心的仍然是这种有害倾向可能会在中国生根的危险。早在 1960 年，毛泽东就看到中国的干部当中存在着两种现象：一方面，他们依恋“按劳分配”原则即“资产阶级法权观念”所带来的特权；另一方面，他们的行动又像封建君主一样。毛泽东把这种现象归咎于中国干部中被这种毒素感染的人。而在此后的岁月中，这两种现象一直留存在毛泽东的思想深处。毛泽东说：“人这种动物很有趣，稍有一点优越条件，他就飘飘然。”[42]

1962 年 1 月，在一篇主要强调必须继续与“始终妄图复辟”的旧的反动阶级（地主和资产阶级）斗争的讲话里，毛泽东明确指出，在社会主义社会中，“还会产生新的资产阶级分子”。[43]1962 年 8 月，在八届十中全会前的北戴河中央委员会预备会议上，毛泽东宣布，《农村社会主义高潮》（由毛泽东亲自编辑）一书中，有一段按语讲资产阶级消灭了，只有资本主义思想残余的影响，讲错了，要改正。……资产阶级是可以新生的，苏联就是这个情况。[44] *164*

就实际情况看，资产阶级可以“新生”这一说法留下了一个有争议的问题，即毛泽东的意思是指旧的资产阶级可以再生，还是说资产阶级的幽灵或本质能够以一种新的适应社会主义社会条件的形式而获得新生呢？他可能是指第二种情况，即德热拉斯（Djilas）和其他人称之为“新阶级”的状况，尽管就我所知，毛泽东本人从未使用过这个词。然而，这些“新资产阶级分子”究竟仅仅是孤立的个人，他们因滥用职权而腐化堕落呢，还是所有（原文为斜体，着重点为编者所加）。干部都因其拥有的权力和特权而倾向于成为这种人物呢？关于这一点，他似乎还难以作出最后判断。

20 世纪 60 年代初，毛泽东强调金钱的腐蚀作用和用钱换来的利益，显然是倾向于第一种倾向。于是，在继续承认物质刺激在中国现阶段是必要的同时，他又指出，物质刺激应当服从于政治思想领域的“精神鼓励”，个人利益应当服从集体利益。[45]

毛泽东在 1962 年 1 月 30 日中央工作会议上的讲话中，把“五种坏分子”和这些人的社会根源联系起来。他说：“人民民主专政要压迫的是地主、富农、反革命分子、坏分子和反共的右派分子。反革命分子、坏分子和反共的右派分子，他们代表的是地主阶级和反动的资产阶级。这些阶级和坏人，大约占全人口的百分之四、五。这些人是我们要强迫改造的。他们是人民民主专政的对象。”[46]

在 1962 年 9—10 月召开的八届十中全会上，毛泽东提出了“千万不要忘记阶级斗争！”的口号，并亲自修改了概括其思想的全会公报。[47]就像五年多以前他在三中全会上的讲话和庐山会议的争论一样，这一次也是一个标志，它表明进一步转向了大搞“阶级斗争”的政策。 *165* 但是，正在成为斗争对象的这些阶级的性质和地位依然是模棱两可的。在 1962 年 1 月的讲话中，毛泽东曾提到“这些阶级和坏人”。换言之，尽管毛泽东说反革命分子和其他“坏分子”“代表”的是地主和反动的资产阶级，他们却未必都来自这些阶级。从 1962 年夏到 1963 年春，“社会主义教育运动”正在形成过程之中，在此期间，毛泽东的两段话特别强调了党内异端倾向的阶级根源，但与此同时，他仍然强调通过教育进行改造的重要性。8 月 9 日，他在北戴河的谈话中指出：

> 党员的成分，有大量小资产阶级，有一部分富裕农民及其子弟，有一批知识分子，还有一批未改造过的坏人，实际上不是共产党，名为共产党，实为国民党。……至于知识分子、地富子弟，有马克思化了的，有根本未化的，有化得程度不好的，这些人对社会主义革命没有精神准备，我们没有来得及对他们进行教育。[48]

1963 年 5 月，在关于社会主义教育运动的第一个指示（即“前十条”）公布前夕，毛泽东对党的阶级构成所作的分析完全不同了，但还是用非常类似的措辞谈到了“改造”问题：

> 从党内成分来看，我们党内主要成分是工人、贫雇农，主要成分是好的。但是党内有大量的小资产阶级分子，也有一批是知识分子，还有相当数量的地主、富农的子女。这些人有的马克思主义化了，有的化了一点，没有全部马克思主义化，有的完全没有化，组织上入了党，思想上没有入党。这些人对社会主义革命没有思想准备。另外，这几年还钻进一些坏人，他们贪污腐化，严重违法乱纪。……这个问题要注意，但是比较好处理。主要问题是没有改造好的小资产阶级分子，知识分子和地主、富农子女，对这些人要作更多的工作。因此，对党员、干部进行教育、再教育，这是一个重要任务。[49]

166 从这两段引文中可以明显地看出，对毛泽东来说，尽管客观的社会出身非常重要，但通过政治教育对整个阶级进行内心世界的改造，也同样起着决定性的作用。1963 年 5 月 9 日毛泽东所发表的一条指示，充分体现了他思想中这两种因素之间的紧张关系。这一指示现收录在“前十条”中。在论及生产劳动和科学实验对于把人改造成为新人的必要性的同时，毛泽东还凭空杜撰了地主和富农发动的虚幻进攻（伴同反革命分子、坏分子和恶棍），这可能会使中国改变颜色，变成法西斯国家。[50]

1964 年 6 月，随着社会主义教育运动的展开，毛泽东在听取四位副总理汇报工作时断言：

> 一定要很好地注意阶级斗争。农村“四清”是阶级斗争，城市“五反”也是阶级斗争。……城市要划成分。至于如何划法，将来做时要作出标准。不能唯成分论，马、恩、列、斯出身都不是工人阶级。[51]

在一条未注明日期，但几乎可以肯定是写于 1964 年下半年的关于划分阶级的指示中，毛泽东详细地论述了主观标准与客观标准之间的关系：

> 划分阶级有必要……这两个，（客观的）阶级成分和本人表现要区别，主要是本人表现，划阶级主要是把坏分子清出来。
>
> 阶级出身和本人表现，也要加以区别，重在表现，唯成分论是不对的。问题是你站在原来出身的那个阶级立场上，还是站在改变了的阶级立场上，即站在工人、贫下中农方面？又不能搞宗派主义，又要团结大多数，连地主富农中的一部分人，也要团结，地富子弟，要团结，有些反革命分子、破坏分子也要改造，只要愿意改造，就应当要他们，都要嘛。[52]

可以指出，在毛泽东的晚年，仍然在能动的和创造性的紧张关 167
系中存在的各个对立面开始分解了，从而释放出最终导致其思想和行动走向毁灭道路的力量。在几个决定性的、相互关联的方面，先前的统一体是从八届十中全会开始破裂的。毛泽东愈来愈把领导者及其特权同其他社会成员之间的关系视为对抗性矛盾，而不是人民内部矛盾。由此不可避免要产生的后果是，包括所有享有特权的当权者在内的整个党，都不可能简单地在与群众接触的过程中得到锻炼和净化，必须彻底打碎，至少要打碎一大部分。

除了党或党内特权分子与群众的关系之外，毛泽东思想的结构在 20 世纪 60 年代开始发生的极为复杂的分解或解体过程还涉及其他一些倾向，我已经以相当篇幅讨论过马克思主义与中国传统的相互作用，也曾讨论过苏联模式与中国经验之间的关系问题。

中苏冲突对毛泽东哲学思想的形成也起了重要的作用，它为“一分为二”这一核心思想的产生提供了历史背景。1963 年 10 月 26 日，周扬向中国科学院作了一个题为《哲学和社会科学工作者所面临的战斗任务》的报告。这篇报告恰好是在毛泽东 70 寿辰之日（1963 年 12 月 26 日）公开发表的，很明显，它代表了毛泽东本人的思想。在报告中，周扬用“一分为二”的原理，分析了从马克思时代直至当前的工人运动史。[53]

事实上，毛泽东本人早在 1957 年 11 月 18 日莫斯科共产党和工人党代表会议上就使用过这一表达方式了。尽管他当时强调的不是社会主义运动内部的“分”，而是这样一些事实：无论什么社会，包括社会主义社会，都充满着矛盾，任何事物，都有好与坏两个方面。他的结论是：“一分为二，这是个普遍现象，这就是辩证法。”[54]

在周扬 1963 年的讲话发表之后不久，毛泽东本人对“一分为二”这一口号的运用首先唤起了在中共党内进行反“资本主义道路”斗争的要求。换言之，就其内涵而言，它是对阶级斗争的呼唤
168 [正如《剑桥中国史》第 14 卷第 466～467 页上论述的那样，这也是为了清除和迫害杨献珍及其他（与“一分为二”）相反的哲学原理即“合二为一”的支持者]。

毛泽东声称，这一原理构成了“辩证唯物主义的核心”，并由之而引申出电子（像原子一样）最终也要被分裂的结论。[55]但毛泽东首先相信的是，不论现在还是将来，社会范畴和政治力量都会不断地发生分裂。

归根结底，毛泽东与其他领导成员的冲突当然是围绕着建设社会主义应当采用何种基本的政治和经济战略问题展开的，但文化领域也是一个重要战场。20 世纪 60 年代初期毛泽东认为，文学和哲学方面的某种发展不仅是种种不良倾向的表现，而且已成为通过上层建筑机构向社会主义根基发动进攻的武器。因此，在八届十中全会上，毛泽东第一次以令人信服的方式明确表达了他的这一忧虑，并同时发出阶级斗争的号召，就绝不是偶然的了：

> 现在不是写小说盛行吗？利用写小说搞反党活动，是一个大发明。凡是要想推翻一个政府，先要制造舆论，搞意识形态，搞上层建筑，革命如此，反革命也如此。[56]

这一论述的明显含义是：在夺取政权 13 年后的中国，反革命阶级依然在进行活动，试图推翻无产阶级专政，为阻止他们的破坏活动，有必要不断进行上层建筑领域里的斗争。正是在这里，“文化大革命”期间成为庞然大物的“无产阶级专政下继续革命的理论”呈现出萌芽状态。鉴于这一时期毛泽东的阶级概念并非十分清晰，这一理论的发展显然进一步表明，强调的重点是上层建筑和主观力量，而这从一开始就是毛泽东的思想的特征。

正如毛泽东在八届十中全会上关于“千万不要忘记阶级斗争”的号召导致了社会主义教育运动一样，这一论述也推动了文艺批判 *169*
运动，鼓励了江青去发动“京剧革命”。在《剑桥中国史》第 14 卷第 460～463 页，我已对这些政策及其后果进行了描述和分析，这里只需简要地提及毛泽东继续火上浇油的两条指示就足够了。1963 年 12 月，毛泽东抱怨艺术、文学和戏剧的许多部门仍是“死人”统治。“社会和经济基础已经改变了”，“为这个基础服务的上层建筑之一的艺术部门，至今还是一个大问题……许多共产党人热心提倡封建主义和资本主义的艺术，却不热心提倡社会主义的艺术，岂非咄咄怪事？”1964 年 6 月，他的判断更加严酷了，他说，“中国作家协会，十五年来，**基本上**（黑体字是毛泽东用的）不执行党的政策”，而是做官当老爷，不去接近工农，跌到了修正主义的边缘。如不认真改造，他们将会变成另一个裴多菲俱乐部（Petöfi Club）。[57]换言之，他们将会变成彻底的反革命，并将作为反革命受到处理。

与此同时，从1963年到1964年，毛泽东愈来愈对知识分子在革命和社会发展中的作用表示怀疑。毛泽东并没使他对知识分子的不信任发展到像“四人帮”那样以“臭老九”的绰号丑化他们的地步，而是转向了较之“大跃进”时期有过之而无不及的极端教育政策。他在1964年1月说：“书不能读得太多，马克思主义的书要读，也不能读得太多，读十几本就行。读多了会走向反面，成为书呆子，成为教条主义、修正主义。”[58]

毛泽东之所以在艺术和文学、哲学、教育这些不同领域中向知识分子的头面人物发起进攻，并不是因为他们是剥削群众的特权分子（尽管他可以编造一个很好的例子，证明他们是剥削群众的），而是因为他们没能接受他的斗争理想，没能全心全意地执行他的指示。

1964年夏，毛泽东尖刻地指责了全党上下在物质生活方面的腐败现象。他说：“现在几包烟就能收买一个支部书记，嫁个女儿就更不必说了。”[59]

这一对基层干部的评论表明，在刘少奇制定“后十条”前不久，毛泽东并没有完全不同意这样的观点：社会主义教育运动应当既注意基层，也应当注意较高的领导层。但无论如何，毛泽东更担
170 心的是享有特权的城市精英的态度和行为。1964年6月，在一次关于第三个五年计划的谈话中，毛泽东说道：

> 不要老是争钱，争来了钱，乱花钱……对资产阶级知识分子，按政策，必要时可以收买，对无产阶级知识分子，为什么要收买？钱多了一定要腐化自己，腐化一家人和周围的人……苏联的高薪阶层，先出在文艺界。[60]

众所周知，毛泽东与刘少奇的最后冲突是在1964年12月发生的。当时，毛泽东对那些他认为歪曲并篡改了他关于社会主义教育运动的原定战略的东西深感不满，因而提出了一个新的二十三条指示。毛泽东后来声称，刘少奇拒绝接受这一指示。在这段时期里，他发表了大量关于“新的资产阶级”的讲话，这些讲话反映了这样一个观点：在新的资产阶级中，决定的因素是权力而不是金钱。

也许值得一提的是，尽管阶级成分与工资差别问题是毛泽东特别关心的问题，但即使是在这时，他仍表现出一种宽松和幽默的态度，而这在“四人帮”那些沉闷的和缺乏逻辑的意识形态专家们的文章中是很少见的。毛泽东说：“吃得多、占得多是特别复杂的事情。像我们这样的大人物，有汽车、有带暖气的房子、有司机。我只挣430元，我雇不起秘书，但是我必须……”[61]

在理解这段话时，我们不能不参考毛泽东在1964年早些时候所说的这样一句话：“宣统的薪水一百多元太少了，人家是个皇帝。”[62]人们有这样一种印象，对毛泽东来说，除了“工人”、“贫农”、“革命烈士后代”等等而外，还有另一种成分，那就是统治者。至于那些与他的地位不同，与前皇帝地位不同的人，是不能允许他们迷恋其特权的。

因此，在1964年12月20日的一次讨论中，他再一次谴责了干部中那些只关心自己、拿更多薪水的“当权派”，并同意给其中“极端恶劣分子”戴上“新资产阶级分子”的帽子。但是他警告说，不要过多地估计他们的人数，并且指出，对他们不要提“阶层”，叫分子或集团就行了。很明显，他们的人数还很少，不能构成一个完全形态的阶级。[63]一星期以后，也就是1964年12月27日，毛泽东宣称，我们这个党，“至少有两派”，一个社会主义派和一个资本主义派；这两派体现着中国社会最主要的矛盾。[64]

这些系统的论述以及毛泽东把社会主义教育运动的矛头指向 171
“走资本主义道路当权派”的决定，直接导致了他与刘少奇及党内其他人的冲突，并导致了“文化大革命”。

第八章

“文化大革命”的意识形态

毛泽东为什么要发动“文化大革命”？他的这一决定同上文所提到的“大跃进”及“大跃进”以后所出现的综合征之间有什么关系？他采取这种极端的行动路线是否因为他的思想受到了歪曲或曲解，或者像他自己认为的那样是因为某些现实问题在困扰着他——这首先是指要惩罚并一举消灭批评他的那些人的愿望？在谈论我们对毛泽东在“文化大革命”期间的思想实质的看法以前，向我们自己明确地提出这些问题是十分必要的。

在讨论毛泽东关于辩证法、阶级斗争的那些正处于变化之中的观点时，我已经指出，在我看来，这两个过程的因素均在起作用，但占主导地位的因素是第二个。换言之，其思想的政治根源和心理根源显然要比理性方面的东西更为重要。正如一位中国作者所说的，毛泽东是如此确信，只有他本人的观点才是对马列主义唯一正确的解释，在他看来，任何不同意他观点的人，自然是修正主义者。其结果是，事实愈证明他的思想不能付诸实践，他愈把这视为阶级斗争的反映……视为党内出现“反革命修正主义分子”的反映。[1]

专政、造反和灵魂改造

在“文化大革命”五花八门的思想及政策发明中，以激进的方式号召怀疑党和各种形式的权威（主席的权威当然除外）是这场动乱之初最为引人注目的现象。回想起来，毛泽东对上层领导的否定，并不像当时表现出来的那样彻底。尽管如此，他也走得非常之远了。 172

他在1960年对苏联那本教科书的评论中宣称：“毫无疑问，历史不是计划者创造的，而是人民群众创造的。”[2]然而，直至“文化大革命”前夕，毛泽东一直坚持这样的观点，即群众只有得到正确的领导，才能发挥其创造历史的作用。1965年12月，由于党的大规模冲突已迫在眉睫，这时，他又向前迈了一步，宣布民主就意味着“群众的事情要由群众自己来管理”。他接着说道，有两条路线：一是完全依赖少数个人，二是动员群众。他说：“民主政治必须依靠每一个人来管理事情，而不能只依靠少数人。”与此同时他还多次号召要依靠“党的高级领导和基层广大的人民群众”[3]。只是到了1966年3月，毛泽东才发出了更为激进的号召，提出群众可以无须党的统一领导：

> 中宣部是阎王殿，要打倒阎王殿，解放小鬼。我历来主张，凡中央机关做坏事，就要号召地方造反，向中央进攻。地方要多出几个孙悟空，大闹天宫。[4]

两个月以后，这些“猴王”高喊着毛主席的语录，包括“造反有理”这一口号，突然登上了历史舞台。这一口号是毛泽东在1939年创造的，（极富讽刺意味的是）把它归功于斯大林。[5]“敢造反，是无产阶级党性的基本原则”，清华附中的红卫兵宣称道。“革命者就是孙猴子……我们就是要抡大棒、显神通、施法力，把旧世界打个天翻地覆，打个人仰马翻，打个落花流水，打得乱乱的，越乱越好！对今天这个修正主义的清华附中，就要这样大反特反，反到底！搞一场无产阶级的大闹天宫，杀出一个无产阶级的新世界。”[6]红卫兵们所要打碎的“旧世界”，当然是受党控制的；他们不准备去纠正它，而是要在“文化大革命”的动乱之中，使之消失，并用一个全新的秩序去代替它。

173 毛泽东本人从未宣布过这样的目标。他在1966年8月23日的中央工作会议上说："主要问题是各地所谓'乱'的问题。采取什么方针？我的意见是乱他几个月……没有省委也不要紧，还有地委、县委哩！"[7]

照字面理解，"几个月"可能是三个月或四个月，充其量也就是六个月。其本质上是要使"文化大革命"更像一次普通的整风运动。尽管如此，由于期望在一段时期内，打碎并停止中央机构的工作，并使党仅以基层党委的形式保存下来，毛泽东至少是在铤而走险，不惜以他曾经为之奋斗40多年的政治机器为代价，以便从中清除他的敌人。

随着事态向这一方向发展，到1966年年底和1967年年初，党的生存开始受到了严重的威胁，毛泽东不得不在列宁主义与无政府状态之间作出选择，毛泽东毫不犹豫地选择了前者。1967年2月，毛泽东在同张春桥和姚文元谈话时提到，上海有些人要求取消所有的"首长"，毛泽东评论到："这是极端的无政府主义，是极端反动的。现在都不愿叫某某'首长'，叫勤务员、服务员。其实这只是形式，实际上总是还有长的。"[8]在讨论建立公社作为政府机关（张春桥和姚文元在上海就是这样做的）的缺陷时，毛泽东质问："我们把党放在哪？……在一个公社里必须要有党：公社能代替党吗？"[9]随后九年的历史充分证明，在毛泽东看来，这是不可能的。

这时候，另一对矛盾也逐渐变得尖锐起来。毛泽东一贯坚持这样的观点，即应该是党指挥枪，而绝不允许枪指挥党。然而，自1960年以来，中国人民解放军在中国政治生活中却起着越来越重要的作用。当然就毛泽东来说，这一趋势开始时实际上乃是一种战术调动，因为他感到党已脱离了他的控制，要依靠林彪手中的人民解放军形成一个权力基础，而绝不是因为他思想中有了什么革新或突然的变化。但是，无论他本人当初的意图如何，实施这种战术很快就把毛泽东引入一个具有重大理论含义的方向。

174 在1964年2月发动的"向人民解放军学习"运动中，工业企业、学校以及全国其他各种单位，都以军队的方式建立了政治部。这可以说是事态发展中最重要的东西。军队不仅为这种部门提供了组织模式，而且还直接向它们提供了人员。这是毛泽东在事先就已决定好了的。1963 年 12 月 16 日，毛泽东在给林彪、贺龙、聂荣臻和肖华的一封信中说道：

> 国家工业各个部门现在有人提议从上至下（即从部到厂矿）都学解放军，都设政治部，政治处和政治指导员，实行四个第一和三八作风。我并提议解放军调好几批好的干部去工业部门那里去做政治工作。……看起来不这样做是不行的，是不能振奋起整个工业部门（还有商业部门，还有农业部门）成百万成千万干部和工人的革命精神的。……这个问题我考虑几年了。[10]

这种依靠军队而不是党去主宰其他组织的做法，在国际共产主义运动的历史上是没有先例的。同样具有象征意义的事实是，到 1964 年，中国人民解放军已逐渐成为中国人民思想上和文化上的导师。正是军队，在 1964 年 5 月，编辑出版了第一部“小红书”《毛主席语录》。另外，虽然人们并不知道毛泽东是否参与了这一祈祷书的编辑工作，但他确实参与了有关的活动。因为该书序言的绝大部分是出自 1960 年 10 月军委会议的决议，而这一决议乃是毛泽东亲自改写和批准的。[11]因此，这一阶段确定了 1966 年至 1972 年间无政府状态与军队控制之间的辩证关系，确定了毛泽东的思想中各个极点的进一步和最终的分离。

“文化大革命”时期的许多悖论都与青年人的作用有关。一方面，毛泽东一开始就向红卫兵们发出了号召，要求他们像他和他那一代学生在 1919 年冲上历史舞台时一样，去冲锋陷阵；但是，另一方面，1966 年及其以后的方针，却又极大地削弱了这些受过教育的杰出人物的作用。红卫兵的无组织、无纪律及自我放纵行为，可 175
以成为对此作出解释的部分理由。1968 年夏天，毛泽东在把他们送往农村向农民学习“无产阶级觉悟”（这一运动于1968年12月开始）之前，曾为此严厉批评过红卫兵。这种悖论也反映出，在毛泽东的思想和政策中，并没有十分清楚地认识到专业人员和专业知识在社会主义建设中的重要作用。

从理论上说，所有这些口号均可在“又红又专”的口号下达到更高的统一。但事实却并非如此，“文化大革命”的后果，使重点发生了很大偏差，其方向不是用政治来补充知识与技能，而是以前者取代后者。于是，正如我们所看到的，毛泽东所信奉的现代化事业的整个基础实际上都被瓦解掉了。

这些过分行为的根源乃是1968年7月毛泽东所发表的一项指示，这项指示说：

> 大学还是要办的，我这里主要说的是理工科大学还要办，但学制要缩短，教育要革命，要无产阶级政治挂帅，走上海机床厂从工人中培养技术人员的道路。要从有实践经验的工人农民中间选拔学生，到学校几年以后，又回到生产实践中去。[12]

1968年7月28日毛泽东在与红卫兵领袖的谈话中就这段文字或者我们从中引证这段文字的那篇讲话发表了议论。谈话过程表明毛泽东本人并不是特别关心直接用于实践的技术，在某些方面他甚至怀疑正规教育的价值。他说：“大学还是要办的”，“要不要招生呢？如果要招呢，比如讲文科，你不招也不行。我那个讲话是留有余地的呀，并不是说文科一定不要办，我今天讲是讲理科，理工科啊”。然而，毛泽东又继续说道，如果搞文科不出什么名堂，那就拉倒。他说，现在小学学制太长，六年，中学也是六年，十二年，各减一年，十年顶多了。现在的中学，高中啊，我看那个课本，比那个从前的大学还高明。大学又重复，高小学的一些东西，到初中重复。他认为，最好的办法是像恩格斯和他自己年轻时候那
176 样自学，或设立自修大学（像毛泽东在1921年所做的那样）。他最后说：“真正的大学是在工厂和农村。”[13]

在理解这些话时，我们应该考虑到这样一些事实，即与此同时，毛泽东向他的那些红卫兵对话者们传达了一个非常严厉和无情的信息，即党是至高无上的，过去两年来他们一直热衷的活动再也不能被容忍了。在这种情况下，毛泽东在某些事情上对他们表示赞同，给药片包上糖衣，是完全可以理解的。毛泽东继续说道，考试是浪费时间，“所有的考试都应该废除，彻底废除。谁考马克思、恩格斯、列宁和斯大林呢？ 谁考林彪同志呢？ 谁考我呢？ 谢富治，叫学生们都回学校去”[14]。

学生们确实被召回了学校，虽然学院的考试规则被废除了（至少在一段时间内），但社会纪律却有力地恢复了。在向红卫兵们解释为什么不得已要停止这一使成千上万牺牲者流血、两败俱伤的争斗时，毛泽东说道：

> 群众就是不爱打内战。……文化大革命搞了两年！你们现在是一不斗，二不批，三不改。斗是斗，你们少数大专学校是在搞武斗。现在的工人、农民、战士、居民都不高兴，大多数的学生都不高兴，就连拥护你那一派的也有人不高兴。……你们这样能统一起来吗？[15]

毛泽东警告说：“如果你们不能（控制这个问题），我们将恢复军管，叫林彪去下命令。”[16]当然毛泽东确实这样做过，但是无论苏联和各种各样的“左派”怎样想，军队专政绝不是毛泽东的理想。“恢复军管”是因为除了中国人民解放军没有其他机构能够阻止这场派性斗争，这种派斗不是用砖头和弹弓打，而是用步枪、迫击炮和其他重型武器。一旦时局变化，条件允许了，毛泽东就会重新确立党对枪的指挥。他在1971年八九月间同大军区司令员的一次谈话中论证了这一步骤的合理性。他指出，中国人民解放军不是在复杂的政治和经济事务中行使领导权的最好机构。他说：“军队历来讲雷厉风行的作风，我赞成。但是，解决思想问题不能雷厉风行，一定要摆事实，讲道理。”实际上，这些话的主要目的是恢复党的 177

统一领导，使军队服从于党。毛泽东说：“地方党委已经成立了，应当由地方党委实行一元化领导。如果地方已经决定了的事还拿到部队党委去讨论，这不是搞颠倒了吗？ 没有成立地方党委以前可以，地方党委已经有了，就不能那么办了。”[17]

在中国以外的人们普遍认为，1969 年 4 月中国共产党第九次全国代表大会的召开是“文化大革命”结束的标志。回顾历史，尽管刘少奇在这次会议期间所受到的正式侮辱具有非常重要的象征意义，但是，从 1966 年到 1976 年所发生的一连串的事件，可以使我们像中国人在 1978 年十一届三中全会上所说的那样，更为准确地将其称为“十年文化大革命”。无论如何，从“九大”开始，毛泽东思想中又出现了一些重要的新主题和新阐述。

马克思与秦始皇——模棱两可的遗产

到目前为止，我一直使用“文化大革命”这一简便的标签来描述从 1966 年开始的这段时期，还没有进一步探究它的含义。在我们深入分析所谓的“伟大的无产阶级文化大革命”的思想内容之前(因为这场运动在 1969 年以后继续展开了)，让我们首先考察一下这一表达方式的合理性。

姑且不论“伟大”这一形容词，它纯粹是为了修饰或加强语气，那么何谓“无产阶级”，何谓“文化”，何谓“革命”呢？ 很清楚，毛泽东相信这三者都是名副其实的。依我之见，这三者都不真实。但是，毛泽东为何认为它们名副其实这一问题，正是理解他最后十年一切思想的核心所在。

实际上，毛泽东赋予他在 1966 年发动的这场运动的三种属性，其理由在很大程度上是相互重叠的。它们同命相连，俱损俱荣。

假如我们按照通常排列的顺序来分析这三种属性，那么“无产阶级”可能首先意味着“与城市工人阶级有关”。从这种意义上说，
178 1966 年的这场动乱绝不是无产阶级的。这场运动的主力军，在其初期和形成时期，都是学生而不是工人。尽管工人中的那些所谓的

“革命造反派”后来在各种政治事件中起了重要作用，但他们的介入却很少体现马克思赋予城市无产者的那种纪律性和对技术现代化的倾向性。

就不那么严谨的意义来说，如果“文化大革命”能促进工业的发展，从而使工人阶级壮大，并为无产阶级居于主导地位的社会奠定物质基础的话，也可以合法地称它是“无产阶级”的。但事实并非如此。1968年12月，毛泽东发出了知识青年上山下乡接受贫下中农再教育的指示。对此作出的解释是，城市工人的子女将在农村从贫农身上接受“深刻的阶级教育”。[18]与此同时，正如我所反复强调的，毛泽东从未停止过号召加速经济的发展，甚至认为“文化大革命”的政策将会带来经济与技术的奇迹，但另一方面他却对经济发展的后果表现出愈来愈多的忧虑。

1958年8月在北戴河，毛泽东曾经呼吁要恢复延安精神，不过当时的重点集中在经济目标上。另一方面，1969年4月，在第九届中央委员会第一次全体会议上，毛泽东以怀旧的口气说道，很多同志为夺取政权而被敌人杀害了，他接着说了下面一番话：

> 多少年我们都是没有啥薪水的。没有定八级工资制，就是吃饭有小定量，叫三钱油，五钱盐。一斤半米就了不起了。……现在进了城。这个进城，是好事，不进城，蒋介石霸住了这些地方；进城又是坏事，使得我们这个党不那么好了。[19]

虽然毛泽东断定进城总的来说是正确的，但他对现代化及其经济发展重要性的态度却是非常含糊的。

即使“文化大革命”没能反映城市工人阶级的作用和理想，仍然可以在唯一一种意义上称它为“无产阶级”的，即它遵循的是毛泽东所定义的“无产阶级”思想。我们已提到过毛泽东在20世纪50年代末60年代初开始用以观察阶级的“三重构架”。在“文化大革命”中，虽然客观的阶级出身从未被人们看成是无关紧要的东西，但它却更多地让位于主观的因素，主观因素成为阶级属性的主要标准。

179 列宁曾以马克思主义的正统风格写道，区分阶级的根本标准是人们在社会生产中所处的位置。1966 年 11 月，毛泽东的歪才子康生说道，历史已证明列宁所提出的阶级定义是不准确的，因为阶级差别也属于政治和思想范畴。1970 年康生进一步明确提出：

> 资产阶级存在的最明显的特征是经济上的剥削关系，在社会主义社会，尽管各阶级之间仍有经济矛盾，但阶级的存在只是反映在它的思想上和政治上。[20]

在这一时期的中国，这种意义上的阶级究竟在哪里和以什么方式“表明其自身存在”的呢？ 我们暂时撇开这个问题不谈。显然，以思想标准划分阶级，实际上是把毛泽东在 1966 年发动的这场运动的“无产阶级”性质问题引入了文化领域。换句话说，这场“革命”只是在它也是文化的范围内，才是无产阶级的。

至于一些天真的观察家们当时所宣传的观点——1966 年的这一事件同“五四”运动一样，构成了一场“文化大革命”，并且真正继承了“五四”运动的传统——实在是荒谬的。反之，用毛泽东逝世以后中国流传的一个充满苦涩的笑话——“文化大革命”是革文化的命——来描述这场动乱，倒是比较恰当的。然而，恰如我们所看到的，这场动乱的发生的确是出于毛泽东对某种文化现象的反应，它从开始到结束，一直以强调心理改造为标志，而这正是毛泽东的思想长久以来的特征。

可以举几个表明这种倾向的例子。如“一场触及人们灵魂的伟大革命”的口号，要以发动一个主观过程的方式，造成一种新的政治实体；还有概括了这些思想和政策全部内容的“斗私、批修”这个口号，其意思是说，即使在那些老革命家的思想中（也许毛泽东不属此列），也可以发现“资产阶级”倾向。最主要的是“无产阶级专政下继续革命”的思想，虽然毛泽东没有像“继续革命”一样对这个术语本身作出阐述，但他赞成在上层建筑领域进行一场严酷的斗争。

无论随后的这场斗争多么激烈，也无论其释放出的激情有多么
疯狂，这样一些事件能恰如其分地被称之为革命吗？ 革命有两种 180
含义：一种是指不同的阶级或政治集团夺取权力；另一种是指运用已经获得的权力去改造社会。在毛泽东看来，中国自 1949 年特别是 1955 年以后，已经完成了第二种意义上的社会主义革命。但是，“社会主义建设”的具体经济内容虽在毛泽东关于“大跃进”的幻想中有突出表现，但在他最后十年的计划中却没有得到非常广泛的表现。即使是思想态度的转变，其最终所起的作用也是相对有限的。在毛泽东的思想中居于支配地位的仍是从“资产阶级”手中“夺取权力”。

在这个“无产阶级专政”统治了 17 年之久的国家里，这种事情之所以可能发生，仅仅是由于把党内“走资派”和“资产阶级分子”，即那些胆敢在从物质刺激到文学和哲学问题上同毛泽东的任何意见相左的人，重新定义为阶级敌人，并要从他们手中把权力夺回来。所以，归根结底，只有在从思想和文化上来定义其对象和目标的意义上讲，“文化大革命”才称得上是一场“革命”。

具有讽刺意味的是，“文化大革命”以公开宣布赞成巴黎公社式的群众民主开始，以赞美中央集权的专制暴君秦始皇而告终。在这十年间，人们看到林彪和解放军的影响在崛起、衰落，也看到曾支持过“皇帝周围（或女皇周围）的法家领导集团”[21]的党的沉浮和重新恢复部分失去的光辉。

林彪没落的原因，很可能是由于他不愿意接受军队重新服从于党的领导这一事实，除此之外，这里不过多关注其他方面的原因（关于这些问题的详细说明，见《剑桥中国史》第 15 卷，第 4 章）。这一事件，尽管让人搞清了中国政治体制的职能，但它与我们对毛泽东的思想的分析几乎是毫无关系。另一方面，“批林批孔运动”不仅对中国问题专家有很大的诱惑力，而且在理论上也有重要的意义。

在这一点上，这场运动的一个重要方面，是1973年到1974年发展起来的对秦始皇名副其实的狂热崇拜。“上海激进派”就大肆宣传这样一种由一个独裁者统治的中央集权的思想。这显然是自相矛盾的，因为无政府状态和专制政治是国家的两种弊病，二者是相互影响和相互作用的。

181 在“大跃进”期间，正如我们所看到的，毛泽东极力颂扬秦始皇这位先人。但这并不一定意味着毛泽东这位思想家在当时和后来，对秦国统一的历史意义持有与他在1973年到1975年间那样相同的看法。那时，据说毛主席在前面引用过的1958年的演说中，详细阐明了“革命暴力的进步作用，揭露了攻击秦始皇就是攻击革命暴力，攻击无产阶级专政的反动实质”[22]。20世纪70年代中期的资料对此问题从未直接作出过结论，但它们暗含的意思却很清楚，那就是像秦始皇这样的历史人物，如果可能的话，似乎应当被翻出来重新使用。正直的人应当把秦始皇看作一位革命领袖，把秦始皇的独裁看作一种原始的无产阶级专政。

很明显，按照这个推论，随着秦王朝的建立，不仅仅是要变革国家组织，而且也应变革“生产方式”，即统治阶级也要发生变化。因此，从奴隶社会向封建社会的转变应在公元前5世纪至少是在公元前3世纪。毛泽东本人在早些时候（在《中国革命和中国共产党》一书的初版中），曾认为这个转变是在公元前11世纪。可以设想，1939年以来，毛泽东也许已经改变了对此问题的看法。总之，1972—1974年间提出的这个观点，一些中国历史学家早就提出过。然而，即使统治阶级在公元前3世纪末发生了变化，即“新兴的地主阶级”以法家思想为指导，自觉地改造了中国社会，而今天，在同样的意义上，用马克思列宁主义、毛泽东思想武装起来的中国共产党人也在那样做，但它则完全是另外一个问题。这种观点完全是非马克思主义的，从历史上来看它是荒谬的，而认为毛泽东一贯坚持这一观点也是毫无根据的。

在其他人面前，为这一系列论点所作的唯一辩解，似乎是为了表明中国具有革命的政权和革命的思想。换言之，在对待秦始皇的态度上，姚文元和“四人帮”的其他理论家们，实际上都是林彪的信徒。他们把“阶级斗争”说成是一种搞宫廷政变的极端老式的中国政治观点。尽管毛泽东对中国文化遗产感到很自豪，但他的态度却比较微妙，几乎没有狭隘的民族主义。

然而，正如上面着重指出的，在20世纪60年代中期抑制当时产生的紧张局势时，出现了相反的见解。在这个过程中，人们看到，毛泽东的思想中的马克思主义和中国传统这两种截然对立的倾向，进一步发生了分裂。 182

正如我已经指出的，可以证明，由于中国传统文化在毛泽东的思想里的复活，特别是由于受到某种类似道家根据潮的涨落来理解对立物之间关系的倾向的影响，毛泽东的哲学观点这时发生了变化，他不再把历史变革的方向纳入辩证过程的构造中。但毛泽东对革命前途的悲观主义，也是由于他担心中国和苏联会出现“复辟”而产生的。毛泽东因为实行了他本人和周恩来仅在一年前或最早是在两年前制定的较为温和的路线，他的头脑中再一次想象出“修正主义”的幽灵。他支持的1973年的“批林批孔”运动，是以周恩来为真正靶子的。正是这同一个幽灵的作用，又使他全心全意地支持由张春桥和姚文元在1975年春天发起的“学习无产阶级专政的理论”的运动。[23]

约瑟夫·伊谢里克（Joseph W. Esherick）把列宁和毛泽东作了区别。列宁“总是认为资本主义复辟的主要危险是‘小生产经济’的自发资本主义倾向”[24]，而毛泽东则认为复辟的主要危险是党和国家里出现一个新的官僚主义者阶层。这种探讨问题的方法使伊谢里克提出了关于在一个走修正主义和资本主义“复辟”道路的社会主义国家里，新的资产阶级可能成为世袭的统治阶级的观点。他提请人们注意毛泽东1959年12月在读苏联《政治经济学教科书》时所作的有关批评干部子弟缺点的那段引人注目的评论：

> 我很担心我们的干部子弟，他们没有生活经验和社会经验，可是架子很大，有很大的优越感。要教育他们不要靠父

母，不要靠先烈，要完全靠自己。[25]

在回顾毛泽东在20世纪60年代对斯诺和其他人就中国年轻人的缺点所作的批评时，伊谢里克认为，在毛泽东看来，干部子女继承了他们父母的地位和特权，因而构成了一个“既得利益集团”，由于这个集团本身的存在数代不变，它最终将转变成为一个阶级。[26]

这个论点的不足之处在于，它没有对官僚主义者阶层和社会上
183 其他人之间的关系作认真的分析，或者对它是一个阶级这一论点提出任何论据。我并不是说这个论断只能以生产资料的所有权而不能以对生产资料的控制权作出，不能把现存的社会主义制度看作这里所说的“新阶级”或“新资产阶级”统治的“国家资本主义”的形式。在过去30年间，从德热拉斯（Djilas）到巴罗（Bahro），许多人正是那样做的。此外，一切可得知的迹象都表明，好像毛泽东本人在晚年，也有这个倾向。毛泽东不仅接受了康生的观点，认为在社会主义社会里，阶级表现在“思想上和政治上”，而不是根据人们与生产资料的关系来划分，而且也赞成在1975年至1976年间提出的一个观点。这个观点认为，在中国，应当主要地或直接地到党内去找资产阶级。此外，毛泽东接受这个逻辑推论，是从这样一个前提出发的，即这些“新的资产阶级分子”是通过社会主义制度，也就是国家机器的途径来剥削工人和农民的。[27]

然而，虽然我们断定毛泽东在20世纪70年代初期持有这种观点，但他并没有提出系统的观点来论证它的正确性。的确，那时他也许不能那样做了。我认为写过有关这些问题的论文的那些西方学者，也没有代他那样做过。[28]

关于新老资产阶级之间的关系问题，张春桥和姚文元引用了毛泽东在论述领导干部中特权阶层的自私和腐化行为时的说法，将这些“极端脱离群众的人”当作那些实际上妄图复辟资本主义的、“被推翻的反动阶级”残余的工具。姚文元认为如果不限制“资产阶级法权”和物质刺激的作用，资本主义发财致富、争名夺利的思

想就会泛滥起来，化公为私、投机倒把、贪污腐化、盗窃行贿等现象也会发展起来，资本主义的商品交换原则就会侵入到政治生活以至党内生活，瓦解社会主义计划经济，就会产生把商品和货币转化 184
为资本和把劳动力当作商品的资本主义剥削行为……而当资产阶级在经济上的力量发展到一定程度时，它的代理人就会要求政治上的统治，要求推翻无产阶级专政和社会主义制度，要求全盘改变社会主义所有制，公开地复辟和发展资本主义制度。[29]

这段分析并没有解决问题。与官僚主义新贵控制着生产资料的这一说法相比，它更不符合实际。难道在革命长达四分之一世纪之久的中国，1949 年以前的资产阶级真的有那样强大吗？首先，在现存的制度下，党内“新阶级的分子”——他们醉心于自己手中掌握的权力并享受着特权所带来的一切利益——怎么能心甘情愿地参与包括生产资料私有制在内的现实的资本主义复辟？他们一定会认识到，在这样一种制度下，他们将在毫无准备的情况下，同往日的“真正的”资本家进行竞争，并且很快就会失去他们的特权地位。在根据 20 世纪 50 年代末期以来毛泽东本人著作里的思想倾向而建立起来的中国社会里，这两种前景都提出了“新阶级”的作用问题。

在很大程度上，毛泽东主要关心的是，革命以后的中国，资产阶级生活态度诸如贪爱金钱、享乐和特权等等是否会复活的问题。他认为，物质报酬上的不平等会助长这种偏向，因而在限制还是不限制的问题上，他支持 1975 年反对“资产阶级法权”的运动。但归根到底，他更关心的是改造“内心”或“灵魂”的斗争。毛泽东之所以将他的注意力集中在党内“资产阶级分子”上，其中部分原因是由于这些人享有更多的、很可能腐化他们的特权以及过多的、会使他们去腐化其他人的权势。

同时，应当着重指出，毛泽东认为腐化的根源不仅仅是指权力的报酬，而且还包括权力本身。1976 年 5 月，人们引用了毛泽东一生中发出的最后几条指示之一，这条指示指出，革命将来还会发生，因为“小官、学生、工、农、兵不喜欢大人物压他们”[30]。

我们没有办法证实这句话的真实性，但听起来它却十分像是生性无拘无束的毛泽东说的。尽管毛泽东由于需要继续担任领导职务，致力于国家的强大，但显然他对任何人——除了他本人——被委以这一权力都表示怀疑。

185 我反复强调过，在毛泽东的晚年，他的思想和行为中最引人注目的极端倾向，在相当程度上是以他关于保证完全彻底地实现马克思主义的理想和原则，例如反对阶级敌人的斗争、缩小城乡差别和建立一个更加平等的社会等一系列必要措施所作出的结论为基础的。然而，这些源于西方的思想虽然被奇怪地加以解释，并被作为毛泽东的思想的一个重要组成部分予以保留，但它们并没有抵消中国传统在毛泽东的思想和在中国政治制度中日益增大的影响。

这种倾向的另一个显著特点是强调要忠于领袖和他的思想。诸如红卫兵之类的“无产阶级革命派”不仅能熟读“小红书”，也能够在每个场合背诵合适的语录以显示他们精通毛泽东的思想。他们同样“无限忠于毛主席”，在 20 世纪 60 年代末 70 年代初的中国，这种最重要的品质是区分真假革命者的试金石。

《左传·鲁成公九年》里写道：“无私，忠也。”这句话的意思可以理解为：“无私的人是真正的忠（于统治者）。”在毛泽东的晚年，中国人一直反复学习这一公式。一方面，真正无私的，愿意像雷锋那样做一个“永不生锈的螺丝钉”为人民服务的人，是毛泽东真正的、忠实的信徒和真正的无产阶级革命者；反过来说，忠于毛泽东和毛泽东的思想的人，正是由于这一事实，成为无私的无产阶级革命者，并被赋予其余一切革命美德。[31]

在其风烛残年，毛泽东完全从一个用中国人民喜闻乐见的语言来表达马克思主义思想的领袖，变成一个某种传统的价值观念和思想在其整体思想中起着日益强大作用的折中主义者。

小　结

“毛泽东思想”或“毛泽东的思想”一词，至少有三种不同的含义。首先，它是指在毛泽东的一生中，由各个时期著作的原始资料所展示的毛泽东本人的思想。其次，它是指在中国，从 20 世纪 186
50 年代到毛泽东逝世为止（或到 1978 年 12 月的十一届三中全会以前），具有特定含义的毛泽东的思想，即它是指在特定的时期，如在 1951 年以后出版的《毛泽东选集》和其他公开发表的毛泽东的讲话和著作，包括“文化大革命”期间当作“最高指示”的语录里的正统学说。最后，在目前的中国，它是指在毛泽东的全部著作中（不包括那些反映他“晚年错误”的著作），仍被当作正确的，并由周恩来、刘少奇、朱德和其他人在其著作中进一步作了补充和发展的毛泽东的思想。

在本书的第二篇，我继续进行在第一篇开始的尝试，即分析了从 1917 年到 1976 年，第一种意义上的毛泽东的思想的发展。我还探讨了建立在毛泽东著作基础上的正统观念的形成和变化问题，需要说明的是 1949 年以前并不存在这个问题，因为那时还没有官方正式出版的毛泽东著作，也没有对“毛泽东思想”作如此正统的说明。现在，在结论中，我打算概括一下毛泽东的理论贡献的实质，但是，我的这一做法是在与中国普遍采取的立场和方法相当不同的基础上进行的。

有人认为，中国现在的领导人对毛泽东的思想所采取的完全是武断的、随心所欲的和实用主义的态度。换句话说，被他们冠以“正确的”毛泽东的那些思想，是为了论证他们在完全不同的基础上制定的政策服务的。我认为，这种看法过于简单。如今那些正在绞尽脑汁对“毛泽东思想”进行解释和阐述的人，大部分都是在毛泽东的领导下从事革命斗争几十年的老战士，他们除了要接受足够的毛泽东的思想遗产以证明他们是毛泽东的合法继承者以外，还必须使许多毛泽东时代的观念和实践内在化并成为他们自己思想的一部分。因此，承认现在重新解释毛泽东的思想有它的目的，即在符合马克思主义和适应中国需要的双重意义上，确定毛泽东的遗产中正确的部分，似乎是合理的，也是可信的。

然而，即使情况是这样，中国对毛泽东及其思想所作的评价的目的、逻辑性和判断标准，也是与本书完全不同的，所以，我对毛泽东的思想的评价不能效仿它们。作为整个研究的总结，在紧接第
187 二篇之后的小结中，我将按照我们今天对毛泽东及其思想的理解分析毛泽东和他的思想的长远意义。在此，我要分析的是构成毛泽东从 1949 年到 1976 年关于社会主义发展问题的思想的本质。

过去，我把毛泽东对社会主义建设理论的积极贡献的本质，称之为"毛泽东主义的主流"，并提出，这个主流可以在 1955 年到 1965 年，更确切地说，可以在 20 世纪 60 年代初期找到。[1]换句话说，我把"毛泽东主义的主流"解释为由毛泽东设想的"中国社会主义道路"（不包括"大跃进"和"文化大革命"的过激行为）的合理内核。通过进一步的考查和分析，我发现这个用法并不十分确切。如上所述，1958 年至 1966 年间的历史进程，在许多方面都是不可抗拒的。在这两次激进试验的过程中，"左"的潮流势不可挡，它应被看作毛泽东的最后 25 年（如果不是他整个一生）里更加独特的东西。相比之下，毛泽东在 20 世纪 60 年代初期，后又在 70 年代初期采取的立场则是比较谨慎的和现实主义的。

"凡事情都是一分为二的"，1964 年 3 月毛泽东说："我这个人也是一分为二的。"[2]作为结论，这也许是首先必须说明的最根本的东西。一方面，毛泽东的思想特别是 20 世纪 50 年代和 60 年代的思想，自始至终是很不稳定地和牵强地并列在一起的毫无联系的思想。其次，他在这些不同的思想成分之间设法锻造的暂时的和不稳定的综合性的理论，在"文化大革命"的冲击下开始迅速解体。

如果我们考察一下毛泽东在"大跃进"期间和"大跃进"之后

系统阐述过的经济思想，在我看来，我们必须承认，这些思想远不像近年来种种根据“文化大革命”时对“两条路线斗争”的重新解释所作的理解那样片面和简单化。我们发现，他强调精神鼓励和物质刺激相结合，又红又专，大小工业并举。“两条腿走路”的方针，从某些方面来说，是他整个经济战略的核心。这是靠两条腿尽可能快走的方针，并不是想单靠小工业和土办法一条腿前进。

然而，即使在毛泽东从1958年夏天过高的幻想中退却之后，他对发展的态度（在有些方面）也反映出他根本没有认清工业化和技术进步的含义。其一，毛泽东对知识分子的态度，我在前面对此曾予以相当多的注意。其二，是他对政治的作用和领导与群众的关系的看法。1959年12月，在讨论苏联宪法时，毛泽东说，这部宪法给了劳动者工作、休息和受教育的权利，但它没有给劳动者治理[3]国家、军队、各种企业、文化教育的权利，而这些权利是社会 188
主义制度下劳动者最大的也是最根本的权利。[4]在读书笔记[5]中与此相似的一段话里，毛泽东用的不是治理，而是管理一词。[6]尽管两个措辞之间在意义上有细微差别，但二者都是模棱两可的；它们的模棱两可又一次反映了我们在毛泽东的“群众路线”的理论和实践中已经注意到的矛盾。红卫兵翻印的、出现于毛泽东本人的语录中的“管理”这个词，它的意思可能是处理、经营、支配或监督；廖盖隆的文章中所引用的治理，用于表示整顿、清理或安排。第一个词显然更具体一些，因为它是一个有组织的前后相关的过程而不只是简单的过程。至于毛泽东的意思实质上究竟是打算使工人或劳动者随时关心正在发生的事情，使他们弄清行使政治权利是否符合他们的愿望，还是指他们实际上应当亲自管理事情，这两方面都是模糊不清的。

毛泽东的《读书笔记》的一个英译本将管理译成“run”和“manage”；另一个本子译成“administer”和“take charge”。[7]我选用了“supervise”，它的意思不是指全体劳动者都在同等程度上行使管理的权利，因为这种译法更符合我所理解的毛泽东在20世纪60年代的思想。我承认这个选择是武断的，但这并不比其他的译法更武断。实际上，模糊之处是在毛泽东自己的语言和思想之中。

另一个恰当的例子是，上面引用的1965年的一段话宣称，民主是指“群众的事情由群众来管理”。[8]至于汉字“由”，在群众是有效力量的意义上，它的意思可能是指依靠群众（by the masses），或者通过群众（through the masses）。换言之，就是把事情摆在群众面前，与他们商量。我把它译成是“through”，是因为在1965年12月的同一段引文中，毛泽东清楚地阐述了需要来自上面的党的领导，这进一步证实了，在那时，毛泽东仍然坚持他曾反复陈述过的观点，即集中比民主更重要。然而，到1965年，他对这些问题的看法显然已经开始转变。

在“大跃进”前后的这段时间里，强调集中制采取的形式是，坚持党的领导起关键的和决定性的作用。正如在本书第二篇第五章
189 中所提到的，毛泽东恢复了在延安时十分强调的使党的领导一元化或一体化的思想。

一般说来，毛泽东在“大跃进”期间的观点是，不仅在国家，而且在地方都必须贯彻一体化或一元化。此外，即使是1953年那几句顺口溜里提到的“小权”如果没有导致混乱，也不能把它们分散。一体化的代表只能是各级党委。党的领导，不管在中央还是在地方，正如毛泽东在1958年阐明的，首先是就原则问题作出决定，然后去检查它们的执行情况。

随着“文化大革命”的临近，这一整套原则逐渐被放弃了。因为毛泽东对应该发挥“一体化”作用的党的合法性和政治上的正确性，在理论上发生了怀疑，随后在实践中予以否定。在1964年7月14日给苏共中央第九封复信中的那段著名的论述中，可找到对将要发生的事情的最初和最有戏剧性的提示之一。这段话指出，假如干部被阶级敌人（由“地、富、反、坏、牛鬼蛇神”构成）“腐蚀侵袭，分化瓦解，拉出去，打进来”，“不要很多时间……就不可避免地要出现全国性的反革命复辟，马列主义的党就一定会变成修正主义的党，变成法西斯党，整个中国就要改变颜色了”[9]。

在1967年2月与张春桥和姚文元的谈话中，虽然毛泽东再次

断言，必须有一个党作为领导核心，虽然他努力用某种方式把对领导的需要与反天才论、与鼓励来自下面的首创精神——这种首创精神成了证明“文化大革命”有理的借口（如果不是主要动机的话）——结合起来，但是，由于群众对党的统治集团和政府官僚“造反”的权利仅仅是靠某个大人物运用个人权威来保证的，因而整个事情被弄得很不正常。不久之后这种个人权威被正式地与秦始皇的权力相提并论。

人们必须根据这一点来理解王洪文在党的第十次代表大会[10]和张春桥在 1975 年 1 月的全国人民代表大会[11]上，为实现凌驾于政府机构和其他一切权力机构之上的党的“一元化领导”而发出的号召。因为到这时，毛泽东本人和张春桥实际上都不像对施加毛泽东个人权威的影响一样，对组织之间的关系有多大兴趣。从此以后，真理和权威不属于党，而是属于毛主席——历史赋予这个领袖以教导中国人民和指引他们走向共产主义的使命。 190

在毛泽东从井冈山和延安时期到 20 世纪 60 年代的经历中，他一直把民主和集中当作政治进程中相互联系、不可分割的两个方面，它们彼此相关，互相促进。而在“文化大革命”中却出现了两个完全不同的概念。“造反”代替了民主；对伟大领袖和舵手的忠诚代替了集中。就像看待民主和集中的关系一样，毛泽东无疑从对立统一的观点出发，把这些倾向看作是彼此密切联系的，在原则上，他并不拒绝接受它们。不过，虽然他自己承认“首长”的必要性，但他却任由一种形势在发展：在这种形势下，社会和经济的各级“首长”实际上并不能作为首长发挥作用，因为，尽管首长们被认为负有责任，但他们却无权作出决定。在国家一级，领导和群众之间的联盟采取的只是松散的公民投票的民主形式，这可悲地使人回想起早先的民主模式。在地方，它产生的则是特别委员会的专断统治、军事管制、政治上的冷淡和骚乱的混合物。

这些思想的历史根源要追溯到 20 世纪 60 年代特别是 1963 年年初，毛泽东曾经反复强调，要坚持“一分为二”的原理。因为只有当党实际上是由一个人代表和在一个人身上体现时，一元化或“使之一体化”和一分为二或一切事物的可分性（以及它们的组成部分之间互相斗争的倾向）这两条原理才能共存。换句话说，只有中国共产党的一致性和完整性是在毛主席的领导下时，党才能够虽然分裂但同时又能保持统一，才能够实行它的一元化的领导。但毛主席（尽管前面已引用过他的话[12]）是不会搞分裂的，而且他仍旧会长期主事，尽管他的思想充满了矛盾。

对毛泽东的思想的另一个主要的二元的解释，正如我在本书中始终强调的，是马克思主义和中国遗产共同作用的结果。在毛泽东的晚年，领袖终于成为崇拜的偶像和真理的源泉，这一事实与马克思主义的理论是不一致的，或者说实际上它与毛泽东本人在1971年的说法也是互相矛盾的。他当时曾指出，《国际歌》否定“救世
191 主”的存在。[13]这样说，实际上并不是把毛泽东的统治完全当作东方专制的一种形式，甚至也不是指以他名字命名的思想主要是中国的而不是西方的。对领袖的崇拜——包括斯大林的红色法西斯主义和希特勒、墨索里尼最初提出的法西斯主义，其根源完全是西方或西方化的。此外，在文化移入的复杂过程中，如果西方的新思想能够被用来为中国的旧目标和旧的社会准则服务，那么，中国的传统思想同样可以转而为外来的思想目标所利用。[14]因此，很难断定最终何者能占上风，但对这个问题应作进一步的探讨。

在20世纪50年代中期和60年代中期之间，毛泽东改变了拒绝接受张之洞“中学为体、西学为用”原则的态度。他在1956年8月《同音乐工作者的谈话》中，采用了他从1938年以来一直坚持的观点，即中国在以自己的东西为主的同时，还必须向西方学习很多东西。他宣称，马克思主义是“放之四海而皆准的普遍真理”。虽然它必须与各国革命的具体实践相结合，但这种“基本理论就是在西方产生的”，它构成了中国新制度的基础或者说“体”。[15]另一方面，1965年12月他在杭州所说的下列一段话中，实际上是说张之洞是对的，他说：“西学的‘体’不能用……只能用西方的技术。”[16]

正如我们以上提到的，即使毛泽东在同一次讲话中说他是一个

“土哲学家”，这句话的意思也不应当被理解为毛泽东不打算再从马克思主义那里或从西方汲取任何东西，而是要强调指出，如果想使从西方借用的东西得到很好的利用，那么中国的革命学说今天就必须扎根于她的文化和她的传统之中。然而，这并不是一个通过分析毛泽东的理论体系，用纯理性的措辞就能解决的问题。这个问题中还掺杂进了一些根深蒂固的感性因素，甚至他在陈述自己政治理论或思想观点时也都带上了感性色彩。

1958 年 3 月，毛泽东在成都宣布：“首先是阶级消亡，而后是国家消灭，而后是民族消亡，全世界都是如此。”[17] 1970 年 12 月 18 日，毛泽东在和埃德加·斯诺的谈话中，提出了如下问题：

> 什么叫民族啊？包括两部分人。一部分是上层、剥削阶级、少数，这一部分人可以讲话，组织政府，但是不能打仗、耕田、在工厂做工。百分之九十以上是工人、农民、小资产阶级，没有这些，人就不能组成民族。[18] 192

在晚年，毛泽东把阶级斗争看作一小部分“大人物”与全体人民之间的斗争，他在 1970 年的几次讲话中，再次表明了他的这个倾向。但人们也强调，正如毛泽东在 1958 年的讲话中所说的那样，他认为民族作为一种主要的社会组织形式，有着极其重要的意义。

虽然毛泽东总是不容置疑地把中国当作“中心地区”，把中国文化当作“中华”，但我并不是说，我们应从毛泽东的这一性格特点中得出像苏联人和他们的支持者、托洛茨基分子以及持各种观点的其他左派分子那样的结论，即毛泽东完全是一个缺少马克思主义思想的、老式的中国民族主义者。

事实表明，特别是在“文化大革命”的十年间，毛泽东数十年集中全力建立起来的一整套理论体系基本上崩溃了，至少在他自己看来是如此——1976 年，毛泽东去世以前曾对埃德加·斯诺这样说过——而另一个新时代在其继承人的领导下开始出生时，出自《左传》和类似典籍的道德和政治标准就以潜移默化的方式降临了。

可是，如果我们不去考察毛泽东最后的这些反常的岁月，而只分析他在1935年至1965年形成的比较严肃的思想理论，那么，在我看来，它归根结底的确是一种源于西方的、革命的思想，也是一种西方化的传播媒介。

西方化的影响和毛泽东的无可置疑的中国中心主义之间的模棱两可的联系，已在毛泽东所谓的“落后的辩证法”的观点中得到了阐释。他在1960年的《读书笔记》中以典型的方式表明了“毛泽东主义的主流”，毛泽东在其中一节里提出了“落后国家的革命是否更困难？”的论题。不用说，毛泽东的结论是否定的。他说，资本主义出现二三百年之后，在西方先进国家里，资产阶级的毒害很厉害，影响了包括工人阶级在内的社会的各个阶层。因此，列宁的“国家愈落后，它由资本主义过渡到社会主义就愈困难”这一名言是不正确的：

193 其实经济越落后，从资本主义过渡到社会主义愈容易，而不是愈困难。人越穷，越要革命。……在东方，像俄国和中国这样的国家，原来都是落后的，贫穷的，现在不仅社会制度比西方先进得多，而且就生产力的发展的速度也比他们快得多。就资本主义各国发展的历史来看，也是落后的赶过先进的，例如在19世纪末叶，美国超过英国，后来20世纪初德国又超过英国。[19]

这一论断表明，毛泽东一方面强调人和道德在政治生活中的重要性，正如我在本书反复阐述的那样，这两个方面是中国传统的一个重要的组成部分。的确如此，在以上所引用的这段话中，毛泽东也断言，革命一旦在那些先进的和高度机械化的国家取得成功，那么，这些国家所面临的最大的困难将会是“人民的改造”。但与此同时，由于受到一个世纪的民族屈辱的刺激以及政治斗争和军事斗争胜利的激励，毛泽东的这一论断也表明，他深信，贫穷落后的状态不可被忍受，而且也无须被忍受。

在毛泽东生命中的最后20年间，当形势变得异常严峻时，譬如，特别是当形势处于“大跃进”所带来的不良后果并需要以现实的态度来处理所面临的国家经济问题的状况时，他在避免感情用事的问题上表现出了非凡的能力。然而，一旦形势稍有好转，如像1962年秋那样，毛泽东就立即一反小心谨慎的理智的态度，转而再一次让他的乌托邦幻想任意驰骋，并为实现这一空想制定了非常激 194
进的政策。

正是毛泽东的天性中这种矛盾的和多变的特点——这不仅仅是简单的指当代中国领导人当中在应当走哪条道路的问题上所存在的众所周知的分歧——使毛泽东的继任者很难对他的历史作用作出详细的、准确的和恰如其分的评价。与此相同的另一模棱两可的问题是：无论中国人还是外国人，任何想概括毛泽东的全部思想的尝试都只能是暂时的和有条件的。然而，这项工作——尽管看来还不可能——必须设法努力为之。

结束语

195 我在导论中说过，毛泽东对中国革命最普遍的，或许也是最持久的贡献就是毛泽东的思想。反过来，这个观点又意味着，如果不概括毛泽东的一生，你就不可能概括他的思想。

很少有人会否认毛泽东在制定以农村游击战为基础的斗争方式方面的重大功绩，这个斗争最终获得了内战的胜利，推翻了国民党，给农民分了地，恢复了中国的独立和主权。考虑到中国社会在革命前的不公正程度以及中国人民由于列强瓜分中国而感到的耻辱，必须对上述成就予以相应的重视。毛泽东在 1949 年 9 月说，“中国人民从此站起来了”。这句话是不会被人们忘却的。

1949 年以后毛泽东的经历比以前要较为模棱两可一些。中国的官方观点认为毛泽东的领导到 1957 年夏基本上是正确的，但从那以后，充其量是有对有错，并且经常有相当大的错误。无可争辩的是，毛泽东晚年的两项重大政策革新，即“大跃进”和“文化大革命”(它们也是他思想上的两个重大革新）实属考虑不当并导致了灾难性的结局。他要达到的与官僚主义作斗争、 鼓励群众参政以及强调中国要自力更生的目标，总的来说值得称道，但是毛泽东为达到这些目标所使用的方法，虽然大胆和具有想象力，却因在很大程度上自拆台脚而坏了事。

有人可能认为，毛泽东在夺取政权方面要比他统治国家和发展社会主义经济方面来得高明。这可能是事实，但是作为一个判断来说，还不大公平或者不大令人满意。毛泽东在 1949 年以后所抓的改造中国文化并使中国经济现代化的问题，无论如何要比他在早期所遇到的问题复杂得多。在井冈山或者在延安时期，是胜或败、生或死的问题；而 1949 年以后的问题则并非如此轮廓分明，斗争不可能一天就能最终解决，甚至十年也不能解决。

与此同时，必须承认，正是那些使他在夺取政权期间成为一位 196
伟大的军事和政治领袖的品质，使毛泽东在创造一个新的社会主义中国的能力方面具有局限性。在 1949 年以前，作为统治者，他的形象就开始具有列宁主义和中国成分奇特混合体的形式，而中国成分还是从“大人物”和“小人物”传统中汲取而来的。这样一个形象——部分是皇帝，部分是农民起义者，部分又是革命领袖——在夺取政权的斗争中是一个非常有效的动员群众的象征。也许，这个象征并不很适于推动 1949 年以后中国所需要的真正的经济、文化和技术革命。

同样，毛泽东同农民的密切关系使他对社会主义条件下重新提出的广大人民群众的需要很敏感，但是并没有使他对农民中固有的思想和价值观念具有必不可少的公正态度。在这些方面以及其他方面，毛泽东表现出他是 20 世纪上半叶中国一位出色的革命领袖，但却不是一位解决 20 世纪下半叶问题的可靠领路人。

但是，在其他基本方面，毛泽东没有过时，而且直到今天也还没有过时。毋庸置疑，其中最有决定性的一点是他一心一意要使中国繁荣昌盛，要在世界上恢复她的地位。从这个意义上来说，毛泽东在世时民族革命已经完成，最后的一幕是美国总统在紫禁城里访问中国的这位领导人。中国与其他大国真正平等，还有一段漫长的路程，但是毛泽东认为中国应该做到这点、并且应以中国自己的方式做到这点的决心，仍然受到大家的尊重。革命被看作一个仍在进行的过程，而政治——虽然它是一种不同的政治——仍然是关键。

虽然这本书写的是毛泽东在世时想了些什么和做了些什么，但是今天我们可以从一种有益于新的理解的角度来看待毛泽东时期的问题。一方面，他的思想和他的政策所产生的后果已越来越明显；另一方面，20 世纪 60 年代和 80 年代的对比，进一步说明了在中国运用马克思主义的各种可能的范围，从而也帮助我们判定在毛泽东指导下进行的实验，什么是有特殊意义的，什么是有长远意义的。

许多事情说明，当今邓小平的中国和 20 年前毛泽东的中国有了不同，但是有一件事一点也没改变：即为寻求一条现代化的道路而向西方学习，特别是向马克思主义学习，同时又保留中国的特色，他们都以此为目标。毛泽东谈到过开辟一条“走向社会主义的中国道路”；邓小平则宁愿说建设“具有中国特色的社会主义”。这
197 两项事业的推理方法在某些方面有极大的不同，但每个计划都涉及运用马克思主义来指导中国革命，同时要使之适应中国的具体情况，适应中国人民的文化传统。

用比较直截了当的话来说，中国今天应用马克思主义的方法同毛泽东应用马克思主义的方法之间的差别，在于毛泽东最关心的是阶级斗争和建设社会主义之间的辩证法，而邓小平则以政治改革和经济发展之间的辩证法作为其政策的中心。毛泽东相信，只有在上层建筑中进行不屈不挠的斗争，才能保证人们沿着一条正确道路走向新的无私社会，要是在达到这个目标之前放松了警惕，那么从农村游击战艰难岁月以来所得到的一切革命成果，就有可能毁于一旦。与此完全不同，邓小平主张只有在高度发展的经济基础上，才能建成真正的社会主义。他还反复指出，只有到了 21 世纪中叶，才能建立必要的基础。按照圣经上的语言，你可以说毛泽东的观点是“你先要找到社会主义王国，然后才赐予你财富”，而邓小平的观点是，凡是只用意识形态来建设社会主义的人，都是在沙堆上建设社会主义。

从上述无论哪一种角度看，把马克思主义应用到中国这个问题都是特别微妙的，因为马克思主义具有根深蒂固的以欧洲为中心的偏见。对马克思来说，欧洲是一个卓越的世界，它是人类进步的先驱。在马克思首次欢呼西方影响的进步后果以后的一个世纪内，欧洲马克思主义者对亚洲的看法发生过许多变化，但是始终有一条主线贯穿其中，即如果亚洲有朝一日觉醒过来并成为创造世界历史的积极参加者，那么亚洲需要欧洲的指导。欧洲的指导作用，可以通过殖民地的征服来表现。社会主义一旦在欧洲取得胜利，这种指导作用也可以通过欧洲革命者对他们亚洲弟兄的同志式劝告来表现。但是，从恩格斯和考茨基直到斯大林和赫鲁晓夫，这种忠告显然使

用的都是长辈的口气、高高在上的指令，而不是相互平等的劝告。

虽然毛泽东事实上早就表明过他要为中国革命的独立自主献身，但是，直到20世纪50年代后期他才明确地拒绝接受欧洲或苏联的指导。然而，在拒绝接受任何外国指导的概念中，毛泽东绝没有否定欧洲在倡导两个伟大革命——工业革命和社会主义革命—— 198
中具有突出地位的假设，而中国也希望参加这两个伟大的革命。更确切地说，毛泽东认为，从总体上说，欧洲（包括北美洲在内）首先实行了工业化，马克思创立了科学社会主义，然后列宁和斯大林最先将其付诸实现，但中国人可以在这两条战线上都超过他们的导师，他们可以在50年到100年期间完成工业化，而不需要像欧洲人那样用300年的时间；他们进行的社会革命，要比苏联的更迅速、更彻底。

无论如何，事实上马克思主义仍然是一种完全从中国文化领域以外的地方传入的意识形态。在这样一个社会进行马克思主义革命的困难在于，如果要革命，如果要维护民族尊严，那么过去的传统一定会遭到破坏。自从毛泽东在1938年10月第一次在讲话中谈到这个问题并号召“将马克思主义中国化”[1]以来，差不多已整整过了50年。我在本书的第一篇已详细地分析了他那段讲话；在第二篇论及其后来的发展时，则具体地阐明了毛泽东的最初阐述的含义。

实质上，在毛泽东看来，把马克思主义中国化涉及三个方面：传播、条件和文化。第一个方面最清楚，争论也最少。当他号召要有“新鲜活泼的、为中国老百姓所喜闻乐见的方式”时，他提出了一个以前曾被忽略的但却是正确的论点，即马克思主义要被任何一个非欧洲国家的人民所理解和接受，那么就必须用（对他们而言）浅显易懂的语言来传播并与他们自己的问题密切联系起来。但是，在毛泽东看来，心理（文化）和经验（或具体条件）是如何限制和支配中国，接受马克思主义的呢？尤其是，1949年建立起来的新的革命政权又将如何塑造中国人民的文化以及他们的生活环境呢？

我们在第二篇已看到，中国共产党和毛泽东本人都认为，由于中国共产党从此成了执政党，因此需要在新情况下向苏联模仿许多东西。当然，他们并不盲目地抄袭苏联，在 20 世纪 50 年代初期就已是如此。可是苏联思想、苏联方法的印迹是非常显著的。20 世纪 50 年代中国出版的教科书和理论著作中极大部分译自俄文，由此即可窥其一斑。

从 1955 年毛泽东发起农业集体化“高潮”以来，一直到他
199 1976 年去世为止，毛泽东都致力于开辟一条中国式的社会主义道路并循此前进。为了达到这个目标，他无疑是把马克思主义当作他的指南，但是他间或也做些奇怪的事，有时还像他在 1938 年提出的那样，从中国历史的教训和社会准则中寻找灵感。不久以前，人们还普遍认为，毛泽东在中国应用马克思主义方面的贡献的实质，在于从 1955 年开始出现的经济发展方式，它突出地表现为 1958 年的“大跃进”，然后一直持续到 1978 年，其中在政治气候方面也有一些挫折。这种“毛泽东的模式”可以追溯至延安，一直延伸到“文化大革命”。

当我谈到“大跃进”经验一定要与以前的时期联系起来时，我并不认为它们实质上是相同的。我在第一篇中指出，我不同意有些人认为“毛泽东的经济学”产生于延安的观点。我特别指出，在那个时候还没有“两条腿走路”，大小结合，土洋结合；而这些思想正是“大跃进”策略的核心。

另一方面，毛泽东在最后 20 年中，非常清楚地表现出了延安的思想遗迹。“群众路线”仍然受到尊重，其重点在于倾听下层群众的意见，但不一定凡事照他们的意见做。但是，始终一贯的最重要的因素还在于强调斗争、自我牺牲和朴素是最高的道德准则，以及对农民美德所给予的重视。

如前所述，毛泽东在 20 世纪 50 年代中期又寻回他的农村之根，他在 1955 年 12 月宣称：“中国的农民比英美的工人还好。”“大跃进”期间，毛泽东的思想和井冈山精神、延安精神所具有的一贯性，已从 1958 年 8 月毛泽东在北戴河会议的讲话中十分生动

地表现出来。他在同一讲话中还反复号召取消工资制，重新采用战争年代实行的供给制。他断言，工资制是“对资产阶级的妥协”，实行工资制的结果是“个人主义的发展”。至于他希望提倡的另一种道德标准，显而易见也与过去的武装斗争有关。他说：“‘我们的共产主义’ ……首先是在部队实行的……中国共产党是一个特殊的党，它奋斗了几十年，一直实行着共产主义。”毛泽东在论证公社包含着“共产主义萌芽”时，把公社和城市作了对比，他说城里人要“正规化”，那里有许多“脱离群众的衙门”。

但是，我们在前面已谈到，半年以后，毛泽东在 1959 年 2 月至 3 月召开的郑州会议上认识到，农民对他们的物质利益也表现出某种依恋之情。他说：“在农村还没有实行全民所有制的整个时期 200
内，农民总归还是农民。”他又说，在现阶段，在两者的关系方面，工人仍然起着“老大哥”的作用，“老大哥”不是农民。也许，如我前面所说，毛泽东从未真正解决在农民问题上的窘境（也未真正融入他对马克思主义的理解中去），即农民既是社会中坚分子，同时又是工人阶级建设社会主义的“小兄弟”。

我说过，“大跃进”时期毛泽东的思想在某些方面可以追溯到延安，而在其他方面又延续到“文化大革命”。毫无疑问，在这两次激进的大动乱之间有着根本的区别，而最重大的区别在于，1958 年居统治地位的党，在 1966 年被打碎了。但是“文化大革命”的起源可以追溯到 1958 年至 1959 年间出现的两种倾向：即对毛泽东个人崇拜的新高潮以及首先表现为空前尖锐地强调阶级斗争的极左的政治和思想气候。

从整体上看毛泽东的最后 20 年，如果得出结论说，他在这个时期的任何时候都把马克思主义解释成经济基础的作用要服从于上层建筑，那就错了。确实，在“大跃进”这一激进的阶段，毛泽东曾有两次把现代化和改革过程的开始时间，说成是始于 19 世纪末张之洞提出的中国第一个工业化计划。然而，他在 1937 年（甚至在斯大林提出类似观点以前）提出的观点，即在某些时候或某些时期，政治和文化要比经济基础重要的观点，在他晚年愈益突出。他不但认为必须动员全体人民在经济发展中发挥能动的作用，充分发挥他们的创造性；而且还认为革命人民实际上具有改造自己和改造环境的无限力量。

从 1966 年起，人们一直在辩论这么一个问题：“伟大的无产阶级文化大革命”的特殊现象是不是毛泽东过去思想和行动发展的自然顶峰。有些人，特别是在开始时，倾向于把“文化大革命”仅仅看作一种老年心理失常。另一些人，当然包括西方那些想从毛泽东和毛泽东的思想中寻求灵感和指导的人在内，则认为“文化大革命”的政策不仅是毛泽东一生的顶峰和最高成就，而且还是他过去一切活动所要达到的目标。

201 依我之见，上面这两种判断都是错误的。我认为“文化大革命”并不是毛泽东的革命道路必然和难免的终极，而是他一生可能的而且完全合乎逻辑的结局。他容易冲动的性情，他好走极端的习惯，以及在差不多十年的时间里想方设法对党内批评他的人进行报复的动机等等，都促使他走到这一步。他意识到自己的死亡将临，并决心在有生之年使中国发生决定性改变，这种心境进一步强化了上述种种因素的作用。但因为他长期以来信奉必须考虑客观现实的思想原则，也因为他对党作为必不可少的领导工具所怀有的感情——即使他并不像刘少奇那种更为正统的列宁主义者一样对党的作用非常崇拜——他遏制了自己，或者说，上述因素本应对他有所约束。换言之，他并非命定有这种结局，但是有这种结局也并不令人惊奇。

如果我们从整体上来看毛泽东的最后 20 年，毫无疑问，他发自内心地相信他开辟了一条中国走向社会主义的独特的新道路，它标志着与苏联所解释的马克思主义在许多方面发生了截然的决裂。10 年或 20 年以前，无论中国人还是外国人，都普遍认为他做到了这一点。可是今天，毛泽东的接班人在承认其功绩的同时，也承认了毛泽东所做贡献的历史局限性。

当然，中国以外的许多人听信了一种说法，即过去八九年内，对毛泽东一生的重新回顾和对毛泽东的思想的重新评价，事实上等于一次“非毛化”过程，至少也只是在表面上维护对毛泽东及其思想的尊敬，实际上却架空了它，并使它失去了任何实质性内容。在我看来，这种观点是不正确的。1979 年 3 月，《人民日报》发表了一篇文章，里面有这么一句话：“中国现在所做的不是非毛化，而是非神化。”[2] 我认为，这是一个公正的评价。

为了进一步探讨这个问题，让我对今天被看作毛泽东的遗产的积极和消极因素谈一些意见。至今仍然代表官方对毛泽东作用看法的 1981 年 6 月 27 日的《决议》，以及在此前后发表的许多文章和评论中，提到毛泽东的功绩的主要有三点，即强调独立自主和自力更生、“群众路线”以及“实事求是”的口号。当然，“实事求是”这个口号是毛泽东在延安时提出来的（他是根据一本中国古书即班固的《汉书》提出的）。今天，这个口号不禁使人们想起毛泽东在《实践论》中对马克思主义认识论的阐述；而从 1978 年以后，邓小 202
平又将其归纳为“实践是检验真理的唯一标准”的口号。自力更生仍然受到尊敬，尽管在邓小平领导下的中国人，打算通过与世界各国一起并向他们学习来维护和巩固他们的独立，而不是脱离世界各国。作为中国共产党民主传统的一个象征的“群众路线”也仍然常常被引证，但是比起毛泽东的时代来，民主与其说被看作是一种“工作方式”，不如说是一种需要制度化的东西。

至于消极因素，最重要的无疑是夸大了人的“主观意志的作用”[3]。对“毛泽东晚年错误”的批评，还包括他提倡对自己的个人崇拜，以及他对阶级斗争的热衷，但是唯意志论问题被看作最重要的错误。以上四个方面从逻辑上以及从邓小平本人对这些问题的看法来看，都是密切相关的。也许，最突出的是“实事求是”与夸大人靠意志改变世界的能力这两者正好是相反的。

1949 年，毛泽东在大部分地区赢得了胜利，因为他知道，根据 20 世纪 20 年代和 30 年代真实的力量对比，中国革命只能是一场持久的革命，绝不可能通过无产阶级举行城市起义而迅速取得胜利。具有讽刺意味和令人百思不得其解的是，毛泽东曾以他的耐心和现实主义来反对过党内的急躁情绪和“正统派”的教条主义幻想。但在此以后，角色颠倒了过来。现在，正是毛泽东本人不愿意等待生产力的发展，他想方设法跃入社会主义，甚至想一夜之间跃入共产主义。

"大跃进"时期和"大跃进"以后毛泽东所犯的一切错误，在中国现在都被看作是他违反了自己向实践学习和紧紧把握现实的原则。与此相似，以"群众路线"为象征的与人民的密切关系，被看作中国共产党民主传统的精髓，也是毛泽东伟大的创造性贡献之一。一位重要的理论家在 1981 年曾说过，"马克思和恩格斯在哪里谈到过群众路线？列宁（斯大林更少）在哪里谈到过群众路线？根本没有"[4]。但是与此同时，人们认为这种追求民主的精神被滥用了，尤其是这种狂热的情绪促使人们陷入了没完没了的毫无根据的反对"阶级敌人"的斗争运动之中。

203 这并不意味着邓小平和他的意识形态发言人认为，毛泽东差不多已经解决了社会主义制度下的民主问题。我在前面第二篇已指出，毛泽东在晚年很少考虑任何正式的和制度化的民主程序。邓小平本人在 1980 年 8 月（也许是他 1978 年以来最著名的一次讲话中）宣称，个别领导人特别是毛泽东所表现出来的诸如过分集中以及滥用权力等等消极现象，不仅是由于因袭了旧中国"封建专制的传统"，而且还由于"共产国际年代许多国家党的工作都把权力高度集中在个别领导人手中的传统"。邓小平指出，这些影响造成了一种坏的制度，而制度坏了，就连大人物也可能受到怂恿去做坏事，而不是受到约束：

> 斯大林严重破坏社会主义法制，毛泽东同志就说过，这样的事件在英、法、美这样的西方国家不可能发生。他虽然认识到这一点，但是由于没有在实际上解决领导制度问题以及其他一些原因，仍然导致了"文化大革命"的十年浩劫。[5]

因此，邓小平把"切实改革并完善党和国家的制度，从制度上保证党和国家政治生活的民主化、经济管理的民主化、整个社会生活的民主化"[6]作为他的目标。这个方针清楚地表明，尽管在 20

世纪 60 年代谈过要与苏联模式决裂，但毛泽东对政治领导的态度一直到死仍具有列宁主义的权力主义的标记。

至于中国得以完成革命的速度，不论毛泽东是否像有些人所认为的那样，把社会主义只看作是走向共产主义道路上的一个中途站，他肯定认为中国在 1949 年以后的十年左右时间里，已经走上了建设社会主义社会的道路。另一方面，自 1978 年以来，人们开始接受这样一种观点，即中国建设社会主义还有一段很长的路程， 204
更不必说共产主义了。1979 年，曾有人用“不发达的社会主义”来说明中国现阶段发展的特点。这个概念曾广泛使用了一两年，后来领导人否定了这种提法，因为它似乎对社会主义是否已在中国生根提出了太大的疑问。自从 1981 年 6 月以来，更多的说法是中国现在正处于社会主义的“初级阶段”，而 1987 年 10 月至 11 月党的第十三次代表大会以来，这一阐述就占据了更为突出的位置。[7]

这一主张既有政治的、也有经济的含义。它认为，到了一定的时候，社会主义将带来资本主义社会从未创造过的极大的富裕和高度的民主。但是，目前由于中国的社会主义还没有高度发展，资本主义国家可能在许多方面都显示出了它的优越性。所以，“资产阶级自由化”仍然是一个威胁。邓小平在 1987 年 4 月的一次谈话中归纳了这些因素之间的相互关系，他把必须建设能摆脱贫穷的社会主义放在了首位，但他又强调指出，只有到了 21 世纪中叶，才能达到这一点。[8] 中国共产党第十三次代表大会把当代路线的参照系规定如下：

> 不承认中国人民可以不经过资本主义充分发展阶段而走上社会主义道路，是革命发展问题上的机械论，是右倾错误的重要认识根源；以为不经过生产力的巨大发展就可以越过社会主义初级阶段，是革命发展问题上的空想论，是“左”倾错误的重要认识根源。[9]

这个报告指出，要用新的政治体制取代“脱胎于革命战争年代而在社会主义改造时期基本确立的，（是）在大规模群众运动和不断强化指令性计划的过程中发展起来的”现行的政治体制。换句话说，这个报告想使政治的上层建筑适应新时代的社会主义的商品经济。但与此同时，报告又指出，“伟大的实践需要伟大的理论”，这就颠倒了列宁著名的公理：“没有革命的理论，就不会有革命的运动。”这种颠倒实际上是以毛泽东、 也是以邓小平为首的中国马克思主义的特征。但是，只要理论必须以实践为基础，那么理论目标和理论原则实际上自然也就不具有普遍性。

报告还提到马克思主义与中国实践相结合过程中的两次（也只
205 有两次）“历史性飞跃”：夺取政权的道路和十一届三中全会以来的改革。[10] 这清楚地表明，当代的领导人正在继续进行毛泽东在最初取得成功但在 1949 年之后没能进行下去的“中国化”运动。报告明确指出：

> 因为我们的社会主义是脱胎于半殖民地半封建社会，生产力水平远远落后于发达的资本主义国家，这就决定了我们必须经历一个很长的初级阶段，去实现别的许多国家在资本主义条件下实现的工业化和生产的商品化、社会化、现代化。[11]

这一理论框架（由于它所提出的是这样一种社会制度，即它相当于西方社会发展中的资本主义阶段，而实际上却依然具有社会主义的性质）可能被看成是回到了毛泽东在延安时期提出的，又在 1953 年放弃的“独立的新民主主义阶段”的思想。与此同时，它的理论和政策显然仍是直接指向社会主义和共产主义的长远目标。

一位作者最近指出，如今，中国革命不再像毛泽东时代那样是“继续”的了。[12] 事实上，虽然“建设社会主义”的模式和理论基础已经发生了变化，但仍然面临着彻底改变继续革命的进程的问题。和毛泽东一样，邓小平也认为政治对社会主义发展至关重要，但是他认为政治指导决定着经济基础的形成，而不是政治和意识形态高于一切并取消经济规律。中国今天应用的马克思主义概念有了极大的不同，但目标总是一样的，就是使中国富强，建设一个既是社会主义的又具有中国特色的新社会。

我在第一篇提出过，毛泽东提出了“主要矛盾”的概念，因为毛泽东和马克思不一样，马克思从来不怀疑他当时所在的西方社会中的基本矛盾（无产阶级和资产阶级之间的矛盾），而毛泽东生活在其中的世界，其特点是在迅速改革的100年间所层层堆积起来的使人昏乱的各式各样的社会阶层。在未来的几十年中，中国社会和世界社会大约不可能比原来更简单，各国及不同文化之间的相互关系也不大可能比原来更缓和。从这个意义上说，毛泽东有关矛盾的思想，很可能对于制定一个改变现实的政策，提供的如果不是地图的话，也是一个指南针。

与此同时，正如我反复指出的那样，毛泽东充满了矛盾（他本人也不止一次地谈及）。为了把这些都作个概括，让我用看来像是民间传说的东西作为我的结束语，它们也许有更深刻的意义。我在前面援引了毛泽东的讲话，还有“文化大革命”开始时清华大学附中红卫兵关于孙悟空的话。毛泽东在早些年和“大跃进”以前曾经一再用孙悟空作为政治象征，但事实上所有这些话都是反面的。确实，1938年5月，他甚至以孙悟空来比拟“法西斯侵略主义者”，说他们最终将被和平阵线的“五行山”所埋葬。[13] 可是到1958年，语气突然变了，毛泽东宣称：“孙悟空无法无天。我们为什么不向他学习？他反对教条主义，（表现在他）敢于干他喜欢做的事……”[14]

也许，这比任何其他一个形象都更巧妙地概括了毛泽东的政治作用。他是一个不朽的造反者，拒绝受神或人、自然或马克思主义规律的约束，他30年来领导他的人民追求最初是一种高尚的理想，但这种理想越来越变成一种幻想。他是一位浮士德还是普罗米修斯，是为了人类而企求不可能的事，还是一位陶醉于自己的权力和聪明才智的雄心勃勃的统治者？毫无疑问，无论就前者还是后者而言，实际情况都超出了人们通常的设想。即使到今天，对毛泽东这个人，对他的思想，要作最后定论，还应该进行进一步的探讨。

注　释

导论

［1］S. Schram，*The political thought of Mao Tse-tung*，hereafter *PTMT*，p. 15.（The first edition of 1963 began with the same sentence.）

［2］See K. Marx，“Revolution in China and in Europe”，20 May 1853；F. Engels，“Persia and China”，22 May 1857. For extr acts，see H. Carrére d'Encausse and S. Schram，*Maxism and Asia*，pp. 119—121，123—124.

［3］See S. Schram，*PTMT* pp. 354—355；［日］竹内实主编：《毛泽东集》，第6卷，331页，东京。

［4］Mao Tse-tung，“The great union of the popular masses”，tr. S. Schram，*The China Quarterly*，hereafter *CQ*，49（Jan. -March 1972），p. 84.

［5］作者这里指的读书笔记，实即毛泽东《读苏联〈政治经济学教科书〉下册谈话记录稿》，见中华人民共和国国史学会编：《毛泽东读社会主义政治经济学批注和谈话》（清样本），71～808页，1998年印。——编者注

［6］《毛泽东思想万岁》（1969年北京版），334、347页；Mao Tse-tung，*A critique of Soviet economics*，tr. Moss Roberts，p. 51，pp. 66—67。

［7］［8］［9］参见李新：《关于中国近现代历史分期问题》，载《历史研究》，1983（4）。

［10］参见本书第62～65页。

［11］关于毛泽东的领导品质和作用的广泛讨论，参见“Party

leader or true ruler? Foundations and significance of Mao Zedong's personal power", in S. Schram, *Foundations and Limits of state power in China*, pp. 203—256。

[12] 参见廖盖隆：《关于毛泽东功过评价和社会主义高度民主——对施拉姆教授论毛泽东的几篇文章的评述》，见廖盖隆：《全面建设社会主义的道路》，321 页，北京，中共中央党校出版社，1983。

[13] 参见郑志飚：《毛泽东建党学说的历史分期》，载《毛泽东思想研究》，1985（2）。

[14] 关于从 1957—1958 年的激进政策到"文化大革命"发生的必然的因果联系，参见 S. Schram, "The limits of cataclysmic change: reflections on the place of the 'Great Proletarian Cultural Revolution'in the political development of the People's Republic of China", *CQ* 108 (Dec. 1986), pp. 613—624。

[15] See the Preface to S. Schram, *Mao Zedong: a Preliminary Reassessment*, xii—xiv，以及注 [12] 引证的我们谈话的中文版。

第一篇 1949 年以前毛泽东的思想

第一章 从学生运动到农民运动（1917—1927）

[1] 毛泽东：《体育之研究》；S. Schram, *PTMT*, p. 157。

[2] 参见颜渊：《存性》，《颜渊书》2 卷《四存篇》，63 页，北京，古籍出版社，1957。

[3] 毛泽东：《体育之研究》；S. Schram, *PTMT*, p. 153。

[4] See Edgar Snow, *Red star over China*, p. 143.

[5] 李锐：《毛泽东的早期革命活动》，30 页。

[6] 毛泽东：《体育之研究》；S. Schram, *PTMT*, pp. 157—158。

[7] 或如陈志让（Jerome Ch'en）翻译的"磨炼（其）志向"（Mao papers, p. 3）。全文见《毛泽东集》，第 1 卷，33 页。关于此信的写作背景，see Day, *Máo Zédong 1917—1927: documents*,

pp. 18—20。

[8] 在“文化大革命”期间的一个汇编(《资料选编》,10～11页,北京,1967)里,曾误认此信是写给杨怀中(杨昌济)的,实际上它是写给黎锦熙的。全文见《毛泽东集》补卷,第1卷,19～23页,这里所引的一段在21页。

[9] 参见上书,19～20页。

[10]《给黎锦熙的信》,《毛泽东集》补卷,第1卷,20页。

[11] 同上书,21页。在他看来,中国也对世界做出过贡献。毛泽东和他老师杨昌济的基本思想倾向是一致的。杨昌济在国外留学时取名为“怀中”(即怀念中国),以表达他的爱国思想感情。关于这一点,见李锐《学生时代的毛泽东》,载《时代的报告》,1983(12);《新华文摘》1984年第1期(178页)重新刊出此文。

[12] 参见《毛泽东集》补卷,第1卷,23页。

[13] 毛泽东:《体育之研究》;translated in *Mao Ze-dong. Une étude de l'éducation physique*, p. 52;以及戴伊(Day)的著作第27页。

[14] 李锐在他的著作《毛泽东的早期革命活动》第110页上引用了这一段话。《毛泽东集》补卷第9卷19～47页收入了毛泽东读泡尔生著作的批注全文。

[15] 参见《毛泽东集》补卷,第9卷,21、40～41页。

[16] 本段内容参见《毛泽东集》补卷,第9卷,28～34、37～39、42、45～46页。李锐的书中引用了其中大多数段落。

[17] 我在 *China Quarterly* 上发表了全译本,并附有分析。Mao Tse-tung, “The great union of the popular masses”, followed by S. Schram, “From the ‘Great union of the popular masses'to the ‘Great alliance'”, *CQ* 49 (Jan. -March 1972), pp. 76—105. See also M. Heri Day, *Máo Zédong 1917—1927: documents*, pp. 85—100.《毛泽东集》第1卷57～69页上的中文版本也可利用。

[18] 参见李锐:《毛泽东的早期革命活动》,213页。

[19] See Mao Tse-tung, “The great union of the popular

masses", *CQ* 49 (Jan. -March 1972), pp. 77—78.

[20]《每周评论》，第 36 期，1919 年 8 月 24 日，4 页。

[21] *CQ* 49. 87.

[22] *CQ* 49. 84.

[23]《毛泽东集》补卷，第 1 卷，229 页。

[24] 日期疑有误。应为 1920 年 10 月 5、6 日，载长沙《大公报》第七版。——编者注

[25]《毛泽东集》补卷，第 1 卷，242 页。

[26] 参见《新民学会资料》，62～65 页，北京，人民出版社，1980。

[27] 同上书，76 页。

[28] 同上书，65 页。

[29]《新民学会资料》，75 页。

[30] 参见《新民学会资料》，127 页（1920 年 5 月 28 日蔡和森的信）和 121 页（1920 年 11 月 25 日毛泽东给罗学瓒的信）。后者收入了《毛泽东集》补卷，第 1 卷，275～277 页。

[31] 关于这一题目，毛泽东写了九篇文章。李锐的书对此作了简要的介绍。摘录的部分在 *PTMT* 334～337 页上有译文。1919 年 11 月 16—28 日长沙《大公报》上发表了这九篇文章的全文，见《毛泽东集》补卷，第 1 卷，143～172 页。

[32]《恋爱问题——少年人与老年人》，载 1919 年 11 月 25 日长沙《大公报》，《毛泽东集》补卷，第 1 卷，162 页。

[33] 参见上书，276 页。

[34]《亚细亚青年的光明运动》，《李大钊选集》，327～329 页，北京，人民出版社，1962。

[35] 参见《新民学会资料》，146、15～41 页，特别是 20～23 页。

[36]《新民学会资料》，162 页。

[37] 全文见《毛泽东集》，第 1 卷，81～84 页。1923 年 3 月《东方杂志》第 20 卷第 6 册上发表过这篇宣言。

[38] 毛泽东著作东京版增补本的编辑们虽然全力以赴，但有关工人运动的文章，除这篇以外，他们收集到的也只有两三篇短文。此处引文见《毛泽东集》补卷，第2卷，104～105页。

[39] 参见毛泽东1922年6月20日《致施复亮并社会主义青年团中央的信》和1923年9月28日《致林伯渠、彭素民的信》，见《毛泽东书信选集》，21～24页，北京，人民出版社，1983。

[40] 参见毛泽东：《外力、军阀与革命》，载《新时代》创刊号，1923-04-15。

[41] 毛泽东：《北京政变与商人》，载《向导周报》第31、32期，1923-07-11。

[42] See Lynda Shaffer, "*Mao Ze-dong and October 1922 Changsha construction workers. Strike*", *Modern China*, 4.4 (Oct. 1978), p. 380, pp. 416—471. The same argument is repeated in L. Shaffer, *Mao and the workers: the Hunan labor movement, 1920—1923*, pp. 1—2, 222—223.

[43] *Chung-kuo kuo-min-tang ch'üan-kuo tai-piao ta-hui hui-i-lu* (Minutes of the National Congress of the Kuomintang of China), Washington DC, Center for Chinese Research Materials, 1971, p. 47.

[44] See M. Henri *Day*, *Máo Zédong 1917—1927: documents*, p. 232;《毛泽东集》，第1卷，151页。

[45] 参见毛泽东：《学生之工作》，载《湖南教育》，第1卷第2期（1919年12月）。汪澍白和张慎恒文章引的文字在《历史研究》1980年第5期，59～60页。

[46] See Maurice Meisner, *Li Ta-chao and the origins of Chinese Marxism*, esp, pp. 55—56 and 80—89.

[47] 毛泽东：《告中国的农民》，载《共产党》，第3期，1920年12月。后收入《一大前后》，207～214页，北京，人民出版社，1980。李锐的书第455页指出了毛泽东曾以这篇文章做过讲演的事实。《资料选编》第24页把毛泽东作为作者是错误的。

[48] 参见毛泽东：《中国农民中各阶级的分析及其对于革命的态度》（1926 年 1 月）和《中国社会各阶级的分析》（1926 年 2 月），见《毛泽东集》，第 1 卷，153～173 页；extracts are translated in *PTMT*，pp. 241—246。

[49] 本段引文见《一大前后》，212～214 页。

[50] 《中国社会各阶级的分析》，《毛泽东集》，第 1 卷，162 页。

[51] 在我的文章“Mao Ze dong and the role of the various classes in the Chinese revolution 1923—1927”中，我曾比较过毛泽东和陈独秀对农村阶级关系的分析，see *The polity and economy of China—the late Professor Yuji Muramatsu commemoration volume*，pp. 227—239。

[52] As Philip Huang has done in his article “Mao Tse-tung and the middle peasants 1925—1928”，*Morden China*，1. 3（July 1975），pp. 279—280.

[53] 关于子任的文章与毛泽东 10 月 1 日的讲话一致的论证，see Fitzgerald，5 and 9。该书第 4 页的表中明确列出了这篇文章和 1926 年 3 月文章中说明三类人时所使用的相同的数字。Fitzgerald，pp. 14—15。*PTMT*，pp. 213—214 上有强调三万万九千五百万人支持革命的相应两段话的译文。

[54] 参见《中国社会各阶级的分析》，《毛泽东集》，第 1 卷，170 页；*PTMT*，p. 247。

[55] 参见毛泽东：《国民革命与农民运动》，原载于《农民运动》第 8 册，1926 年 9 月 1 日。至于更详细的讨论以及引文的译文，see S. Schram，“Mao Zedong and the role of the various classes”；《毛泽东集》第 1 卷，175～179 页。

[56] 此段引文见《毛泽东集》，第 1 卷，176 页。

[57]《毛泽东集》，第 1 卷，176～177 页。

[58] 同上书，178 页。

[59] 参见《毛泽东集》，第 1 卷，211～212 页；S. Schram，

PTMT, p. 252。

[60]《毛泽东选集》, 2 版, 第 1 卷, 15 页, 北京, 人民出版社, 1991。

第二章 党、军队和群众 (1927—1937)

[1] 《毛泽东集》, 第 1 卷, 109 页; translated in M. Henri Day, *Máo Zédong 1917—1927: documents*, pp. 205—206。

[2] 《毛泽东集》补卷, 第 2 卷; translated in Fitzgerald, pp. 9—15。

[3] 参见《视察湖南农运给中央的报告》,《毛泽东集》补卷, 第 2 卷, 255～257 页。

[4] See S. Schram, *PTMT*, pp. 316—317.

[5] 1927 年 8 月 20 日和 30 日的两封信, 据推测是毛泽东写的。参见《毛泽东集》第 2 卷, 11～14 页。S. Schram 在一篇文章中翻译了从这两封信中引用的话并分析了其含义。See S. Schram, "On the nature of Mao Tse-tung's 'deviation' in 1927", *CQ* 27 (April-June 1964), pp. 55—66.

[6]《毛泽东集》补卷, 第 2 卷, 298 页。

[7] 参见《毛泽东集》补卷, 第 2 卷, 297～298、299～300 页。

[8] 1928 年 11 月的报告中的相应段落, 参见《毛泽东集》, 第 2 卷, 59 页。1929 年 4 月 5 日毛泽东的信也可以作参考, 见《毛泽东集》补卷, 第 3 卷, 37～45 页。See also S. Schram, *PTMT*, pp. 259—260.

[9]《共产国际有关中国革命的文献资料 (1919—1928)》, 352 页, 北京, 中国社会科学出版社, 1981。

[10]《共产国际执行委员会给中国共产党中央委员会的信》是 1929 年 10 月 26 日发出的。——编者注

[11] 《共产国际有关中国革命的文献资料 (1929—1936)》, 84～85 页。

[12] 《共产国际有关中国革命的文献资料 (1929—1936)》, 93 页。

［13］ See Grigoriev，pp. 369—373.

［14］参见《毛泽东集》，第 2 卷，139 页。

［15］李立三关于中国在世界革命中作用的某些论述的简单概括，see S. Schram，*Mao Tse-tung*，pp. 148—149。

［16］1962 年 1 月 30 日的谈话。See S. Schram，*Mao Tse-tung unrehearsed*，p. 172；也可以参见官方的刊物《北京周报》的译文，1978 年第 27 期，14 页。

［17］李立三为了中国革命的缘故而欲使苏联卷入战争的“企图”自然会激起苏联作者的极大愤慨；see，for example，Grigoriev，pp. 365—367。

［18］《毛泽东选集》，2 版，第 1 卷，204 页。

［19］对这一著作部分内容的概括，参见陈伯群撰写的文章《论抗日游击战争的基本战术：袭击》，载《解放》第 28 期（1938 年 1 月 11 日），14～19 页。上述关于原作者的材料是由中国著名的军事历史学家包宪书（Pao Shih-hsiu）提供的。

［20］关于遵义会议，see Benjamin Yang，“The Zunyi Conference as one step in Mao's rise to power”，*CQ* 106（June 1986），pp. 235—271；and Jerome Chen's reply in CQ 111（September 1987）。

［21］《毛泽东选集》，2 版，第 1 卷，225 页。

［22］参见 1968 年 7 月 28 日与红卫兵的谈话。《毛泽东思想万岁》（1969 年版），694 页。

［23］原文似有误，《井冈山的斗争》写于 1928 年 11 月 25 日。——编者注

［24］《毛泽东集》，第 2 卷，37 页；S. Schram，*PTMT*，pp. 268—269。

［25］《毛泽东集》，第 2 卷，130 页。

［26］《毛泽东集》，第 6 卷，98 页；S. Schram，*PTMT*，pp. 284—285。

［27］《毛泽东集》，第 1 卷，237～238 页；S. Schram，*PTMT*，p. 259。

［28］作为简要的总结，参见《剑桥中国史》，第 13 卷，191～193 页。

［29］《毛泽东集》，第 3 卷，14～15 页；S. Schram，*PTMT*，p. 219。

［30］See Su-wei-ai Chung-kuo（Soviet China），pp. 91—94，Moscow：Izdatel'stvo Inostrannykh Rabochikh，1934；参见《毛泽东集》，第 3 卷，183～185 页。

［31］参见《毛泽东集》，第 4 卷，363～367 页；S. Schram，*PTMT*，pp. 220—222。

［32］参见毛泽东：《论反对日本帝国主义的策略》（1935-12-27），《毛泽东选集》，2 版，第 1 卷，142～169 页。

［33］参见《毛泽东选集》，2 版，第 1 卷，253、267 页。关于 1935—1936 年国共两党之间秘密谈判的情况，以及毛泽东愿意继续同蒋介石和解的情况，参见 John Garver，"The Origins of the Second United Front：the Comintern and the Chinese Communist Party"，*CQ* 113（March 1988）。

［34］参见毛泽东于 1936 年后半年所写的大量书信。《毛泽东书信选集》，30～97 页。

［35］参见上书，78～79、87～90 页。

［36］参见上书，95～97 页。

［37］有关事件的细节及更多的参考资料，see Lyman Van Slyke，*The Cambridge History of China*（hereafter *CHOC*），13，ch. 12。上面的叙述是以 1982 年 9 月 10 日、23 日在北京分别同胡华和李新的会谈为基础的。

第三章 民族矛盾与社会矛盾（1937—1940）

［1］参见《毛泽东文集》，第 7 卷，194～195 页，北京，人民出版社，1999。

［2］我在本书第二篇中讨论了这一问题。See also F. Wakeman，*History and Will*，pp. 297—299，p. 310，pp. 323—326，etc.

［3］《毛泽东选集》，2 版，第 1 卷，336 页。

[4] See Knight，trans.，p. 39.

[5]《毛泽东文集》，第 7 卷，192 页。

[6] See V. I. Lenin，"Conspectus of Hegel's science of logic"，Collected Works 38，pp. 222—223，Moscow Foreign Languages Publishing House，1961.

[7] 参见［苏］西洛可夫（Shirokov）等人著，李达等人译：《辩证法唯物论教程》，295 页。

[8] Knight，trans.，p. 28.

[9]《毛泽东选集》，2 版，第 1 卷，319 页。

[10] 参见《辩证法唯物论》，86 页；《毛泽东集》补卷，第 5 卷，258 页；Knight，trans.，p. 24，p. 146。这段话出自苏东坡的名作《赤壁赋》，其中有"盖将自其变者而观之，而天地曾不能以一瞬，自其不变者而观之，则物与我皆无尽也"之句。

[11] 此段引文见《毛泽东集》，第 6 卷，275 页；S. Schram，*PTMT*，p. 186。

[12] 来源于埃德加·斯诺的手稿，see S. Schram，*PTMT*，p. 419。

[13] See Carrére d'Encausse and Schram，p. 260.

[14]《毛泽东选集》，2 版，第 2 卷，534 页，北京，人民出版社，1986。

[15] 同上书，533 页。

[16]《毛泽东选集》，2 版，第 3 卷，814 页，北京，人民出版社，1986。

[17] 关于这种传统，see *CHOC* 11，pp. 145—147。

[18]《毛泽东选集》，2 版，第 2 卷，527 页；补充的部分见《毛泽东集》，第 6 卷，251 页。

[19] 参见《毛泽东书信选集》，144～148 页。

[20]《毛泽东选集》，2 版，第 2 卷，623～624 页。

[21] 关于这一点虽然一直存在学术上的争论，但在 1973—1974 年的批林批孔运动之前，它始终没有变成一个炙手可热的政

治问题。那一时期提出的观点同毛泽东在 1939 年拥护的观点有差别不大的矛盾。

［22］1952 年，他在《毛泽东选集》中加进了更符合民族自豪感的命题：即使没有外国资本主义的影响，中国也将缓慢地发展到资本主义社会。参见《毛泽东选集》，2 版，第 1 卷，307～309 页；《毛泽东集》，第 7 卷，100～103 页。

［23］《毛泽东选集》，2 版，第 2 卷，623 页。

［24］同上书，625 页。在这里和《毛泽东选集》的其他地方，毛泽东把最早形容农民起义的词“暴动”改为“起义”。这个细微的变化当然表明，“暴动”意味着它多半是零星发生的，（作为其前身）同共产党领导的农村革命没有多少直接关系。

［25］同上书，667 页。

［26］Carrère d'Encausse and Schram，p. 252；《毛泽东集》，第 7 卷，153～154 页（《毛泽东选集》中删去了加重点号的字句）。

［27］See Carrère d'Encausse and Schram，p. 254；参见《毛泽东集》，第 7 卷，162 页。

［28］《毛泽东选集》，2 版，第 2 卷，645 页。

［29］《毛泽东选集》，2 版，第 4 卷，1479～1480 页，北京，人民出版社，1986。

［30］《毛泽东选集》，2 版，第 2 卷，627 页。

［31］《毛泽东集》，第 6 卷，198 页；S. Schram，*PTMT*，pp. 228—229。

［32］《毛泽东集》，第 6 卷，243～244 页；S. Schram，*PTMT*，p. 229。

［33］See S. Schram，“Mao Tse-tung”，pp. 202—203. 关于毛泽东这一建议的文本，见《毛泽东集》，第 6 卷，228～229 页。

［34］参见《毛泽东集》，第 7 卷，129 页；S. Schram，*PTMT*，pp. 230—231。

［35］以上引文见《毛泽东选集》，2 版，第 2 卷，606～607 页。这段对（买办）资产阶级稍有乐观观点的话是在《毛泽东

选集》中新增加的，1939 年的原文中没有出现过这个意思。参见《毛泽东集》第 7 卷，228～229 页。关于斯大林四个阶级的联盟，参见 Carrère d'Encausse and Schram，p. 55，pp. 227—229。

［36］《毛泽东集》，第 7 卷，197～198 页；Carrère d'Encausse and Schram，p. 257。

［37］［38］《毛泽东选集》，2 版，第 2 卷，604 页。

［39］同上书，605 页。

［40］《毛泽东集》，第 7 卷，129 页；Schram，*PTMT*，p. 230。

［41］《毛泽东选集》，2 版，第 2 卷，610 页。

第四章　毛泽东的思想的胜利（1941—1949）

［1］参见《致何凯丰》（1943 年 4 月 22 日），《毛泽东书信选集》，212～213 页。

［2］就翻译刘少奇在"七大"的报告和这次会议所通过的党章这一点，我认为 Ray Wylie 是对的，而 Franz Schurmann 是错的。20 世纪 50 年代初，中国人承认"理论"与"实践"之间有区别，这的确是另一个问题，对此我在这里不作解释。

［3］Confucian analects，8，ch. 9，in James Legge，*The Chinese classics*，1. 211；《论语》，63 页，北京，华夏出版社，2000。

［4］当前通用的《毛泽东选集》只有这个长篇报告的第一部分，这里引用的摘自第七部分：《关于发展自给经济》，参见《毛泽东集》，第 8 卷，263～264 页。

［5］The translation is that of Andrew Waston，*Mao Zedong and the political economy of the border region*，pp. 149—150.

［6］Andrew Waston，*Mao Zedong*，p. 160.

［7］《毛泽东集》，第 8 卷，273 页；Waston，*Mao Zedong*，p. 151，pp. 160—161。

［8］这是延安整风运动中的学习文件之一，英译本参见 Boyd Compto，*Mao's China*，pp. 161—175。作者未正式定为毛泽东，但中文版本已收入《毛泽东集》，第 8 卷，155～163 页。

［9］译文根据《毛泽东集》第 8 卷 161 页的中文原文作了修改；See Compton，pp. 171—172。

［10］《毛泽东选集》，2 版，第 3 卷，900～901 页。

小　结

［1］《毛泽东选集》，2 版，第 4 卷，1475 页。

［2］同上书，1475～1476 页。

［3］同上书，1477 页。

［4］同上书，1426～1427 页。

［5］See S. Schram，*Mao unrehearsed*，178（1962 年 1 月 30 日的演讲）。

［6］《致秦邦宪》（1944 年 8 月 31 日），《毛泽东书信选集》，239 页。

第二篇　1949 年以后毛泽东的思想

［1］毛泽东的思想和行为中"传统的"和"现代的"因素之间的关系，是复杂和模棱两可的。See S. Schram，"*Party leader or true ruler?*" in S. Schram ed. *Foundations of state power*.

第五章　从人民民主到人民内部矛盾

［1］参见前面的有关内容，40～44、92～93 页。

［2］例如，参见丁伟志、石仲泉：《群众路线是我们党的历史经验的总结》，载《文献和研究》1983 年汇编本，420～428 页，特别是 421～422 页。

［3］《毛泽东著作选读》（下），569 页，北京，人民出版社，1986。

［4］同上书，498 页。

［5］从另一个角度研究这个问题的文章，see Tang Tsou，"Marxism，the Leninist party，the masses，and the citizens in the rebuilding of the Chinese state"，in Schram，*Foundations of state power*，pp. 257—289。

［6］《毛泽东集》，第 6 卷，328 页。除了概括中文原有改动以

外，英文版的《毛泽东选集》第2卷第243页把“人民民主主义的制度”简化为“人民民主”是太不准确了。

［7］参见《毛泽东著作选读》（上），363～365页，北京，人民出版社，1986。

［8］陈北鸥编：《人民学习词典》，288～289页，上海，广益书局，1952。

［9］参见《毛泽东选集》，2版，第4卷，1469～1474页。毛泽东关于无产阶级的领导地位与中国各阶级在革命中的作用问题的观念演变，see above，pp. 38—42，48—52 and 75—82。

［10］例如，参见《人民大宪章学习手册》，135页，《展望周刊》1949年11月；《人民大宪章学习资料》，31页，天津，联合图书出版社，1949。

［11］原始的版本中使用的是“政权”而不是“政体”，这样改动以后，这一段话的内涵发生了根本的变化。参见《毛泽东集》，第7卷，165页。

［12］《毛泽东著作选读》（上），365页。

［13］《工作方法六十条》（草案），《毛泽东文集》，第7卷，355页。See also the Version in Jerome Ch'en，*Mao papers*，68.

［14］这段话引自红卫兵于1967—1969年翻印的毛泽东的讲话，translated in Schram，*Mao unrehearsed*，pp. 71—72。

［15］S. Schram，*Mao unrehearsed*，p. 73. 中文版《论十大关系》中无此段，基本内容可参见《毛泽东文集》，第7卷，31～33页。

［16］《毛泽东著作选读》（下），730～731页。

［17］《毛泽东思想万岁》（1969年版），35页；*Miscellany of Mao Tse-tung thought*，p. 30。

［18］《毛泽东著作选读》（下），729～730页。

［19］See Franz Schurmann，*Ideology and organization in Communist China*，pp. 175—176，196—198.

［20］See Harry Harding，*Organizing China—The problem of*

bureaucracy 1949—1976，pp. 107—115，175—182. Schurmann 和 Harding 都是根据第二手资料研究陈云的，现在我们可以根据 N. Lardy 和 K. Lieberthal，eds.，*Chen Yun's strategy for China's development* 中陈云本人的谈话来研究。

[21] Schurmann，*Ideology*，pp. 86—87.

[22]《毛泽东思想万岁》(1967 年版)(附录)，34～35 页。

[23] 这个概念的出现及其内涵的详细论述参见 Schram，"Decentralization in a unitary state：theory and practice 1940—1984"，S. Schram，ed. *The scope of state power in China*，pp. 81—125，esp. pp. 87—89；also pp. 80—96。

[24]《1958 年 1 月 11 日在南宁会议上的讲话》，《毛泽东思想万岁》(1969 年版) 148 页；*Miscellany of Mao Tse-tung thought*，pp. 79—80；《毛泽东思想万岁》(1969 年版)(附录)，34～35 页。

[25] S. Schram，*Mao unrehearsed*，pp. 163—164.

[26] 参见《毛泽东著作选读》(下)，730 页。这段话基本上与非官方版本 (*Mao unrehearsed*，p. 72) 中的表述是一致的，但非官方版本明确提出了全国人民代表大会是唯一的立法机构。

[27] 参见上书，761 页。

[28] 这段话可参见上书，761 页。毛泽东 1957 年 2 月的讲话内容下文将作详细分析。

[29]《毛泽东集》，第 9 卷，244 页。官方的正式文本上将有关农业现代化问题的一句话删掉了。参见《毛泽东选集》，2 版，第 3 卷，1023 页。

[30]《毛泽东集》，第 10 卷，304 页；参见英文版《毛泽东选集》，第 4 卷，421 页，该版本中将引文中最后两句给漏掉了。

[31]《毛泽东选集》，2 版，第 4 卷，1426～1427 页。

[32] 同上书，1471 页。

[33] 同上书，1477 页。

[34] 参见《致刘少奇》，1951 年 12 月 15 日，见《毛泽东书信选集》，427～428 页。

[35] See *Mao unrehearsed*, p. 178.

[36]《毛泽东文集》，第 6 卷，71 页，北京，人民出版社，1999。

[37]《毛泽东著作选读》（下），704 页。

[38]《毛泽东文集》，第 6 卷，350 页。

[39]《致刘少奇、周恩来等》，1954 年 11 月 18 日，《毛泽东书信选集》，484～485 页。

[40]《毛泽东文集》，第 6 卷，390 页。

[41] 参见《建国以来毛泽东文稿》，第 5 册，484～548 页，北京，中央文献出版社，1991。

[42] 同上书，490 页。

[43] 同上书，522～523 页。

[44]《毛泽东思想万岁》（1969 年版），27 页；*Miscellany of Mao Tse-tung thought*, p. 29。

[45] 参见《人民日报》1956 年 1 月 26 日发表的 1956 年 1 月 25 日毛泽东的讲话；extracts translated in *Carrère d'Encausse and Schram*, p. 293。

[46]《毛泽东思想万岁》（1969 年版），34 页。

[47] 参见《毛泽东著作选读》（下），723～724 页。

[48] See *CHOC*, 14., pp. 110—117, 167—169 and also Schram, "Party leader or true ruler?" pp. 214—216.

[49] Knight, trans., p. 38.（在中文基础上稍作了修改。）

[50] 参见《毛泽东选集》，2 版，第 1 卷，335～336 页。

[51] See Knight, trans., p. 20；参见《毛泽东选集》，2 版，第 1 卷，311 页。

[52]《毛泽东著作选读》（下），696 页。

[53] 参见《现阶段国内的主要矛盾》，《毛泽东文集》，第 6 卷，231 页。

[54] 参见《致黄炎培》，1952 年 9 月 5 日，《毛泽东书信选集》，441～443 页。

[55] 毛泽东：《农业合作化的一场辩论和当前的阶级斗争》，

1955 年 10 月 11 日。

［56］ 中共中央办公厅编:《中国共产党第八次全国代表大会文献》，101 页，1957。

［57］ S. Schram，*Mao unrehearsed*，p. 269.

［58］《毛泽东著作选读》(下)，739 页。

［59］ 参见《关于建国以来党的若干历史问题的决议》(注释本)，253～254 页，北京，人民出版社，1981。

［60］ 参见上书，254 页。

［61］ 这次会议讨论的详细情况在近 30 年之后才正式公布，参见李佩珊等编:《百家争鸣——发展科学的必由之路》(1956 年 8 月青岛遗传学座谈会纪实)，北京，商务印书馆，1985。

［62］ 参见《百家争鸣——发展科学的必由之路》(1956 年 8 月青岛遗传学座谈会纪实)。更详细的论述参见龚育之:《发展科学的必由之路——介绍毛泽东同志为传达〈从遗传学谈百家争鸣〉一文写的信和按语》，载《光明日报》，1983-12-28。

［63］ 参见《无产阶级专政的历史经验》，14～42 页，北京，人民出版社，1957。

［64］ 参见毛泽东:《在中国共产党第八届中央委员会第二次全体会议上的讲话》，1956 年 11 月 15 日。

［65］《致黄炎培》，1956 年 12 月 4 日，《毛泽东书信选集》，514～515 页。毛泽东本人给“基本上”三字加了着重号。

［66］ 参见《无产阶级专政的历史经验》，14～42 页。

［67］ 同上书，16～17 页。

［68］《毛泽东思想万岁》(1969 年版)，89 页。

［69］ 参见《关于建国以来党的若干历史问题的决议》(注释本)，532 页。

［70］ 参见《学习文选》，193～195 页，1967 年版。1957 年 2 月讲话原文还有另外一个版本，《毛主席文选三十篇》，94～95 页。

［71］ 参见《学习文选》，209 页。

［72］ 参见上书，211 页。

[73] 参见《学习文选》，212～213 页。

[74] 参见上书各部分，特别是 201 页。还可参见苏绍智的《试论我国现阶段的阶级状况和阶级斗争》，载《学术人月刊》，1979（1）。

[75]《毛泽东著作选读》（下），767 页。

[76] 参见廖盖隆：《社会主义社会中的阶级斗争和人民内部矛盾问题》，载《全面建设社会主义的道路》，246～253 页；苏绍智：《试论我国现阶段的阶级状况和阶级斗争》，载《学术人月刊》，1979（1）。

[77] 毛泽东：《在省市自治区党委书记会议上的讲话》，1957 年 1 月 27 日。

[78]《学习文选》，207 页。

[79] 同上书，225～230 页。

[80] 参见《为什么要整风》，载《人民日报》，1957—05—02。关于毛泽东赞成文章判断的问题，见廖盖隆：《关于学习"决议"中提出的一些问题的解答》，载《云南社会科学》，1982（2）。

[81] 毛泽东：《事情正在起变化》，1957 年 5 月 15 日。

[82]《毛泽东著作选读》（下），769 页。

[83][84]《建国以来毛泽东文稿》，第 6 册，550 页。

[85] 毛泽东：《打退资产阶级右派的进攻》，1957 年 7 月 9 日。

[86] 参见《建国以来毛泽东文稿》，第 6 册，473～474 页。

第六章 毛泽东探索一条"中国道路"

[1] See S. Schram，*Mao unrehearsed*，pp. 119—120.

[2] 参见《致陆定一》，1958 年 12 月 22 日，《毛泽东书信选集》，554 页（由于某种原因，这里删去了大学的名称）。毛泽东的信件和有关文件收入了《毛泽东思想万岁》（1969 年版），267～269 页。

[3]《建国以来毛泽东文稿》，第 5 册，515 页。

[4]《关于建国以来党的若干历史问题的决议》（注释本），323～324 页。这里所说的毛泽东在成都会议上支持大社的发言，在中国

之外可以得到的他在这次会议上三个发言的任何文本中都没有反映出来。See *Mao unrehearsed*，pp. 96—124.

[5] See David S. G. Goodman，*Centre and province in the People's Republic of China*：*Sichuan and Guizhou*，1955—1965，pp. 144—145.

[6] 参见李锐：《论三峡工程》，8～10、94～99、171、245页及其他各处，长沙，湖南技术出版社，1985。

[7]《红旗》，1958年6月1日，3～4页；《北京周报》，1958年6月10日第15期，6页。

[8] 参见本书80～81页。

[9] 参见1958年8月21日上午的讲话和1958年8月30日上午的讲话，《学习文选》，304、306～307、318页。1958年3月在成都，毛泽东曾指出，中国将在50年内实现共产主义。同上书，110页。

[10] 参见1958年8月30日的讲话，同上书，318页（也见1958年8月21日的讲话，306页）。

[11] 1958年8月17日的讲话，8月21日上午的讲话，8月30日上午的讲话，《学习文选》，302页，305～307页各处，318页。

[12] See S. Schram，*PTMT*，p. 353.

[13] See S. Schram，*Mao unrehearsed*，pp. 144—146.

[14] 特别要看他在1958年3月22日谈话中的一段话。See *Mao unrehearsed*，p. 122。

[15] 参见《毛泽东思想万岁》（1969年版），247页；《毛泽东思想万岁》（1967年版），12、17、49页等处。

[16]《毛泽东思想万岁》（增补本），32～33页；译文出自S. Schran，"Mao Tse-tung and the theory of the permanent revolution"，*CQ* 46（April-June 1971），pp. 226—227。

[17] 参见《毛泽东思想万岁》（1969年版），245页；《毛泽东思想万岁》（1967年版），15页。

[18]《毛泽东思想万岁》（1969年版），204页。

［19］ See S. Schram, “Mao Tse-tung and the theory of the permanent revolution”, *CQ* 46 (1971), esp. pp. 232—236.

［20］ 参见吴江载于《哲学研究》的文章，1958（8），25～28页。Extracts in *PTMT* 99, pp. 135—136.

［21］ 参见《毛泽东思想万岁》（1969年版），228页；《学习资料》，173页。

［22］ 参见《毛泽东思想万岁》（1969年版），262、264～265页；*Miscellany*, pp. 141—142, 144—145。

［23］ See Anna Louise Strong, “Three interviews with chairman Mao zedong”, *CQ*103 (September 1985).

［24］ See *Mao unrehearsed*, p. 143.

［25］ See Ibid., p. 142.

［26］ 参见《毛泽东思想万岁》（1967年版），106～107页（1959年3月15日的信）。

［27］ See Anna Louise Strong, “Three interviews with chairman Mao zedong”, pp. 496—497.

［28］ 关于庐山发生的对抗及其影响的最详细最精确的描述，see Roderich MacFarquhar, *The origins of the Cultural Revolution. 2. The Great Leap Forward 1958—1960*, pp. 187—251。

［29］《毛泽东思想万岁》（1969年版），222页；*Miscellany of Mao Tse-tung thought*, p. 121。

［30］《毛泽东思想万岁》（1967年版），48页。

［31］ *Mao unrehearsed*, p. 225, 239.

［32］ 参见《毛泽东选集》，2版，第1卷，336页。在《辩证法唯物论（讲授提纲）》中，他明确认为，列宁所发展的马克思主义辩证法包含这三个规律（《毛泽东集》，第6卷，300页）。

［33］《毛泽东文集》，第7卷，192页。

［34］ 参见《联共〈布〉党史简明教程》，115～121页，北京，人民出版社，1976。

［35］《毛泽东文集》，第7卷，194～195页。

[36] 参见《学习文选》，212～213、220 页。

[37]《毛泽东思想万岁》（1969 年版），104 页；*Miscellany of Mao Tse-tung thought*，p. 66。

[38] S. Schram，“Mao Tse-tung and the theory of the permanent revolution”，*CQ* 46（April-June 1971），p. 228.

[39] See “Mao the Marxist”，in Wilson，ed.，*Mao Tse-tung in the scales of history*. 早在 1976 年，Steve Chin 就意识到，这种阐述包含着一种重要的新的背离，但不幸的是，他使事情后退了一步，认为它的意思是“肯定之否定”。See *The thought of Mao Tse-tung*，p. 60，pp. 66—67。

[40] 参见杨超：《唯物辩证法的若干理论问题》，199～217 页，尤其是 212～213 页；《论毛主席哲学体系》，247～263 页。

[41] *Mao unrehearsed*，p. 226.

[42] Ibid.，p. 240.

[43] See Wakeman，*History and Will*，pp. 323—326；Schram，*Mao the Marxist*，pp. 63—64.

[44] “The great union of the popular masses”，*CQ* 49（Jan.-March 1972），pp. 80—81.

[45]《毛泽东著作选读》（上），49 页，北京，人民出版社，1986；《论语》第 5 卷，第 14 章，Legge，*The Chinese classics*，1. 195。

[46] 转引自《毛泽东选集》，2 版，第 4 卷，1441 页；《论语》，第 5 卷，第 14 章；Legge，1. 178。

[47] See *Mao unrehearsed*，p. 82.

[48] Ibid.，p. 208.

[49] Ibid.，p. 215.

[50]《工作方法六十条》（草案），第 47 条，《毛泽东文集》，第 7 卷，360 页。

[51] 参见《毛泽东思想万岁》（1969 年版），210～211 页；*Miscellany of Mao Tse-tung thought*，pp. 110—111。

[52] See S. Schram，“Mao Tse-Tung and the theory of the

Permanent revolution", *CQ* 46 (April-June 1971), p. 227.

[53] 1958 年 8 月 21 日的讲话，见《学习文选》，310 页。

[54]《毛泽东思想万岁》(1969 年版)，493 页；*Miscellany of Mao Tse-tung thought*, p. 347。

[55] 关于这个主题，参见我对 *The scope of state power and foundations of state power* 的序言及以后几卷，尤其是 Jacques Gernet 和 Benjamin Schwartz 的论述。

[56]《毛泽东思想万岁》(1967 年版)，163 页；*Miscellany of Mao Tse-tung thought*, p. 197。

[57] See *Mao unrehearsed*, pp. 106—107.

[58] Angus Graham, *The book of Lieb-Lzu*, p. 10.

[59]《庄子》，191 页，北京，中华书局，1982。

[60] 对这个观点的进一步讨论，以及 Wolfgang Bauer 完全不同的反驳观点，see S. Schram, "*Party leader or true ruler?*"

第七章 中苏分裂的因与果

[1] S. Schram, *PTMT*, p. 419.

[2] *Mao unrehearsed*, p. 191.

[3]《毛泽东选集》，2 版，第 4 卷，1472 页。

[4] 同上书，1472～1473 页。

[5] *Mao unrehearsed*, p. 101.

[6]《毛泽东著作选读》(下)，826 页。对于外国同志们不了解中国革命这一点，正式出版的文本没有强调得如此强烈。参见 *Peking Review* 27 (1978), p. 14。

[7]《毛泽东著作选读》(下)，831 页。

[8] *Mao unrehearsed*, pp. 126—127.

[9]《毛泽东文集》，第 7 卷，24～30 页。由于上面所述的各种原因，毛泽东的《论十大关系》官方本比红卫兵翻印的版本 (translated in *Mao unrehearsed*) 对苏联的批评更直率。

[10] [11] 参见《毛泽东著作选读》(下)，741 页。

[12] 参见《学习文选》，197～198 页。在官方修定的版本的相

应部分根本没有提及苏联（《毛泽东文集》，第7卷，216～219页）。这不足为奇，因为这份文献首次公开发表是在1957年6月，那时任何这样的否定性评论已完全没有问题。

[13]《学习文选》，194页。关于毛泽东的非对抗性矛盾思想与列宁、斯大林的比较分析。See S. Schram，Documents sur la théorie de la'révolution permanente'en Chine xxxii—xxxvii.

[14] 参见上书，211～221页。

[15] 参见上书，212～213页。

[16] 参见上书，223～224页。《学习文选》的原文实际上印的是“我们的大国沙文主义”。但是，我把“我们”看作是“他们”的印刷错误。否则，毛泽东可能是指，在他批评赫鲁晓夫对斯大林问题的处理时，苏联斥责中国的大国沙文主义，换句话说，中国坚持在这种事情上要有发言权。

[17] 1957年11月14日的讲话，见Michael Schoenhals的译文，in *The Journal of Communist Studies* Ⅱ（2），June 1986。

[18] 参见毛泽东1957年11月18日的讲话。译文见Michael Schoenhals，in *The Journal of Communist Studies* Ⅱ（2），June 1986。这些情况胡惠强在其《大炼钢铁运动简况》一文中也作过介绍，《党史研究资料》，第4辑，762页。

[19]《毛泽东思想万岁》（1969年版），62～63页。

[20] *Mao unrehearsed*，p. 99；《毛泽东思想万岁》（1969年版），183页。

[21] *Mao unrehearsed*，pp. 114—155；《毛泽东思想万岁》（1969年版），180～181页。

[22]《致王稼祥》，见《毛主席对彭、黄、张、周反党集团的批判》，14页，北京，1967。另见《毛泽东思想万岁》（1969年版），386～387页。

[23] *Mao unrehearsed*，pp. 190—191；《毛泽东思想万岁》（1969年版），39页。

[24]《毛泽东思想万岁》（1969年版），316～318页。

［25］*Mao unrehearsed*, p. 181；《毛泽东思想万岁》（1967 年版），22 页。

［26］参见《毛主席关于国内民族问题的论述选编》，40～41 页，国家民族事务委员会第三司，1978。

［27］［28］Anna Louise Strong，"Three interviews with Chairman Mao Zedong"，*CQ*103（September，1985），p. 504.

［29］《毛泽东思想万岁》（1967 年版），226～227 页；*Miscellany of MaoTse-tung thought*，p. 296。

［30］《在中国共产党第八届中央委员会第三次全体会议上的讲话》，1957 年 10 月 9 日。

［31］*Mao unrehearsed*，pp. 112—113；另见《毛泽东思想万岁》（1967 年版），179 页。

［32］施拉姆原文为 10%，疑有误。——译者注

［33］《毛泽东思想万岁》（1969 年版），180～181 页；*Miscellany of Mao Tse-tung thought*，pp. 85—86。

［34］参见毛泽东：《在省市自治区党委书记会议上的讲话》，1957 年 1 月 18 日。

［35］关于柯庆施所起作用的信息见 1986 年 4 月 23 日我同胡华的谈话。在 1986 年 4 月 24 日的谈话中，龚育之又进一步证实了这一点。

［36］参见 1959 年 9 月 11 日在军事委员会上的讲话；*Mao unrehearsed*，pp. 147—148。

［37］《毛泽东思想万岁》（1967 年版），395 页。

［38］邓力群在 1981 年 8 月 11 日和 12 日举行的全国党史资料征集学术讨论会上回答关于 1981 年 6 月 27 日决议问题时的发言。《党史会议报告集》，145 页，北京，中共中央党校出版社，1982。

［39］参见姚凯：《开始全面建设社会主义的十年》，见《学习历史决议专辑》，121 页。未查到中文版本。——编者注

［40］参见《学习文选》（1958 年 8 月 21 日上午的发言），305 页。

[41] 参见上书（1958年8月21日下午的发言），311页。

[42]《毛泽东思想万岁》（1967年版），192页。

[43] See *Mao unrehearsed*，p. 168；另见《毛泽东思想万岁》（1967年版），11页。

[44] 参见《毛泽东思想万岁》（1967年版），30～31页。

[45] 参见中华人民共和国国史学会编：《毛泽东读社会主义政治经济学批注和谈话》（清样本），403、428、431～432、462、475、801页。

[46] *Mao unrehearsed*，pp. 169—173；另见《毛泽东思想万岁》（1967年版），12页。

[47] 参见《〈关于建国以来党的若干历史问题的决议〉注释本》，359页。

[48]《毛泽东思想万岁》（1969年版），426页。

[49]《毛泽东思想万岁》（1967年版），72页。

[50] 该指示的完整译文，参见 Richard Baum and Frederick C. Teiwes，Ssu-ch'ing：*The Socialist Education Movement of 1962—1966*，pp. 58—71。毛泽东的这段话在第70～71页。该文是在中国致苏联的第九封公开信中首次公开发表的。See *PTMT*，p. 367。

[51]《毛泽东思想万岁》（1969年版），494～495页。

[52] 同上书，602～603页。

[53] 参见《北京周报》，1964年第1期，10～17页，特别是第14页；《红旗》1963年第24期，1～30页（"一分为二"这一表达方式出现在第4～6页）。关于毛泽东与这篇报告的关系，see also *Ideology and policy*，pp. 44—45。

[54]《在莫斯科共产党和工人党代表会议上的讲话》，《毛泽东文集》，第7卷，498页。

[55] See Anna Louise Strong，"Three interviews with Chairman Mao Zedong"，*QC* 103（September 1985），pp. 499—500.

[56] *Mao unrehearsed*，p. 195. 毛泽东在其当时尚未公开发表

的读《苏联政治经济学教科书》的谈话记录稿中，对宣传工具的影响力以及政治斗争的决定性领域——上层建筑，也表示了类似的关注。见中华人民共和国国史学会编：《毛泽东读社会主义政治经济学批注和谈话》（清样本），170 页；*Miscellany of Mao Tse-tung thought*, p. 266。

[57] 参见《北京周报》，1967 年第 23 期，8 页。

[58] *Mao unrehearsed*, p. 210.

[59] *Mao unrehearsed*, p. 217.

[60]《毛泽东思想万岁》(1969 年版)，498～499 页。

[61] 同上书，587 页。此段引文根据英文原文译出。——编者注

[62] *Mao unrehearsed*, p. 198.

[63] [64] 参见《毛泽东思想万岁》（1969 年版），597～598 页。

第八章 “文化大革命”的意识形态

[1] 参见王年一：《毛泽东同志发动“文化大革命”时对形势的估计》，《党史研究资料》，第 4 卷，772 页。为进一步探讨“文化大革命”的心理根源，see Schram, “Party leader or true ruler?” pp. 221—224，233—237；Also S. Schram, “*The limits of cataclysmic change: reflections on the place of the ‘Great proletarian Cultural Revolution’ in the political development of the People's Republic of China*”, *CQ* 108 (Dec 1986), pp. 613—624。

[2]《毛泽东思想万岁》（1967 年版），206 页。此段引文根据英文原文译出。——编者注

[3]《毛泽东思想万岁》(1969 年版)，630 页（1965 年 12 月 21 日与陈伯达、艾思奇的谈话）。此段引文根据英文原文译出。——编者注

[4]《毛泽东思想万岁》(1969 年版)，640 页。

[5] 参见《毛泽东集》，第 7 卷，142 页；translated in *PTMT*, pp. 427—428。

[6]《人民日报》，1966－08－24；translated in *Peking Review* 37（1966），pp. 2—21。

[7]《毛泽东思想万岁》（1969 年版），653 页。

[8] *Mao unrehearsed*，p. 277.

[9]《毛泽东思想万岁》（1969 年版），670～671 页；*Miscellany of Mao Tse-tung thought*，pp. 453—454。

[10]《资料选编》，287 页；translated in Schram，"New texts by Mao Zedong 1921—1966"，*Communist Affairs* 2. 2（1983），p. 161。

[11] 1960 年 10 月 20 日的决定已由 J. Chester Cheng 译成英文。See "The politics of the Chinese Red Army：a translation of the Bulletin of Activities of the People's Liberation Army"，pp. 66—94. 与《毛主席语录》前言相对应的一段话在该书的第 70 页；第 33 页还提到这一决议是经"毛主席自己"修改过的。

[12] S. Schram，*PTMT*，p. 317. 上海机床厂的例子可参见《北京周报》1968 年第 37 期，13～17 页。

[13] 本段引文见《毛泽东思想万岁》（1969 年版），693、706、695 页；*Miscellany of Mao Tse-tung thought*，p. 475，488，471。

[14]《毛泽东思想万岁》（1969 年版），714 页；*Miscellany of Mao Tse-tung thought*，p. 496。

[15]《毛泽东思想万岁》（1969 年版），698 页。

[16] 同上书，688 页。

[17] *Mao unrehearsed*，p. 296.

[18] 参见《北京周报》1968 年第 52 期，6～7 页。

[19] *Mao unrehearsed*，p. 288.

[20] 转引自苏绍智的文章，18～19 页。

[21]《红旗》，1974（10），60 页；*Peking Review* 2（1975）11。

[22]《红旗》，1974（7），32 页；*Peking Review* 33（1974）11（and note 2）。

[23] 参见廖盖隆：《历史的经验》，147 页；English in *Issues and Studies*（November 1981），p. 98。

［24］ Joseph W. Esherick，“On the ‘Restoration of capitalism’: Mao and Marxist Theory”，*Modern China*，5.1（January 1979）pp. 57—58，71—72.

［25］ 中华人民共和国国史学会编：《毛泽东读社会主义政治经济学批注和谈话》（清样本），202 页。

［26］ See Joseph W. Esherick，*Modern China*，5.1（January 1979），pp. 66—68.

［27］ 这个观点与 1982 年 4 月和 5 月我在中国社会科学院和其他地方进行座谈时一些严肃的理论工作者通常表达的见解是一致的。也见廖盖隆：《历史的经验》，135～136 页；English in *Issues and studies*（November 1981），pp. 84—85。

［28］ See Richard Kraus，*Class conflict in Chinese Socialism*.

［29］ 参见《红旗》，1975（3），22～23 页。

［30］《人民日报》、《红旗》杂志、《解放军报》编辑部的文章：《文化大革命永放光芒——纪念中共中央 1966 年 5 月 16 日〈通知〉十周年》，《人民日报》，1976-05-16；《北京周报》1976 年第 21 期，9 页。

［31］ S. Schram 的“Party leader or true ruler?”一文论述了忠的含义，并较广泛地讨论了毛泽东晚年统治的性质，参见 223～225、233～243 页。

小 结

［1］ See S. Schram，*Mao Zedong：a preliminary reassessment*，p. 71.

［2］《毛泽东思想万岁》（1969 年版），477 页；*Miscellany of Mao Tse-tung thought*，p. 343。

［3］ 毛泽东的原话和廖盖隆引用的都是“管理”一词，而施拉姆在这里用的词却为“治理”，疑有误。——译者注

［4］ 参见中华人民共和国国史学会编：《毛泽东读社会主义政治经济学批注和谈话》（清样本），275 页。

［5］ 指作者前面提到的毛泽东读苏联教科书笔记，实即毛泽东

《读苏联〈政治经济学教科书〉下册谈话记录稿》。——译者注

[6] 参见《毛泽东思想万岁》(1969年版)，342～343页。

[7] See *Mao Tse-tung*，*A critique of Soviet economics*，trans. p. 61；*Miscellany of Mao Tse-tung thought*，p. 266.

[8] 参见《毛泽东思想万岁》(1969年版)，3页。

[9]《红旗》，1964 (13)，31～32页。

[10] 参见《红旗》，1973 (9)，22、27页。

[11] 参见《红旗》，1975 (2)，17页。

[12] 指前面所引毛泽东的话："我这个人也是一分为二的。"——译者注

[13] See *Mao unrehearsed*，p. 297.

[14] See S. Schram，"Party leader or true ruler?"

[15] See *Mao unrehearsed*，pp. 85—86.

[16] Ibid.，pp. 234—235.

[17] 《毛主席关于国内民族问题》，8页。未查到中文版本。——编者注

[18] 同上书，6～7页（这段引文出自中国官方对这次谈话的记录。据我所知，斯诺从未在自己的著作中引用过这段话）。

[19]《毛泽东思想万岁》(1969年版)，333～334页；*Miscellany of Mao Tse-tung thought*，pp. 258—259。

结束语

[1] 此处应为"使马克思主义在中国具体化"。见《毛泽东选集》，2版，第2卷，534页。——译者注

[2]《人民日报》，1979-03-09。

[3]《中国共产党中央委员会关于建国以来党的若干历史问题的决议》，19页，北京，人民出版社，1981。

[4] 廖盖隆1981年10月8日关于1981年6月27日《关于建国以来党的若干历史问题的决议》的讲话，载《云南社会科学》，1982 (2)，107页。

[5] 邓小平1980年8月18日的讲话：《党和国家领导制度的

改革》，《邓小平文选（1975—1982）》，293 页，北京，人民出版社，1983。

［6］同上书，296 页。

［7］See S. Schram，*Ideology and policy*，pp. 12—13，p. 35；参见《关于建国以来党的若干历史问题的决议》第 33 段。

［8］参见《人民日报》1987 年 6 月 17 日社论。

［9］《中国共产党第十三次全国代表大会文件汇编》，7 页，北京，人民出版社，1987。

［10］参见《中国共产党第十三次全国代表大会文件汇编》，58 页。

［11］同上书，8 页。

［12］See Lowell Dittmer，*China's continuous revolution—The post-liberation epoch* 1949—1981，esp. pp. 257—269.

［13］参见《毛泽东选集》，2 版，第 2 卷，473 页。

［14］《毛泽东思想万岁》（1969 年版），185 页；*Miscellany of Mao Tse-tung thought*，p. 29。

参考文献

Ai Ssu-ch'i. *Che-hsueh yü sheng-huo* (Philosophy and life). Shanghai: Tu-shu sheng-huo ch'u-pan-she, 1937

Ai Ssu-ch'i. *Ta-chung che-hsueh* (Philosophy for the masses). Shanghai: Tu-shu sheng-huo ch'u-pan-she, 1936

Australian Journal of Chinese Affairs. Semi-annual. Canberra: Australian National University, Contemporary China Centre. 1979—

Baum, R. and Teiwes, F. C. *Ssu-ch'ing. The Socialist Education Movement of 1962—1966*. Berkeley: Center for Chinese Studies, 1968

Beijing Review. Peking: 1958—. (Prior to January 1979, *Peking Review*.)

Carrère d'Encausse, H. and Schram, S. *Marxism and Asia*. London: Allen Lane, The Penguin Press, 1969

Chang Ch'un-ch'iao. "P" o-ch'u tzu-ch'an-chieh-chi ti fa-ch'üan ssu-hsiang' (Eliminate the ideology of bourgeois right). *Jen-min jih-pao*, 13 October 1958

Chang Wen-t'ien hsüan-chi (Selected works of Chang Wen-t'ien). Peking: Jen-min ch'u-pan-she, 1985

Chang Wen-t'ien, "Lu-shan ti fa-yen" (Intervention at Lu-shan), in *Chang Wen-t'ien hsüan-chi*, 480—506

Chao Tzu-yang. Report of October 1987 to the Thirteenth Party Congress. *Beijing Review*, 45 (1987) inset

Che-hsueh yen-chiu (Philosophical research). Peking: 1955—1966, 1978—

Ch'en, Jerome. *Mao Papers*. London: Oxford University

Press，1970

Ch'en Pei-ou. *Jen-min hsüeh-hsi tzu-tien* (People's study dictionary). Shanghai：Kuang-i shu-chü，2nd edn.，1953

Ch'en Po-chün. "Lun k'ang-Jih yu-chi chan-cheng ti chi -pen chan-shu：hsi-chi" (On the basic tactic of the anti-Japanese guerrilla war：the surprise attack). *Chieh-fang*，28 (11 January 1938) 14—19

Cheng-chih chou-pao (Political weekly). Peking：1924—

Cheng Chih-piao. "Mao Tse-tung chien-tang hsüeh-shuo ti li-shih fen-ch'i" (A historical periodization of Mao Tse-tung's thought on party-building). *Mao Tse-tung ssu-hsiang yen-chiu* (Chengtu)，2 (1985) 72—76，93

Cheng，J. Chester. *The politics of the Chinese Red Army*：a translation of the *Bulletin of Activities* of the People's Liberation Army. Stanford：The Hoover Institution，1966

Chieh-fang jih-pao (Liberation daily). Yenan：1941—1946

Chin Chih-pai. "P'i-K'ung yü lu-hsien tou-cheng" (Criticizing Confucius and line struggle). *Hung-ch'i* 7 (1974) 23—34；translated in *Peking Review*，32 (1974) 6—10，12 and 33 (1974) 8—12

Chin，Steve S. K. *The thought of Mao Tse-tung. Form and content*. Hong Kong：University of Hong Kong，Centre of Chinese Studies，1979

China Quarterly，*The*. Quarterly. London：Congress for Cultural Freedom (Paris)，1960—1968；Contemporary China Institute，School of Oriental and African Studies，1968— . Cited as *CQ*.

Chou Yang. "The fighting task confronting workers in philosophy and the social sciences" (speech of 26 September 1963). *Peking Review*，1 (1964) 10—27

Chou Yang. "Kuan-yü Ma-k'o-ssu-chu-i ti chi-ko li-lun wen-t'i ti t'an-t'ao" (An exploration of some theoretical questions of Marxism). *Jen-min jih-pao*, 16 March 1983

Ch'üan-kuo Mao Tse-tung che-hsueh ssu-hsiang t'ao-lun hui lun-wen hsuan (Selected essays from the national conference to discuss Mao Tse-tung's philosophical thought). Nan-ning: Kwangsi jen-min ch'u-pan-she, 1982

Chung-kung yen-chiu (Research on Chinese Communism). Taipei

Chung-kuo jen-min chieh-fang chün cheng-chih hsueh-yuan hsun-lien pu t'u-shu tzu-liao kuan, *Mao Tse-tung chu-tso, yen-lun, wen-tien mu-lu* (A bibliography of Mao Tse-tung's writings, speeches, and telegrams). [Peking: February 1961]

Chung-kuo che-hsueh (Chinese philosophy). Peking: August 1979—

Chung-kuo Kuo-min-tang ch'üan-kuo tai-piao ta-hui hui-i-lu (Minutes of the National Congress of the Kuomintang of China). [Canton]: Chung-kuo Kuo-min-tang ch'üan-kuo ta-hui mi-shu-ch'u, [1924?]. Reprinted, Washington, DC, Center for Chinese Research Materials, 1971

Cohen, A. *The communism of Mao Tse-tung*. Chicago: University of Chicago Press, 1964

Compton, Boyd. *Mao's China: party reform documents*, 1942—1944. Seattle: University of Washington Press, 1952

Day, M. Henri. *Máo Zédōng 1917—1927: documents* (Skriftserien för orientaliska studier 14). Stockholm, 1975

Dittmer, Lowell. *China's continuous revolution: the post-liberation epoch 1949—1981*, Berkeley: University of California Press 1987

Eighth National Congress of the Communist Party of China. Peking: Foreign Languages Press, 1956

Engels, Friedrich. "Persia and China". In *Karl Marx and*

Frederick Engels on colonialism, 123—129

Esherick, Joseph W. "On the 'Restoration of capitalism': Mao and Marxist theory". *Modern China*, 5.1 (January 1979) 41—77

Fairbank, John K. and Feuerwerker, Albert. *The Cambridge History of China* 13. Cambridge: Cambridge University Press, 1986

Fitzgerald, John. "Mao in mufti: newly identified works by Mao Zedong". *The Australian Journal of Chinese Affairs*, 9 (January 1983) 1—16

Garver, John. "The origins of the Second United Front: the Comintern and the Chinese Communist Party", *CQ* 113 (March 1988) 29—59

Gernet, Jacques. "Introduction", in S. Schram (ed.), *Foundations and limits of state power in China*, xv—xxvii

Glunin, V. I. "The Comintern and the rise of the communist movement in China (1920—1927)". In *The Comintern and the East* (ed. R. A. Ulyanovsky), Moscow: Progress publishers, 1979, 280—344

Goodman, David S. G. *Centre and province in the People's Republic of China: Sichuan and Guizhou*, 1955—1965. Cambridge: Cambridge University Press, 1986

Graham, Angus. *The book of Lieh-tzu*. London: John Murray, 1960

Graham, Angus. *Chuang-tzu*. The seven inner chapters and other writings from the book *Chuang-tzu*. London: Allen and Unwin, 1981

Grigoriev, A. M. "The Comintern and the revolutionary movement in China under the slogan of the soviets (1927—1931)". In *The Comintern and the East* (ed. R. A. Ulyanovsky). Moscow: Progress Publishers, 1979, 345—388

Harding, Harry. *Organizing China. The problem of bureaucracy 1949—1976.* Stanford: Stanford University Press, 1981

The historical experience of the dictatorship of the proletariat. Peking: Foreign Languages Press, 1959

History of the Communist Party of the Soviet Union (Bolsheviks) . Moscow: Foreign Languages Publishing House, 1939

Hōgaku kenkyū (Legal research) . Tokyo: keiō University, founded c. 1925

Hsi-lo-k'e-fu [Shirokov] and others (translated by Li Ta and others) . *Pien-cheng-fa wei-wu-lun chiao-ch'eng* (Course of instruction in dialectical materialism) . Shanghai: Pi-keng-t'ang shu-tien, 15 May 1933

Hsiang-chiang p'ing-lun (Hsiang River review) . Changsha: 14 July—18 August 1919

Hsiang-tao chou-pao (The guide weekly) . Canton: Kuo-kuang shu-tien, Sept. 1922—July 1927

Hsiao Sheng and Chiang Hua-hsuan. "Ti-i-tz'u Kuo-Kung ho-tso t'ung-i chan-hsien ti hsing-ch'eng" (The formation of the first Kuomintang-Communist United Fornt) . *Li-shih yen-chiu*, 2 (1981) 51—68

Hsin-hua yueh-pao wen-chai-pan (New China monthly digest) . Monthly. Peking: 1979—1980. From 1981, retitled Hsin-hua wen-chai (New China Digest)

Hsin-min hsueh-hui tzu-liao (Materials on the New People's Study Society), ed. Chung-kuo ko-ming po-wu kuan, Hunan sheng po-wu-kuan. Peking: Jen-min ch'u-pan-she, 1980 (Chung-kuo hsien-tai ko-ming shih tzu-liao ts'ung-k'an)

Hsiung, James Chieh. *Ideology and practice. The evolution of Chinese communism.* New York: Praeger, 1970

Hsueh-hsi li-shih chueh-i chuan-chi (Specialized collection on the study of the resolution on [party] history. Peking: Publishing House of the Central Party School, 1982

Hsüeh-hsi wen-hsüan (Selected documents for study). n. p., n. d. [1967?]

Hu Hua, *Chung-kuo she-hui-chu-i ko-ming ho chien-she shih chiang-i* (Textbook on the history of China's socialist revolution and construction). Peking: Chung-kuo jen-min ta-hsueh ch'u-pan-she, 1985

Hu Hui-chang. "Ta lien kang-t'ieh yun-tung chieh-k'uang" (A brief account of the campaign to make steel in a big way). *Tang-shih yen-chiu tzu-liao*, 4 (1983) 762—765

Huang, Philip. "Mao Tse-tung and the middle peasants, 1925—1928". *Modern China*, 1. 3 (July 1975) 271—296

Hung-ch'i (Red flag). Peking: 1 June 1958—16 June 1988. [From July 1988, replaced by *Ch'iu-shih* (Seeking the truth).]

Issues and studies. Taipei

I-ta ch'ien-hou (Before and after the First Congress). ed. Chung-kuo she-hui k'o-hsueh yuan hsien-tai shih yen-chiu-shih, Chung-kuo ko-ming po-wu-kuan tang-shih yen-chiu-shih. Peking: Jen-min ch'u-pan-she, 1980. (Chung-kuo hsien-tai ko-ming shih tzu-liao ts'ung k'an).

Jen-min jih-pao (People's Daliy). Peking: 1949—. Cited as *JMJP*

Jen-min ta hsien-chang hsueh-hsi shou-ts'e (Handbook for the study of the people's Constitution). Shanghai: Chan-wan chou-k'an, November 1949

Jen-min ta hsien-chang hsueh-hsi tzu-liao (Materials for the study of the people's Constitution). Tientsin: Lien-ho t'u-shu ch'u-pan-she, October 1949

K'ang-chan ta-hsueh (The War of Resistance University), 6—

8，April-June 1938

Knight，Nick. *Mao Zedong's "On contradiction"* . *An annotated translation of the preliberation text*. Nathan，Queensland：Griffith University，1981. （Griffith Asian Papers Series 2. ）

Knight，Nick. " Mao Zedong's *On contradiction and On practice*：pre-liberation texts" . CQ 84（December 1980）641—668

Kraus，Richard. *Class conflict in Chinese socialism*. New York：Columbia University Press，1981

Kuan-yü chien-kuo i-lai tang ti jo-kan li-shih wen-t'i chueh-i chu-shih pen（*hsiu-ting*）. ［Annotated edition of the Resolution（of 27 June 1981）on some questions of party history since 1949. Revised］. Peking：jen-min ch'u-pan-she，1985

Kung yü-chih. "Fa-chan k'o-hsüeh pi-yu chih lu—chieh-shao Mao Tse -tung t'ungchih wei chuan-tai 'Ts'ung i-ch'uan hsüeh t'an pai-chia cheng ming'i wen hsieh ti hsin ho an-yü"（The way which the development of science must follow—presenting Comrade Mao Tse-tung's letter and annotation relating to the re-publication of "Let a hundred schools of thought contend viewed from the perspective of genetics"）. *Kuang-ming jih-pao*，28 December 1983

Kung Yü-chih. "Mao Tse-tung yü tzu-jan k'o-hsüeh"（Mao Tse-tung and the natural sciences），in *Mao Tse-tung ti tu-shu sheng-huo*，83—114

Kung Yü-chih. " 'Shih-chien lun' san t'i"（Three points regarding "On practice"），in *Lun Mao Tse-tung che-hsüeh ssu-hsiang*（On Mao Tse-tung's philosophical thought）. Peking：Jen-min ch'u-pan-she，1983，66—86

Kung Yü-chih，P'ang Hsien-chih and Shih Chung-chüan. *Mao Tse-tung ti tu-shu sheng-huo*（Mao Tse-tung's reading activities）. Peking：San-lien shu-tien，1986

Kuo Hua-jo. 'Mao chu-hsi k'ang-chan ch'u-ch'i kuang-hui ti

che-hsueh huo-tung" (Chairman Mao's brilliant philosophical activity during the early period of the anti-Japanese war) . *Chung-kuo che-hsueh*, 1 (1979) 31—37

Kyōto Daigaku Jimbun Kagaku Kenkyūsho. *Mō Takutō chosaku nenpyō* (Chronological table of Mao Tse-tung's works), Vol. 2. *Goi sakuin* (Glossary and Index) Kyoto: Kyōto Daigaku Jimbun Kagaku Kenkyūsho, 1980

Lardy, N. and K. Lieberthal (eds.) *Ch'en Yun's strategy for China's development*. Armonk: M. E. Sharpe, 1983

Le Gros Clark, Cyril Drummond. *The prose-poetry of Su Tung-p'o*. Shanghai: Kelly and Walsh, 1935

Legge, James. *The Chinese classics*. 5 vols. Reprinted Hong Kong: Hong Kong University Press, 1960

Lenin, V. I. 'Conspectus of Hegel's *Science of logic*'. *Collected works* 38. Moscow: Foreign Languages Publishing House, 1961, 85—238

Lewis, John Wilson (ed.) *Party leadership and revolutionary power in China*. Cambridge: Cambridge University Press, 1970

Li Hsin. "Kuan-yü Chung-kuo chin-hsien-tai li-shih fen-ch'i wen-t'i" (On problems of periodization of Chinese modern and contemporary history) . *Li-shih yenchiu*, 4 (1983) 3—6

Li Jui. *Mao Tse-tung t'ung-chih ti ch'u-ch'i ko-ming huo-tung* (The early revolutionary activities of Comrade Mao Tse-tung) . Peking: Chung-kuo ch'ing-nien ch'u-pan-she, 1957

Li Jui. *The early revolutionary activities of Comrade Mao Tse-tung*. Translated by Anthony W. Sariti, edited by James C. Hsiung, introduction by Stuart R. Schram. White Plains, N. Y.: M. E. Sharpe, 1977. (Translation of Li Jui, 1957.)

Li Jui. "Hsueh-sheng shih-tai ti Mao Tse-tung" (Mao Tse-tung during his student years) . *Hsin-hua wen-chai*, 1 (1984) 175—181

Li Jui. *Lun San-hsia kung-ch'eng* (On the three gorges project). Changsha: Hunan chi-shu ch'u-pan-she, 1985

Li Jui. *Mao Tse-tung ti tsao-ch'i ko-ming huo-tung*. Changsha: Hunan jen-min ch'u-pan-she, 1980 (Revised edition of Li Jui, 1957)

Li Jui. "Ch'ung tu Chang Wen-t'ien ti 'Lushan ti fa-yen'" (On re-reading Chang Wen-t'ien's intervention on Lushan). *Tu-shu*, 8 (1985) 28—38

Li-shih yen-chiu (Historical research). Monthly. Peking: 1954—1966, 1975—

Li Ta-chao. *Li Ta-chao hsuan-chi* (Selected works of Li Ta-chao). Peking: Jen-min, 1962

Li Ta-chao. "Ya-hsi-ya ch'ing-nien ti kuang-ming yun-tung" (The luminous Asiatic youth movement). In *Li Ta-chao hsuan-chi*. Peking: Jen-min ch'u-pan-she, 1962, 327—329

Liang Hsiao. "Yen-chiu Ju-Fa tou-cheng ti li-shih ching-yen" (Study the historical experience of the struggle between the Confucian and Legalist schools). *Hung-ch'i*, 10 (1974) 56—70

Liao Kai-lung. "Ch'üan-mien chien-she she-hui-chu-i ti tao-lu" (The road to building socialism in an all-round way). *Yün-nan she-hui k'o-hsüeh*, 2 (1982) 1—8

Liao Kai-lung. *Ch'üan-mien chien-she she-hui-chu-i ti tao-lu* (The road to buliding socialism in an all-round way). Peking: Chung-kung chung-yang tang-hsiao ch'u-pan-she, 1983

Liao Kai-lung. "Kuan-yü hsueh-hsi 'chueh-i'chung t'i-ch'u ti i-hsieh wen-t'i chieh-ta" [Answers and explanations regarding some questions which have been posed in connection with the study of the "Resolution (of 27 June 1981)"]. *Yun-nan she-hui k'o-hsueh*, 2 (March 1982) 101—110

Liao Kai-lung. "Kuan-yü Mao Tse-tung kung-kuo p'ing-chia ho she-hui chu-i kao-tu min-chu—tui Shih-la-mu chiao-shou lun Mao

Tse-tung ti chi p'ien wen-chang ti p'ing-shu" （Regarding the evaluation of Mao Tse-tung's merits and faults, and high-level socialist democracy—a commentary and evaluation on several articles by Professor Schram on Mao Tse-tung）, in Liao, *Ch'üan-mien chien-she she-hui-chu-i ti tao-lu*. Peking: Chung Kung chung-yang tang-hsiao ch'u-pan-she, 1983, 319—337

Liao Kai-lung. "Li-shih ti ching-yen ho wo-men ti fa-chan tao-lu" （The experience of history and the path of our development）, *Chung-kung yen-chiu* （Taipei）, （September 1981） 107—177

Liao Kai-lung. "She-hui-chu-i she-hui chung ti chieh-chi tou-cheng ho jen-min nei-pu mao-tun wen-t'i" （The problem of class struggle and of contradictions among the people in socialist society）, in Liao, *Ch'üan-mien Chien-she she-hui-chu-i ti tao-lu*. Peking: Chung kung Chung-yang tang-hsiao ch'u-pan-she, 1983, 229—283

Liao Kai-lung. *Tang-shih t'an-so* （Explorations in party history）. Peking: Chung-kung chung-yang tang-hsiao ch'u-pan-she, 1983

Lin Yun-hui. "Lueh lun Mao Tse-tung t'ung-chih tui Li-san lu-hsien ti jen-shih ho ti-chih" （A brief account of Mao Tse-tung's understanding of, and resistance to, the Li Li-san line）. *Tang-shih yen-chiu*, 4 （1980） 51—59

Ling Yü. "Mao Tse-tung t'ung-chih ho Li-san lu-hsien ti kuan-hsi t'ao-lun tsung-shu" （A summary of the discussion regarding Comrade Mao Tse-tung's relationship to the Li Li-san line）. *Tang-shih yen-chiu*, 3 （1982） 78—80

Liu Shao-ch'i. "Letter to Comrade Sung Liang [Sun Yeh-fang]". *Hung-ch'i*, 7 （1980） 2—4

Liu Shao-ch'i. *Lun tang* （On the party）. Dairen: Ta-chung shu-tien, 1947

Lun Mao Tse-tung ti che-hsueh ssu-hsiang （On Mao Tse-tung's philosophical thought）. Peking: Jen-min ch'u-pan-she, 1983

McDonald, Angus. *The urban origins of rural revolution. Elites and masses in Hunan Province, China, 1911—1927*. Berkeley: University of California Press, 1978

MacFarquhar, Roderick. *The origins of the Cultural Revolution*. 1. *Contradictions among the people, 1956—1957*. 2. *The Great Leap Forward, 1958—1960*. London: Oxford University Press, 1974, 1983

MacFarquhar, Roderick, and Fairbank, John K., *The Cambridge History of China* 14. Cambridge: Cambridge University Press, 1987

Mantici, Giorgio. *Pensieri del fiume Xiang*. Rome: Editori Riuniti, 1981

Mao Chu-hsi kuan-yü kuo-nei min-tsu wen-t'i ti lun-shu hsüan-pien (Selections from Chairman Mao's expositions regarding problems of nationalities within the country). [Peking]: Kuo-chia min-tsu shih-wu wei-yuan-hui ti-san ssu (Third Department of the State Commission on Minority Affairs), October 1978

Mao Chu-hsi tui P'eng, Huang, Chang, Chou fan-tang chi-t'uan ti p'i-p'ang (Chairman Mao's criticism and repudiation of the P'eng, Huang, Chang, Chou anti-party clique). [Peking, 1967]

Mao Chu-hsi wen-hsuan (Selected writings by Chairman Mao). n. p., n. d. [Peking, 1969?]

Mao Tse-tung. *Basic tactics* (edited and translated by Stuart R. Schram). New York: Praeger, 1966. (Although the Chinese original used for this translation, *Chi-ch'u chan-shu* (Hankow: Tzu-ch'iang ch'u-pan-she, 1938) has Mao's name on the title page as author, it is, as indicated above, almost certainly not by him.)

Mao Tse-tung che-hsüeh p'i-chu-chi (Mao Tse-tung's collected annotations on philosophy). Peking: Chung-yang wen-hsien yen-chiu-shih, 1988

Mao Tse-tung che-hsüeh ssu-hsiang (*chai-lu*) [Mao Tse-tung's philosophical thought (Extracts)] . Compiled by the Department of Philosophy of Peking University. [Peking]: 1960

Mao Tse-tung chu-tso hsuan-tu (Selected readings from Mao Tse-tung's writings) . 2 vols. Peking: Jen-min ch'u-pan-she, 1986

Mao Tsetung. *A critique of Soviet economics*. Translated by Moss Roberts. New York: Monthly Review Press, 1977

Mao Tse-tung. *Pien-cheng wei-wu-lun. Chiang-shou t'i-kang*. (Dialectical materialism. Lecture notes) . Dairen: Ta-chung shu-tien, n. d. [*c*. 1946]

Mao Tse-tung. *Quotations from Chairman Mao Tse-tung*. Peking: People's Publishing House, 1966

Mao Tse-tung. *Selected readings*. Peking: Foreign Languages Press, 1967. (Translation of an earlier, and substantially different, version of *Mao Tse-tung chu-tso hsuan-tu*.)

Mao Tse-tung. *Selected works of Mao Tse-tung*. 5 vols. Peking: 1960—1965 and 1977

Mao Tse-tung shu-hsin hsuan-chi (Selected letters of Mao Tse-tung) . Peking: Jen-min ch'u-pan-she, 1983

Mao Tse-tung ssu-hsiang wan-sui (Long live Mao Tse-tung thought) . [Peking: 1967]

Mao Tse-tung ssu-hsiang wan-sui (Long live Mao Tse-tung thought) . [Peking: 1967], supplement

Mao Tse-tung ssu-hsiang wan-sui! (Long live Mao Tse-tung thought!) [Peking: 1969]

Mao Tse-tung ssu-hsiang yen-chiu (Research on Mao Tse-tung's thought) . Quarterly. Chengtu: 1983—

Mao Tse-tung t'ung-chih lun Ma-k'o-ssu-chu-i che-hsüeh (*chai-lu*) (Comrade Mao Tse-tung on Marxist philosophy—extracts) . Urumchi: Hsin-chiang ch'ing-nien ch'u-pan-she, 1960. (Compiled by the Office for

Teaching and Research in Philosophy of the Party School under the Chinese Communist Party Committee, Sinkiang Uighur Autonomous District.)

Mao Tse-tung ssu-hsiang yen-chiu (Research on Mao Tse-tung's thought). Quarterly. Chengtu: 1983—

Mao Zedong. Une étude de l'éducation physique (edited and translated by Stuart R. Schram). Paris: Mouton, 1962

Marx, Karl. "Critique of the Gotha programme". In Karl Marx and Frederick Engels, *Selected works*. London: Laurence and Wishart, 1970, 311—331

Marx, Karl. "Revolution in China and in Europe", in *Marx and Engels on colonialism*, 15—23

Marx, K. and Engels, F. *On colonialism*. Moscow: Foreign Languages Publishing House, n. d.

Mei-chou p'ing-lun (Weekly review). Peking: 22 Dec. 1918—31 Aug. 1919

Meisner, Maurice. *Li Ta-chao and the origins of Chinese Marxism*. Cambridge, Mass.: Harvard University Press, 1967

Miscellany of Mao Tse-tung thought. Arlington, Virginia: Joint Publications Research Service, 1974 (JPRS no. 61269). (Translation of materials from *Mao Tse-tung ssu-hsiang wan-sui*.)

Mi-ting (M. Mitin) and others. Translated by Ai Ssu-ch'i and others. *Hsin che-hsueh ta-kang* (Outline of the new philosophy). Shanghai: Tu-shu sheng-huo ch'u-pan-she, 1936

Modern China. Los Angeles: 1975—

"More on the historical experience of the dictatorship of the proletariat". *Jen-min jih-pao*, 29 December 1956

"On the historical experience of the dictatorship of the proletariat". *Jen-min jih-pao*, 5 April 1956

Pai-chia cheng-ming—fa-chan k'o-hsüeh ti pi-yu chih lu. 1956 nien 8 yueh Tsingtao i-ch'uan hsüeh tso-t'an hui chi-shh（Let a hundred schools contend—the way which the development of science must follow. The record of the August 1956 Tsingtao conference on genetics）. Peking：Commercial Press，1985

Pan Ku. *The History of the Former Han Dynasty*（translated by Homer H. Dubs）. 3 volumes. Baltimore：Waverly Press，1938，1944，1955

P'eng Te-huai. "Letter of opinion". In *The Case of P'eng Teh-huai. 1959—1968*. Hong Kong：Union Research Institute，1969，7—13

Resolution on CPC history（*1949—1981*）. Peking：Foreign Languages Press，1981

Rōnin. English-language periodical，Tokyo，founded c. 1970

Saich，Tony. *The origins of the First United Front in China*：*the role of Sneevliet alias Maring*. Leiden：Brill，forthcoming

Scalopino，Robert. "The evolution of a young revolutionary—Mao Zedong in 1919—1921". *JAS* 42. 1（Nov. 1982）29—61

Schram，Stuart. "Chairman Hua edits Mao's literary heritage：'On the ten great relationships'". *CQ* 69（March 1977）126-135

Schram，Stuart. "China after the Thirteenth Congress"，*CQ* 114（June 1988）177—197

Schram，Stuart. "Decentralization in a unitary state：theory and practice 1940—1984". In S. Schram（ed.），*The scope of state power in China*，81—125

Schram，Stuart. *Documents sur la théorie de la "révolution permanente' en Chine*. Paris：Mouton，1963

Schram，Stuart（ed.）. *Foundations and limits of state power in China*. London：SOAS and Hong Kong：The Chinese University Press，1987

Schram，Stuart. *Ideology and policy in China since the Third*

Plenum, 1978—1984. London: SOAS, 1984

Schram, Stuart. "The limits of cataclysmic change: reflections on the place of the 'Great Proletarian Cultural Revolution' in the political development of the People's Republic of China". *CQ* 108 (Dec. 1986) 613—624

Schram, Stuart. *Mao Tse-tung*. Revised edn. Harmondsworth: Penguin, 1967

Schram, Stuart. "Mao Tse-tung and the theory of the permanent revolution, 1958—1969". *CQ* 46 (April-June 1971) 221—244

Schram, Stuart (ed.). *Mao Tse-tung unrehearsed*. Harmondsworth: Penguin, 1974

Schram, Stuart. *Mao Zedong*: a preliminary reassessment. Hong Kong: The Chinese University Press, 1983

Schram, Stuart. "Mao Zedong and the role of the various classes in the Chinese revolution, 1923—1927", in *Chūgoku no seiji to keizai* (The polity and economy of China). Tokyo: Tōyō Keizai Shinpōsha, 1975 ("The late Professor Yuji Muramatsu commemoration volume") 227—239

Schram, Stuart. "The Marxist". In Dick Wilson (ed.), *Mao Tse-tung in the scales of history*. Cambridge: Cambridge University Press, 1977, 35—69

Schram, Stuart. "New texts by Mao Zedong, 1921—1966". *Communist Affairs* 2 (2) (1983) 143—165

Schram, Stuart. "On the nature of Mao Tse-tung's 'deviation' in 1927". *CQ* 27 (April-June 1964) 55—66

Schram, Stuart. "The Party in Chinese communist ideology". In J. W. Lewis (ed.), *Party leadership and revolutionary power in China*, 170—202

Schram, Stuart. "Party leader or true ruler? Foundations and significance of Mao Zedong's personal power". In S. Schram (ed.),

Foundations and limits of state power, 203—256

Schram, Stuart. *The political thought of Mao Tse-tung*. Revised edition. New York: Praeger, 1969

Schram, Stuart (ed.). *The scope of state power in China*. London: SOAS and Hong Kong: The Chinese University Press, 1984

Schurmann, H. Franz. *Ideology and organization in Communist China*. Berkeley: University of California Press, 1966

Schwartz, Benjamin I. "The primacy of the political order in East Asian societies". In S. Schram (ed.), *Foundations and limits of state power*, 1—10

Shaffer, Lynda. *Mao and the workers: the Hunan labor movement, 1920—1923*. Armonk, N. Y.: M. E. Sharpe, 1982

Shaffer, Lynda. "Mao Ze-dong and the October 1922 Changsha construction workers' strike". *Modern China*, 4. 4 (October 1978) 374—418

shih Chung—ch'üan. "Tu Su-lien 'Cheng-chih ching-chi hsüeh chiao-k'o shu'ti t'an-hua" (Talks on reading the Soviet textbook of political economy). In *Mao Tse-tung ti tu-shu sheng-huo*, 148—178

Shih Chung-chüan. "Ma-k'o-ssu so shuo ti 'tzu-ch'an chieh-chi fa-ch'üan'ho Mao Tse-tung t'ung-chih tui t'a ti wu-chieh" (The "bourgeois right" referred to by Marx, and Comrade Mao Tse-tung's misunderstanding of it). *Wen-hsien ho yen-chiu* (1983) 405—417

Shih Chung-chüan. Review of *Mao Tse-tung che-hsüeh p'i-chu-chi*. *Che-hsüeh yen-chiu*, 10 (1987) 3—9, 40

Snow, Edgar. *The long revolution*. London: Hutchinson, 1973

Snow, Edgar. *Red star over China*. London: Gollancz, 1937

Socialist upsurge in China's countryside. Peking: Foreign Languages Press, 1957

Stalin, Joseph. *Economic problems of socialism in the USSR*. Peking: Foreign Languages Press, 1972

Stalin, Joseph. *Marxism and questions of linguistics*. Peking: Foreign Languages Press, 1972

Starr, John Bryan. *Continuing the revolution: the political thought of Mao*. Princeton: Princeton University Press, 1979

Strong, Anna Louise. "Three interviews with Chairman Mao Zedong". *CQ* 103 (Sept. 1985) 489—509

Studies in Soviet Thought. Quarterly. Dordrecht: D. Reidel (for the Institute of East-European Studies at the University of Fribourg, Switzerland), 1961—

Su Shao-chih. *Tentative views on the class situation and class struggle in China at the present stage*. Peking: Institute of Marxism-Leninism Mao Zedong Thought, Chinese Academy of Social Sciences, 1981

Su-wei-ai Chung-kuo (Soviet China). Moscow: Izdatel'stvo Inostrannykh Rabochikh, 1934

Sun Tzu. *The Art of war*. Translated and with an introduction by Samuel B. Griffith. Oxford: Clarendon Press, 1963

Takeuchi minoru (ed.). *Mao Tse-tung chi* (Collected writings of Mao Tse-tung). 10 vols. Tokyo: Hokubōsha, 1970—1972. Second edition, Tokyo: Sōsōsha, 1983. *Mao Tse-tung chi, pu chüan* (Supplements to the collected writings of Mao Tse-tung). 10 vols. Tokyo: Sōsōsha, 1983—1986

Tang-shih hui-i pao-kao chi (Collection of reports from the meeting on party history). Peking: Chung-kung chung-yang tang-hsiao ch'u-pan-she, 1982

Tang-shih yen-chiu. Peking: Central Party School, 1980—

Tang-shih yen-chiu tzu-liao (Research materials on party history). Chengtu: Szechwan jen-min ch'u-pan-she (for the Museum of the History of the Chinese Revolution), 1980—

Teng Hsiao-p'ing. "Conversation of 26 April 1987 with Lubomir

Strougal". In Teng Hsiao-p'ing, *Fundamental issues in present-day China*, 174—179

Teng Hsiao-p'ing. *Fundamental issues in present-day China*. Peking: Foreiga Languages Press, 1987

Teng Hsiao-p'ing. "On the reform of the system of patry and state leadership", in Teng Hsiao-p'ing, *Selected works*, 302—325

Teng Hsiao-p'ing. *Selected works of Deng Xiaoping* (1975—1982). Peking: Foreign Languages Publishing House, 1983

Teng Li-ch'ün. Comments of 11—12 August 1981 on the Resolution of 27 June 1981. In *Tang-shih hui-i pao-kao chi*, 74—174

T'ien Yuan. "Tsai lun Mao Tse-tung t'ung-chih tui Li-san-lu-hsien ti jen-shih ho ti-chih" (More on Comrade Mao Tse-tung's understanding of and resistance to the Li Li-san line). *Tang-shih yen-chiu*, 1 (1981) 65—71

Ting Wei-chih and Shih Chung-ch'üan. "Ch'ün-chung lu-hsien shi wo-men tang ti li-shih ching-yen ti tsung-chieh" (The mass line is the summation of our historical experience). *Wen-hsien ho yen-chiu* (1983) 420—428

Ts'ai Ho-sen wen-chi (Collected writings of Ts'ai Ho-sen). Peking: Jen-min ch'u-pan-she, 1980

Tso-chuan. See Legge's translation, *The Ch'un Tseu with The Tso Chuen*, *in The Chinese Classics*, V

Tsou, Tang. "Marxism, the Leninist party, the masses and the citizens in the rebuilding of the Chinese state". In S. Schram (ed.), *Foundations and limits of state power*, 257—289

Tu-shu (Reading). Peking: 1979—

Tung T'ai. "Tui-tai 'wai-lun'ti ching-yen chiao-hsun" (The lessons to be learned from our experience in dealing with "foreign theories" [about China]. *Jen-min jih-pao*, 9 March 1979

Tzu-liao hsuan-pien (Selected materials). [Peking]:

January 1967

Ulyanovsky, R. A. , ed. *The Comintern and the East*. Moscow: Progress Publishers, 1979

Wakeman, Frederic. *History and will*. Berkeley: University of California Press, 1973

Wang Nien-i. "Mao Tse-tung t'ung-chih fa-tung 'wen-hua ta ko-ming'shih tui hsing-shih ti ku-chi" (Comrade Mao Tse-tung's estimate of the situation at the time when he launched the "Great Cultural Revolution"), in *Tang-shih yen-chiu tzu-liao*, 4 (1983) 766—774

Wang shu-pai and Chang Shen-heng. "Ch'ing-nien Mao Tse-tung shih-chieh-kuan ti chuan-pien" (The transformation in the world view of the young Mao Tse-tung) . *Li-shih yen-chiu*, 5 (1980) 47—64

Watson, Andrew. *Mao Zedong and the political economy of the border region*. Cambridge: Cambridge University Press, 1980

"Wei shih-mo yao cheng-feng?" (Why do we want to rectify?) . *Jen-min jih-pao*, 2 May 1956

Wen Chi-tse. "Mao Tse-tung t'ung-chih tsai Yenan shih-ch'i shih tsen-yang chiao-tao wo-men hsüeh che-hsüeh ti?" (How did Comrade Mao Tse-tung teach us to study philosophy during the Yenan period?) . In *Ch'üan-kuo Mao Tse-tung che-hsüeh ssu-hsiang t'ao-lun hui lun-wen hsüan*, 68—82

Wen-hsien ho yen-chiu (Documents and research) . Peking: Chung-yang wen-hsien yen-chiu-shih, 1983—

Wilson, Dick (ed.) *Mao Tse-tung in the scales of history*. Cambridge: Cambridge University Press, 1977

Wittfogel, Karl A. "Some remarks on Mao's handling of concepts and problems of dialectics" . *Studies in Soviet thought* 3. 4 (December 1963) 251—277

Womack, Brantly. *The foundations of Mao Tse-tung's political thought*. Honolulu: The University Press of Hawaii, 1982

Wu Chiang. "Pu-tuan ko-ming lun-che shih ch'e-ti wei-wu lun-che" (A partisan of the theory of the permanent revolution is a thoroughgoing dialectical materialist) . *che-hsüeh yen-chiu*, 8 (1958) 25—28

Wylie, Raymond F. *The emergence of Maoism: Mao Tse-tung, Ch'en Po-ta, and the search for Chinese theory, 1935—1945*. Stanford: Stanford University Press, 1980

Yang, Benjamin. "The Zunyi Conference as one step in Mao's rise to power", *CQ* 106 (June 1986) 235—271

Yang Ch'ao. *Lun Mao Chu-hsi che-hsüeh t'i-hsi* (On Chairman Mao's philosophical system) . Hsi-yang ti-ch'ü yin-shua-so. 2 vols, 1978

Yang ch'ao. *Wei-wu pien-cheng-fa ti jo-kan li-lun wen-t'i* (Some theoretical problems of materialist dialectics) . Chengtu: Szechwan jen-min ch'u-pan-she, 1980. (Revised edition of the previous entry.)

Yao k'ai. "K'ai-shih ch'üan-mien chien-she she-hui-chu-i ti shih-nien" (The ten years which saw the beginning of the all-round construction of socialism) . *Hsueh-hsi li-shih chüeh-i chuan-chi*

Yao Wenyuan. *On the social basis of the Lin Piao anti-party clique*. Peking: Foreign Languages Press, 1975

Yen Yuan. "Ts'un hsueh", in Yen Yuan, *Ssu ts'un pien*. Peking: Ku-chi ch'u-pan-she, 1957, 40—106

索 引

（所注页码均为英文原书页码，即本书边码）

A

B

C

D

F

G

H

I

J

K

L

M

N

O

P

Q

R

S

T

U

V

Y

The Thought of Mao Tse-Tung, 0-521-32549-8 by Stuart Schram first published by Cambridge University Press 1989.

This simplified Chinese edition for the People's Republic of China is published by arrangement with the Press Syndicate of the University of Cambridge, Cambridge, United Kingdom.

图书在版编目（CIP）数据

毛泽东的思想：典藏本/（美）施拉姆著；田松年，杨德等译．—北京：中国人民大学出版社，2013.8

（国外毛泽东研究译丛/石仲泉，萧延中主编）

ISBN 978-7-300-17633-8

Ⅰ.①毛… Ⅱ.①施…②田…③杨… Ⅲ.①毛泽东思想研究 Ⅳ.A84

中国版本图书馆 CIP 数据核字（2013）第 155926 号

国外毛泽东研究译丛

主编　石仲泉　萧延中

毛泽东的思想

典藏本

[美] 斯图尔特・R・施拉姆　著

田松年　杨　德　等　译

Mao Zedong de Sixiang

出版发行	中国人民大学出版社		
社　　址	北京中关村大街 31 号	**邮政编码**	100080
电　　话	010－62511242（总编室）		010－62511770（质管部）
	010－82501766（邮购部）		010－62514148（门市部）
	010－62515195（发行公司）		010－62515275（盗版举报）
网　　址	http://www.crup.com.cn		
经　　销	新华书店		
印　　刷	涿州市星河印刷有限公司		
规　　格	160 mm×230 mm　16 开本	**版　　次**	2013 年 9 月第 1 版
印　　张	23.5 插页 3	**印　　次**	2024 年 11 月第 8 次印刷
字　　数	321 000	**定　　价**	98.00 元